Old Norse Word List

A Brief Glossary of 10,000 Old Norse and Old Icelandic Words

Matthew Leigh Embleton

Copyright ©2021 Matthew Leigh Embleton. All rights reserved.

Old Norse Word List

Old Norse and Icelandic 1
   Phonology and Orthography 1
   Numbers 1
   The 'Long Hundred' 2
   The 'Long Thousand' 2
   One to Four 2
   Both 3
   Other, another, and second 3
   Cardinal Numbers 4
   Ordinal Numbers 7
   Miscellaneous 8
Word List (Norse to English) 9
Word List (English to Norse) 166

Cover: Text over an outline of two ravens Hugin and Munin from Norse Mythology. Author's design.

Acknowledgments

This word list has been facilitated by several works, which have been invaluable in the process.

Geir Tómasson Zoëga - A Concise Dictionary of Old Icelandic (2004, 1910)
Michael Barnes - A New Introduction to Old Norse, Part 1, Grammar (3rd Edition, 2008)
Anthony Faulkes - A New Introduction to Old Norse, Part 2, Reader (5th Edition, 2011)
Anthony Faulkes and Michael Barnes - A New Introduction to Old Norse, Part 3, Glossary and Index of Names (4th Edition, 2007)
Jesse L. Byock - Viking Language 1: Learn Old Norse, Runes, and Icelandic Sagas (2013)
Jesse L. Byock - Viking Language 2: The Old Norse Reader (2014)
Jesse Byock and Randall Gordon – Old Norse, Old Icelandic, Concise Introduction to the Language of the Sagas (2021)

I have long been fascinated by languages and history, and I am very grateful to the special people in my life who have supported and encouraged me in my work. Thank you for believing in me. You know who you are.

Introduction

Old Norse is a North Germanic language spoken by inhabitants of Scandinavia from about the 7th to the 15th centuries. Old Icelandic is a variety of Old West Norse that emerged during the Norse settlement of Iceland in the second half of the 9th century. The first literary works in Old Icelandic date from the beginning of the 12th century.

In this book there are 12,286 Norse words translated into English, and 7,675 English words translated into Norse. Also included are notes on differences between Old Norse and Old Icelandic, grammar, and numbers.

This book is designed to be of use and interest to anyone with a passion for the Old Norse or Old Icelandic language, Norse history, or languages and history in general.

Old Norse and Icelandic

Phonology and Orthography

The gradual shift of phonology and orthography from Old Norse to Icelandic can be distinguished in several ways.

English	Old Norse		Icelandic	
man	*maðr*	-r	*maður*	-ur
much	*mjok*	-k	*mjög*	-g
to	*at*	-t	*að*	-ð
or	*ę*	ę	*eða*	e
keel	*kjǫlr*	ǫ	*kjöl*	ö
seek	*sœkja*	œ	*sækja*	æ
come	*kømr*	ø	*kemr*	e
retreat	*hørfa*	ø	*hörfa*	ö
choice	**kø**r	kø	**kjö**r	kjö
choice	**kø**r	kø	**ke**yr	ke
do, make	**gø**r	gø	**gjö**r	gjö
completely, fully	**gø**rla	gø	**ge**rla	ge

Numbers

Because of historical differences in counting systems during the Viking Age, there are some differences in the way the Old Norse language deals with numbers.

Numbers are referred to in 'tens', using the plural word '*tigir*', '*tegir*', or '*tøgir*'.

30	thirty	three tens	*þrír tigir*
40	forty	four tens	*fjórir tigir*
50	fifty	five tens	*fimm tigir*

Often the same number can be described in several different ways.

31	thirty one	three tens and one	*þrír tigir ok einn*
31	thirty one	one and three tens	*einn ok þrír tigir*
31	thirty one	twenty and eleven	*tuttugu ok ellifu*
39	thirty nine	one less than four tens	*einum miðr en fjórir tigir*

The 'Long Hundred'

The word '*hundrað*' resembles the word 'hundred' in English, but in fact '*hundrað*' actually represents the decimal number of 120. To avoid confusion in translation, this is sometimes referred to as a 'long hundred'.

Decimal	Descriptive	Equivalent	Norse
100	one hundred	ten tens	*tíu tigir*
110	one hundred and ten	eleven tens	*ellifu tigir*
120	one hundred and twenty	one 'long hundred'	*hundrað*

The 'Long Thousand'

The word '*þúsund*' resembles the word 'thousand' in English, but in fact '*þúsund*' actually represents the decimal number of 1200. To avoid confusion in translation, this is sometimes referred to as a 'long thousand'.

Decimal	Descriptive	Equivalent	Norse
1000	one thousand	eight hundreds and four tens	*átta hundruð ok fjórir tigir*
1100	one thousand one hundred	nine hundreds and twenty	*níu hundruð ok tuttugu*
1200	one thousand two hundred	one 'long thousand'	*þúsund*

One to Four

The first four numbers are declined depending on what it is they are counting. The rest from five upwards are not declined.

One	masculine	feminine	neuter
nominative	*einn*	*ein*	*eitt*
accusative	*einn*	*eina*	*eitt*
genitive	*eins*	*einnar*	*eins*
dative	*einum*	*einni*	*einu*

Two	masculine	feminine	neuter
nominative	*tveir*	*tvær*	*tvau*
accusative	*tvá*	*tvær*	*tvau*
genitive	*tveggja*	*tveggja*	*tveggj*
dative	*tveim*	*tveim*	*tveim*
	tveimr	*tveimr*	*tveimr*

Three	masculine	feminine	neuter
nominative	þrir	þrjar	þrju
accusative	þrja	þrjar	þrju
genitive	þriggja	þriggja	þriggja
dative	þrim	þrim	þrim
	þrimr	þrimr	þrimr
	þrem	þrem	þrem
	þremr	þremr	þremr

Four	masculine	feminine	neuter
nominative	fórir	fjórar	fjogur
accusative	fjóra	fjórar	fjogur
genitive	fjǫgurra	fjǫgurra	fjǫgurra
dative	fjórum	fjórum	fjórum

Both

There are several declinations of the word 'both'.

	masculine	feminine	neuter
nominative	báðir	báðar	bæði
accusative	báða	báðar	bæði
genitive	beggja	beggja	beggja
dative	báðum	báðum	báðum

Other, another, and second

There are several declinations of the word 'other', which can also mean 'another' or 'second'.

singlar	masculine	feminine	neuter
nominative	annarr	ǫnnur	annat
accusative	annan	aðra	annat
genitive	annars	annarrar	annars
dative	ǫðrum	annarri	ǫðru

plural	masculine	feminine	neuter
nominative	aðrir	aðrar	ǫnnur
accusative	aðra	aðrar	ǫnnur
genitive	annarra	annarra	annarra
dative	ǫðrum	ǫðrum	ǫðrum

Cardinal Numbers

1	one	*einn*
2	two	*tveir*
3	three	*þrir*
4	four	*fórir*
5	five	*fimm*
6	six	*sex*
7	seven	*sjau*
8	eight	*átta*
9	nine	*níu*
10	ten	*tíu*
11	eleven	*ellifu*
12	twelve	*tólf*
13	thirteen	*threttán*
14	fourteen	*fjórtán*
15	fifteen	*fimmtán*
16	sixteen	*sextán*
17	seventeen	*sjautján*
18	eighteen	*átján*
19	nineteen	*nítján*
20	twenty	*tuttugu*
21	twenty and one	*tuttugu ok einn*
22	twenty and two	*tuttugu ok tveir*
23	twenty and three	*tuttugu ok þrír*
24	twenty and four	*tuttugu ok fjórir*
25	twenty and five	*tuttugu ok fimm*
26	twenty and six	*tuttugu ok sex*
27	twenty and seven	*tuttugu ok sjau*
28	twenty and eight	*tuttugu ok átta*
29	twenty and nine	*tuttugu ok níu*
30	three tens	*þrír tigir*
31	three tens and one	*þrír tigir ok einn*
32	three tens and two	*þrír tigir ok tveir*
33	three tens and three	*þrír tigir ok þrír*
34	three tens and four	*þrír tigir ok fjórir*
35	three tens and five	*þrír tigir ok fimm*
36	three tens and six	*þrír tigir ok sex*
37	three tens and seven	*þrír tigir ok sjau*
38	three tens and eight	*þrír tigir ok átta*
39	three tens and nine	*þrír tigir ok níu*
40	four tens	*fjórir tigir*
41	four tens and one	*fjórir tigir ok einn*
42	four tens and two	*fjórir tigir ok tveir*
43	four tens and three	*fjórir tigir ok þrír*

44	four tens and four	*fjórir tigir ok fjórir*
45	four tens and five	*fjórir tigir ok fimm*
46	four tens and six	*fjórir tigir ok sex*
47	four tens and seven	*fjórir tigir ok sjau*
48	four tens and eight	*fjórir tigir ok átta*
49	four tens and nine	*fjórir tigir ok níu*
50	five tens	*fimm tigir*
51	five tens and one	*fimm tigir ok einn*
52	five tens and two	*fimm tigir ok tveir*
53	five tens and three	*fimm tigir ok þrír*
54	five tens and four	*fimm tigir ok fjórir*
55	five tens and five	*fimm tigir ok fimm*
56	five tens and six	*fimm tigir ok sex*
57	five tens and seven	*fimm tigir ok sjau*
58	five tens and eight	*fimm tigir ok átta*
59	five tens and nine	*fimm tigir ok níu*
60	six tens	*sex tigir*
61	six tens and one	*sex tigir ok einn*
62	six tens and two	*sex tigir ok tveir*
63	six tens and three	*sex tigir ok þrír*
64	six tens and four	*sex tigir ok fjórir*
65	six tens and five	*sex tigir ok fimm*
66	six tens and six	*sex tigir ok sex*
67	six tens and seven	*sex tigir ok sjau*
68	six tens and eight	*sex tigir ok átta*
69	six tens and nine	*sex tigir ok níu*
70	seven tens	*sjau tigir*
71	seven tens and one	*sjau tigir ok einn*
72	seven tens and two	*sjau tigir ok tveir*
73	seven tens and three	*sjau tigir ok þrír*
74	seven tens and four	*sjau tigir ok fjórir*
75	seven tens and five	*sjau tigir ok fimm*
76	seven tens and six	*sjau tigir ok sex*
77	seven tens and seven	*sjau tigir ok sjau*
78	seven tens and eight	*sjau tigir ok átta*
79	seven tens and nine	*sjau tigir ok níu*
80	eight tens	*átta tigir*
81	eight tens and one	*átta tigir ok einn*
82	eight tens and two	*átta tigir ok tveir*
83	eight tens and three	*átta tigir ok þrír*
84	eight tens and four	*átta tigir ok fjórir*
85	eight tens and five	*átta tigir ok fimm*
86	eight tens and six	*átta tigir ok sex*
87	eight tens and seven	*átta tigir ok sjau*
88	eight tens and eight	*átta tigir ok átta*

89	eight tens and nine	*átta tigir ok níu*
90	nine tens	*níu tigir*
91	nine tens and one	*níu tigir ok einn*
92	nine tens and two	*níu tigir ok tveir*
93	nine tens and three	*níu tigir ok þrír*
94	nine tens and four	*níu tigir ok fjórir*
95	nine tens and five	*níu tigir ok fimm*
96	nine tens and six	*níu tigir ok sex*
97	nine tens and seven	*níu tigir ok sjau*
98	nine tens and eight	*níu tigir ok átta*
99	nine tens and nine	*níu tigir ok níu*
100	ten tens	*tíu tigir*
101	ten tens and one	*tíu tigir ok einn*
102	ten tens and two	*tíu tigir ok tveir*
103	ten tens and three	*tíu tigir ok þrír*
104	ten tens and four	*tíu tigir ok fjórir*
105	ten tens and five	*tíu tigir ok fimm*
106	ten tens and six	*tíu tigir ok sex*
107	ten tens and seven	*tíu tigir ok sjau*
108	ten tens and eight	*tíu tigir ok átta*
109	ten tens and nine	*tíu tigir ok níu*
110	eleven tens	*ellifu tigir*
111	eleven tens and one	*ellifu tigir ok einn*
112	eleven tens and two	*ellifu tigir ok tveir*
113	eleven tens and three	*ellifu tigir ok þrír*
114	eleven tens and four	*ellifu tigir ok fjórir*
115	eleven tens and five	*ellifu tigir ok fimm*
116	eleven tens and six	*ellifu tigir ok sex*
117	eleven tens and seven	*ellifu tigir ok sjau*
118	eleven tens and eight	*ellifu tigir ok átta*
119	eleven tens and nine	*ellifu tigir ok níu*
120	one hundred and twenty (a 'long hundred')	*hundrað*
1200	twelve hundred (a 'long thousand')	*þúsund*

Ordinal Numbers

1	first	*fyrsti*
2	second	*annarr*
3	third	*þriði*
4	fourth	*fjórði*
5	fifth	*fimmti*
6	sixth	*sétti*
7	seventh	*sjaundi*
8	eighth	*átti*
9	ninth	*níundi*
10	tenth	*tíundi*
11	eleventh	*ellipti*
11	eleventh	*ellifti*
12	twelfth	*tólpti*
12	twelfth	*tólfti*
13	thirteenth	*þrettándi*
14	fourteenth	*fjórtándi*
15	fifteenth	*fimmtándi*
16	sexteenth	*sextándi*
17	seventeenth	*sjautjándi*
18	eighteenth	*átjándi*
19	nineteenth	*nítjándi*
20	twentieth	*tuttigandi*
21	twenty first	*tuttigandi ok fyrsti*
22	twenty second	*tuttigandi ok annarr*
23	twenty third	*tuttigandi ok þriði*
30	thirtieth	*þritugandi*
40	fourtieth	*fertugandi*
50	fiftieth	*fimmtugandi*
60	sixtieth	*sextugandi*
70	seventieth	*sjautugandi*
80	eightieth	*áttatugandi*
90	ninetieth	*nítugandi*
100	one hundredth	*títugandi*
110	one hundred and tenth	*ellifutugandi*

Miscellaneous

Age

20	twenty-aged	tuttugu-aldr
20	twenty-aged	tuttugu-aldri
21	twenty-one-aged	tuttugu-ok-einn-aldr
21	twenty-one-aged	tuttugu-ok-einn-aldri
40	forty-aged	fjórir tigir aldr
40	forty-aged	fjórir tigir aldri
43	forty-three-aged	fjórir tigir ok þrír aldr
43	forty-three-aged	fjórir tigir ok þrír aldri

Fractions

4	a quarter	fjórðungr
4	fourth	fjórðungr
6	a sixth part	settungr
6	sixth	settungr

Multiplication

2	double	tví
2	twice	tví
3	three-fold	þrennr
3	triple	þrennr
4	four-fold	fjór-faldr
6	six-fold	sex-faldr

Many

120	hundred-many	hundrað-marg

Word List (Norse to English)

Norse	English
' '	
' '	
's	was

A, a

Norse	English
aætlaði	intend, intended, intending
abbindi	binding
að	a, and, as, as-a, at, be, by, for, from, in, it, of, possible, than, that, the, this, to, to-be, towards, to-you, was, were, what, which, you
aðal	nature
Aðalbrigt	Æthelberht (name)
Aðalmundr	Æthelmund (name)
Aðalmundur	Æthelmund (name)
Aðalráð	Ethelred (name)
Aðalráði	Ethelred (name)
Aðalráðr	Ethelred (name)
aðalráðsnaut	Ethelred-gift, Ethelred-given
Aðalráður	Ethelred (name)
aðra	another, else, other, others
aðrar	other, others
aðrir	other, others
aðsetu	seat
af	for, from, of, off, on, out, out-of, over, that, they, to, with
afarmenni	outstanding-man
afbragð	outstanding
afbragðsmaðr	excellent-man, outstanding-man
afbragðsmaður	excellent-man, outstanding-man
afbrigði	deviation
affangadag	celebration-day
afglapi	fool, simpleton
afhendir	reject, rejected, rejecting
afhuga	out-of-mind
afhvarf	depart, departed, departing
afkvæmi	offspring
afl	strength
aflat	surplus
afli	strength
aflim	gain
afls	strength
afreksmaðr	accomplish, accomplished, accomplishing
afreksmaður	accomplish, accomplished, accomplishing
aftan	evening
aftaninn	back, evening
aftni	evening
aftr	after, again, away-from, back, return, returned, returning
aftrgöngum	hauntings
aftur	after, again, back, return, returned, returning
afturgöngum	hauntings
Agðanesi	Adganes (place)
Agðir	Agder (name)
Agnar	Agnar (name)
Agnarr	Agnar (name)
Agnars	Agnar (name), Agnar's (name,-genitive)
aki	drive
akkeri	anchor
akkerum	anchor
akri	field, the-field
ala	fee, feed, feeding

Word List (Norse to English)

Norse	English	Norse	English
alblóðugr	all-bloodied, all-bloody, all-bloodying, bloodied, bloody, bloodying	alhugi	all-mind, mind
		alin	measure, measured, measuring
		alinn	born
alblóðugur	all-bloodied, all-bloody, all-bloodying, bloodied, bloody, bloodying	alla	all
		allæfr	enrage, enraged, enraging
		allæfur	enrage, enraged, enraging
albúið	all-prepare, all-prepared, all-preparing, prepare, prepared, preparing	allan	all, every
		allar	all
		allfá	few
		allfjölmennt	many-people
albúinn	all-ready, prepare, prepared, preparing, ready	allfús	all-happy, happy
		allglöggsæ	clear
		allgóð	all-good, good
albúit	all-prepare, all-prepared, all-preparing, prepare, prepared, preparing	allgóðar	all-good, good
		allgóðir	all-good, good
		allgóðr	all-good, good
		allgóður	all-good, good
alda	men's, of-men's, wave	allgott	all-good, good
		allill	evil
aldar	of-old	allir	all, all-who, everywhere, to-all-who
aldinn	old		
aldir	elders		
aldna	old	alllítils	very-little
aldr	age	alllitlu	very-little
aldregi	ever, never	allmarga	all-many, many
aldrei	never	allmikið	all-much, much
aldri	age, never	allmikit	all-much, much
aldrigi	never	allmjög	all-greatly, all-much, greatly, much
aldrlagi	age-laying, never		
aldrtrega	age-hurt	allmjök	all-very, very
aldur	age	allnær	all-near, near
alendu	thoughts	allnýs	all-prying, prying
alfa	elves	allólíkligt	all-un-likely, un-likely
alfari	for-good		
alfum	elves	allóvæn	all-ugly, ugly
algrá	grey		
alheiðið	all-heathen, heathen		
alheiðit	all-heathen, heathen		

Word List (Norse to English)

Norse	English	Norse	English
allóvænt	all-not-expect, all-not-expected, all-not-expecting, not-expect, not-expected, not-expecting	almennilega	properly
		almenniliga	properly
		almenning	all-men, men
		almr	elm
		alnar	measure, measured, measures, measuring
allr	all		
allra	all, altogether, every, everyone's, of-all, to-all		
		Alreksstöðum	Alreksstead (place)
		alskjótum	all-swift, swift
allráðr	all-ruling, ruling	alsnotr	all-wise, wise
allráður	all-ruling, ruling	alsnotur	all-wise, wise
allrar	all	alþingi	assembly
allri	all	alþýða	popular
alls	all	alþýðu	people, the-people
allsatt	TRUE	alvangs	field
allskonar	all-kinds, kinds	alvápnaðir	all-weapon, all-weaponed, weapon, weaponed
allstrítt	all-contend, all-contended, all-contending, contend, contended, contending		
		alvápnaðra	all-weapon, all-weaponed, weapon, weaponed
allsvaldandi	omnipotent	alvopnaðir	all-weapon, all-weaponed, weapon, weaponed
allt	all, altogether		
allþörf	all-need, all-needed, all-needing, need, needed, needing	alvöru	seriously
		an	but
		andaða	end, ended, ending
		andaðist	died, dying, end, ended, ending
allur	all	andaðr	dead
allvænlegir	all-promising, promising	andaður	dead
allvænlegr	promising	andast	die, died, dying
allvænlegur	promising	andazt	died, dying
allvænligir	all-promising, promising	andist	died, dying
		andláti	death
allvænligr	promising	andliti	face
allvænligur	promising	andnesi	headland
allvænt	expect, expected, expecting	andnesjum	headlands
		andness	against-headland
allvaldr	all-wielding, wielding	andsælis	anti-sun-wise
		andskota	enemies
allvaldur	all-wielding, wielding	andsvör	answer, answers
		andviðri	storm, the-storm
allvel	all-well, well	andvíga	opposition
allvesallega	miserable		

Word List (Norse to English)

Norse	English	Norse	English
ann	love, loved, loving	aptni	after
annað	another, else, next, one, other, second, second-time	aptr	back, return, returned, returning
		ara	eagle
annan	accompany, another, each-other, next, other, others, second	arfi	inheritance
		arfr	inheritance
		arfur	inheritance
		argan	weaklings
annar	another, one, second	argaskatt	cowardly
		Ari	Ari (name), eagle
annarr	another, called-one, each, one, other, otherwise, second	arm	arm
		armastr	miserable
		armastur	miserable
annarra	another, each-other, else, other, others	armgóða	arm-good
		armi	arms
		arms	arms
annarrar	another, of-the-other	arnar	eagle
		Arnarstapa	Arnarstapa (place), Arnarstapi (place)
annarri	another		
annars	also, another, another's, any-other, each-other, else, other, others, others', other's, the-other's, to-another	Arnbjargar	Arnbjorg (name), Arnbjorg (name)
		Arnfríðar	Arnfrid (name), Arnfrid (name)
		Arnlaugr	Arnlaug (name)
		Arnlaugsfjörð	Arnlaugsfjord (place)
annast	take-care-of, taken-care-of, took-care-of	Arnlaugur	Arnlaug (name)
		Arnóru	Arnora (name)
annat	another, any-other, besides, else, next, one, other, other-things, second, second-time, something-else	asni	donkey
		at	a, about, as, as-to, at, be, but, by, for, from, had, if, in, it, man, of, on, than, that, the, then, therefore, this, through, to, to-be, towards, up-to, was, were, what, when, which
annathvárt	either, either-way		
annk	purpose		
annt	wish, wishing		
ansar	responds		
anzaði	replied, reply, replying	atbeina	assist, assistance
		atburð	events, incident
apa	fool	atburði	events
api	apes	atburðr	event, happen, happened, happening, occurrence
aptan	evening		
aptanninn	evening, the-evening		

Word List (Norse to English)

Norse	English	Norse	English
atburðum	events	auðmaður	rich-man
atburður	event, happen, happened, happening, occurrence	auðnumann	fortune
		Auðr	Aud (name), fortune, rich, wealth
atfangadag	celebration-day	auðs	wealth
atferli	ceremony, procedure	auðsætt	obvious
		auðsýnir	shown
atgangi	running, to-running	auðun	Audun (name)
atgervi	deeds	Auðunar	Audun (name)
atgervimaðr	accomplish, accomplished, accomplished-man, accomplishing	Auðunarsonar	Son-of-Audun (name)
		Auðuni	Audun (name), Audun's (name,-genitive)
atgervimaður	accomplish, accomplished, accomplished-man, accomplishing	Auðunn	Audun (name)
		Auður	Aud (name), fortune, rich, wealth
atgervismenn	talented-people	auðveitir	wealth-provides
atgöngu	going, to-going	auðvitat	obvious
athæfi	behaviour	auga	eye, eyes, the-eye, the-eyes
athöfn	deeds		
athugaleysi	carelessness	augabragð	eye-twinkling
Atla	Atli (name)	augabragði	eye-mockery
Atli	Atli (name)	augað	eye
atmælasamr	measure, measured, measuring	augna	eyes
		augsýn	eyesight
atmælasamur	measure, measured, measuring	augu	eyes
		augum	eyes
atsetu	a-seat, seat, to-seat	augun	eyes
		augunum	eyes
atsókn	attack	auk	yet
att	that, to	auka	extra
Auðar	Aud (name)	aukin	increase, increased, increasing
auðgara	richer		
auðgum	wealthy		
auði	riches	aumlega	abjectly
auðið	fat, fated, fating	aumlegast	miserable
auðig	wealthy	aura	money, ounces
auðigr	rich, wealthy	aurriðanet	a-trout-net, trout-net
auðigs	wealthy		
auðigur	rich, wealthy	aurum	riches
auðit	fat, fated, fating		
auðmaðr	rich-man		

Word List (Norse to English)

Norse	English
ausinn	pour, poured, pouring, sprinkle, sprinkled, sprinkling
austan	east, eastwards
austanvindr	east-wind
austanvindur	east-wind
Austfirskr	East-Fjords (place)
Austfirskur	East-Fjords (place)
Austfirzkr	East-Fjords (place)
Austfjörðum	Austfjord (place)
austmaðr	easterner, eastern-man, east-man
austmaðrinn	eastern-man
austmaður	easterner, eastern-man, east-man
austmaðurinn	eastern-man
austmanni	eastern-man
austmanninn	eastern-man
Austmanns	Easterner (name), Eastern-Man (name), The-Easterner (name), The-Eastern-Man (name)
austmenn	easterners
austr	east, eastern
austrfarar	eastern-journeys
austri	east
Austrveg	Eastern-lands
austrvegi	eastern-lands
austur	east, eastern
austurfarar	eastern-journeys
auvirðismönnum	un-worthy-men
Avaldamon	Avaldamon (name)
Avaldidida	Valdidida (name)
ax	corn
axlarliðnum	shoulder

Á, á

Norse	English
á	a, about, all, am, an, and, a-river, as, at, at-the, be, by, for, from, had, has, have, in, into, is, it, of, on, on-the, onto, out, out-of, over, river, so, that, the, then, the-river, through, to, towards, upon, was, with, yet
ábyrgjast	guarantee
áðan	earlier
áðr	about, after, around, back, before, earlier, return, returned, returning, until
áður	about, after, around, back, before, earlier, return, returned, returning, until
ágæst	greatest, the-greatest
ágæt	famous
ágætar	great
ágæti	excellent, glory
ágætir	renown, renowned
ágætis	greatness
ágætliga	greatly
ágætr	famous, fine, great
ágæts	an-excellent, excellent
ágætt	fine
ágætum	wonderful
ágætur	fine
áhlaupum	raids
ái	ai (interjection), ái (interjection)
ák	that
Áka	Aki (name)
ákafa	anger, eagerly, eagerness, extremely
ákafari	eager

Word List (Norse to English)

Norse	English
ákafast	fast
ákafir	eager
ákaflega	extremely
ákafliga	extremely, very
Áki	Aki (name)
ákveðin	agree, agreed, agreeing
ákveðit	decide, decided, deciding
Álasundi	Alasund (place)
álengðar	all-longer, longer
álf	elf
álft	swan
Álftafirði	Alftafjord (place)
Álftafjörð	Alftafjord (place)
álftin	swan, the-swan
álftinni	swan, the-swan
áliðnu	late
áliðnum	following
álits	thought
álmsveig	elm-twig
álna	cubits
ámæli	reproach
ámælislaust	without-reproach
Ámunda	Amundi's (name, genitive), Amundi's (name,-genitive)
Ámundadóttir	Daughter-of-Amundi (name), Daughter-of-Amundi (name)
Ámundi	Amundi (name), Amundi (name)
án	without
ána	river
ánauðgir	bondsmen
ánauðigr	bondsman
ánauðigur	bondsman
ánni	river, the-river
ár	early, year
áræði	daring
árangr	harvest
árangur	harvest
árbakkann	river-bank
árferð	season
árliga	early
ármaðrinn	steward
ármanni	steward, the-steward
ármanns	steward
árósinn	river-mouth
árósinum	river-mouth
áróssins	river-mouth
ársánum	early-sown
ás	as
Ása	Aesir (place)
ásaka	forsake
Ásbjarnar	Asbjarnar (name)
Ásgeirssonar	Son-of-Asgeir (name)
Ásgerðr	Asgerd (name)
Ásgerður	Asgerd (name)
ási	as
ásjá	assistance
Áslákr	Aslak (name)
Áslákssonar	Son-of-Aslak (name)
Áslákur	Aslak (name)
Áslaug	Aslaug (name), Auslag (name)
Áslaugar	Aslaug (name), Auslag (name), Auslag's (name,-genitive)
Áslaugu	Aslaug (name), Auslag (name)
ást	affection, love
ástar	love
ástaraugum	lovely-eyes
ástir	love
ástmenn	beloved-friends
ástsamlega	affectionate
ástúð	affection
ástvinr	loved-friend
ástvinur	loved-friend
ásum	Aesir (name), gods, the-gods
Ásvalds	Asvald (name), Asvald's (name,-genitive)

Word List (Norse to English)

Norse	English	Norse	English
Ásviðr	Asvid (name)	*ægir*	ocean, the-ocean
Ásviður	Asvid (name)	*Ægis*	Ægir's (name,- genitive)
át	ate		
átján	eighteen	*ælig*	wretch, wretched, wretching
átjánda	eighteenth		
átölr	reproaching	*æp*	shriek
átölur	reproaching	*æpa*	shrieking
átrúnað	belief	*æpandi*	loudly
átrúnaði	religion	*æpði*	shriek, shrieked, shrieking
átt	descendents, direction, had, have, married, marry, marrying, own, owned, owning	*æpðu*	shout, shouted, shouting
		æpir	cries-out
		æptu	called-out, shout, shouted, shouting
átta	eight, eighth	*ær*	aw, awed, awing
áttak	f, fed, feeding	*ærin*	mad
áttar	born	*ærinn*	boundless
átti	eighth, had, married, married-to, marry, marrying	*ærir*	insane
		ærit	plenty-of
		ærna	ample
áttir	direction, had, have	*ærnu*	plenty
		Æsir	Æsir (place)
áttu	directions, had, have, have-you, own, owned, owning	*æskilegra*	desirable
		æsku	youth
		ætla	intend, intended, intending, suppose, supposed, supposing
áttum	direct, directed, directing, directions, had		
		ætlað	intend, intended, intending, intends
átu	ate		
ávallt	all-full, always, full	*ætlaða*	suppose, supposed, supposing
áverkann	would		
		ætlaðak	intend, intended, intending
		ætlaði	intend, intended, intending, suppose, supposed, supposing

Æ, æ

Norse	English	Norse	English
æ	ever		
æðikolls	rage-head		
æðis	mood	*ætlaðr*	intend, intended, intending
æðr	eider-birds		
æðra	higher	*ætlaður*	intend, intended, intending
æðru	higher		
æður	eider-birds	*ætlan*	supposing
ægi	sea		

Word List (Norse to English)

Norse	English
ætlar	intend, intended, intending, intentions, suppose, supposed, supposing
ætlat	intend, intended, intending, purpose
ætluðu	intend, intended, intending, suppose, supposed, supposing
ætlum	suppose
ætt	ancestry, descendents, direction, family, family-line, generations, lineage, the-lineage
ætta	had, have
ættaðr	descend, descended, descending
ættaður	descend, descended, descending
ættar	family, lineage, noble
ættbogi	descendents
ættgóðr	family-good
ættgóður	family-good
ætti	have
ættir	direction
ættist	come-together
ættkvíslum	family
ættleifð	inheritance
ættmanna	relatives
ættstór	high-family, noble
ættstórr	high-family
ættum	directions
ættust	come-together
æva	never
ævagi	never
ævi	life, live, lives, our-lives

B, b

Norse	English
bað	ask, asked, asking, bid, invite, invited, inviting, order, ordered, ordering, pray, prayed, praying, proposed-to
báða	both
báðir	both
báðu	ask, asked, asking, bid-they
báðuð	invite
báðum	both
bæ	a-farm, dwelling, estate, farm, farmstead, town
bæði	ask, asked, asking, bid, both, choose, choosing
bæðir	bid, pray
bæinn	dwellings, estate, farm, the-dwellings, the-estate, the-farm, the-town, town
bæjar	dwellings, estate, farm, the-dwellings, the-estate, the-farm, the-town, town
bæjarins	dwellings, estate, farm, the-dwellings, the-estate, the-farm, the-town, town
bæjum	farms
bæn	begging, bidding
bæna	prayer
bænahald	prayer-holdings
bænir	prayers

Word List (Norse to English)

Norse	English	Norse	English
bænum	dwellings, estate, farm, the-dwellings, the-estate, the-farm, the-town, town	*bana*	bane, death, kill, killer, to-death
		banahögg	death-blow
		banasári	death-wound
		banasótt	death-sickness
bær	dwellings, dwellings, estate, estate, farm, farm, the-dwellings, the-dwellings, the-estate, the-estate, the-farm, the-farm, the-town, the-town, town, town	*bani*	bane, death
		bann	ban
		bannaði	ban, banned, banning
		bannat	ban, banned, banning
		bar	bear, boar, bore, carried, carry, carrying, place, placed, placing, surpass, surpassed, surpassing, was-carried, was-carry, was-carrying, wore
bæri	bore, brought		
bærist	bearing		
bæta	better, compensate, compensation		
bætr	compensation		
bættist	improve, improved, improving	*bára*	waves
		Barðafirði	Bardafjord (place)
bættu	repair, repaired, repairing	*bardaga*	battle, the-battle, to-battle
bætur	compensation	*bardagann*	battle
bæturnar	compensation	*bardagar*	battle
bagga	bags	*bardagi*	battle, the-battle
bak	back	*bardaginn*	battle, the-battle
baka	bake	*Bárðarson*	Son-of-Bard (name)
bakaðist	warm, warmed, warming	*barðhjarls*	land-snakes
bakast	warm, warmed, warming	*barði*	beat
		barðir	beaten
bakborða	larboard-side	*barðist*	battle, battled, battling, fought
baki	back, horseback		
bakkann	bank	*barið*	beaten
bál	a-pyre, fire, pyre, the-fire	*barist*	bore, carried
		barit	beaten
Baldr	Baldr (name,-genitive)	*bark*	bark
		barn	child, children
Baldrs	Baldr's (name,-genitive)	*barna*	children
		barnæsku	childhood
Baldur	Baldur (name,-genitive)	*barni*	a-child, child
		barnið	child
báli	fire	*barnit*	child
bálinu	pyre, the-pyre		

Word List (Norse to English)

Norse	English	Norse	English
barns	child	*beð*	b, bed, being
barr	needles	*beðið*	proposals
bárr	waves	*beðinn*	ask, asked, asking
barst	bore, overcome	*beðit*	bid, proposals, proposed-to
báru	bearing, bore, brought, carried, carry, carrying, waters	*beðjum*	b, bed, being, to-bed, to-being
		beðmálum	bed-speech
báruð	carried, carry, carrying	*beðr*	bedding
		beður	bedding
bárum	bearing	*beggja*	both
bárur	waves	*beið*	sought, wait, waited, waiting
bárust	bore		
basta	best	*beiða*	bid
bastarðr	bastard	*beiðast*	ask
bastarður	bastard	*beiddi*	ask, asked, asking, bid, bids, need, needed, needing, propose
bát	boat		
báti	boat, boats		
bátinn	boat, the-boat		
batna	better, better-than	*beiddist*	ask, asked, asking, invite, invited, inviting
batnaði	better, bettered, bettering		
		beiddu	ask, asked, asking
batni	better	*beiðendum*	waited-end
bátr	boat	*beiðir*	ask, asked, asking
bátrinn	boat	*Beiði-Týr*	Bids-Tyr (name)
batt	bought	*beiðöndum*	waited-end
bátum	boat, the-boat	*beiðst*	ask, asked, asking, bid
báturinn	boat, the-boat		
bauð	bid, invite, invited, inviting, offer, offered, offering	*bein*	bone, bones
		beina	assist, assisting
		beinabót	benefit
bauðk	invite, invited, inviting	*beinflugu*	bone-flying
		beini	bone
bauðst	bid	*beinlausan*	boneless
baug	ring	*beinlausi*	boneless, boneless (name), The-boneless (name)
bauga	circle, rings		
baugeið	ring-oath		
baugi	rings	*beinlauss*	bone-less
baugs	ring	*beit*	bit, grazing
baugum	ring	*beita*	applied, apply, applying, bid
bautarsteinar	gravestones		
bautt	bid	*beitast*	employing
bazt	best	*beiti*	boat, pasture
bazta	best	*beitim*	apply
baztr	best		

Word List (Norse to English)

Norse	English	Norse	English
beittu	applied, apply, applying	berja	bear, bear-to, to-bear, to-bear-to
beitum	apply	berjast	battle, fight, fighting, fought, to-fight
bekk	bench		
bekki	bench		
bekkinn	bench	berjum	berries
bekkinum	group	berjumst	fight
bekknum	bench	bernsku	childishness
belg	pelts, skin	berr	bears, bore, carried, carries, carry, carrying
belgði	bellow, bellowed, bellowing		
Beli	Beli (name), Beli's (name,-genitive)	berr-at	bears-not, bore-not, carried-not, carries-not
belja	bellowing	berserk	berserker
beljar	bellow, bellowed, bellowing	berserkrinn	berserker, the-berserker
bellendr	partakers	berserkurinn	berserker, the-berserker
ben	wound		
bendingum	signs	berst	bore, fight, fought
bengrefill	battle-hoe	bert	bare, uncover, uncovered, uncovering
benja	wound		
benloga	bone-flying		
bensigðum	wound-sickles	beru	open
bensildr	bane-herrings	Berufirði	Berufjord (place)
benstara	mortal-wound	berum	bear, carry
ber	bare, bears, be-bare, bore, carried, carry, carrying	best	best, the-best
		besta	best, the-best
		besti	best, the-best
bera	bear, bore, bore-up, born, borne, bring, carry, unload	Bestlu	Bestla's (name,-genitive)
		bestr	best, the-best
beran	bare	bestu	best, the-best
berast	bear	bestum	best, the-best
berðist	fight, fought	bestur	best, the-best
berðust	fight	betr	better
Bergfinn	Bergfinn (name)	betra	better
Bergfinnr	Bergfinn (name)	betri	better
Bergfinnur	Bergfinn (name)	betur	better
bergja	taste	beutr	better
bergt	eaten	bezt	best, the-best
beri	bear, bore	bezta	best, the-best
berið	bear	bezti	best, the-best
berim	bring	beztr	best, the-best
berimst	fight	beztu	best, the-best

Word List (Norse to English)

Norse	English	Norse	English
beztum	best, the-best	*birtinga*	revealing
bið	ask, bid	*biskup*	bishop
bíða	abide, bid, to-wait-for, wait, wait-for	*biskups*	bishop, the-bishop
		Biskupsstóll	Bishop's-seat (place)
biði	wait-for	*bíta*	bit, bite, cut
biðið	ask	*bítast*	bite
biðim	wait	*bíta-t*	bite-not
bíðit	bid	*bíti*	bite
biðja	ask, begging, bid, invite, propose, propose-to	*bítr*	bite
		bitrum	bitter
biðk	bid	*bitsóttum*	bite-sickness
biðr	ask, asked, asked-for, asking, bid, invite, invited, inviting	*bitu*	bit, bitten, was-bitten-by
		bítur	bite
		bjarg	boulder, rock
bíðr	abides, awaiting	*bjarga*	save, to-save
biðst	chose	*bjargaði*	save, saved, saving
biðuðu	settle, settled, settling		
		bjargig-a-k	save-I-not
biður	abides, ask, asked, asked-for, asking, awaiting, bid, invite, invited, inviting	*bjargvel*	well-enough
		Bjarna	Bjarni (name), Bjarni (name), Bjarni's (name, genitive)
		Bjarnar	Bear's (name), Bear's (name,-genitive), Bjarn (name), Bjarn's (name)
bíður	abides, awaiting		
biki	tar		
bil	space		
bilar	down, downed, downing		
bílds	blood-letting	*Bjarnardóttir*	Daughter-of-Bjorn (name)
Billings	Billing's (name,-genitive)	*Bjarnarhöfn*	Bjarnarhofn (place)
bilstyggir	space	*Bjarnarsonar*	Son-of-Bjorn (name)
bilstyggvir	space		
bilt	startle, startled, startling	*Bjarnason*	Son-of-Bjorn (name)
bind	tie	*bjarndýr*	a-bear, bear, the-bear
binda	bind, tie		
bindr	bound, tie, tied, tying	*bjarndýri*	a-bear, bear, the-bear
bindur	bound, tie, tied, tying	*bjarndýrit*	bear, the-bear
		Bjarney	bear-island, Bjarney (place)
bing	bed, being		
birgðir	supplies	*Bjarneyja*	bear-island, Bjarney (place)
birni	bear, Bjorn (name)		

Word List (Norse to English)

Norse	English	Norse	English
Bjarneyjar	bear-island, Bjarney (place)	blandast	mix, mixed, mixing
Bjarneyjum	bear-island, Bjarney (place)	blandat	blend, blended, blending
Bjarni	Bjarni (name), Bjarni (name)	blandinn	mix, mixed, mixing
bjart	bright	blár	black-and-blue, blue
bjarta	bright	blása	blaze
bjartar	bright	Bláserkr	Blaserkur (place)
bjartari	bright	Bláserkur	Blaserkur (place)
bjartr	bright	blásit	blown
bjartra	bright	Bláskógum	Blawoods (place)
bjartur	bright	bleika	dark
bjó	dwelt, live, lived, living, prepare, prepared, preparing, settle, settled, settling	bleikr	pale
		blés	blew
		blessa	bless
		bleyta	soften, softened, softening
bjóða	bid, invite, invited, inviting, offer, to-invite	blíðlega	gently
		blíðliga	happily
		blíðr	blithe, gentle, happy, pleas, pleased, pleasing
bjóði	offer		
bjór	beer	blíðskap	kindness
björg	aid, help, rocks	blíðu	friendliness, joyfulness
björgum	rocks		
björn	bear, Bjorn (name)	blíðum	gentle
bjóst	prepare, prepared, preparing, readied, ready, readying	blíður	blithe, gentle, happy, pleas, pleased, pleasing
bjuggu	dwelt, inhabitants, live, lived, living, prepare, prepared, preparing, settle, settled, settles, settling	bliks	gleam
		bliku	shimmering
		blinda	blind, the-blind
		blindr	blind
		blítt	gently
bjuggust	prepare, prepared, preparing, settle, settled, settling	blóð	blood
		blóðbogi	blood-gush
		blóðgögl	blood-goslings
bjúgviðum	bent-tree	blóði	blood, bloodied, bloody, bloodying
bláar	blue		
blæða	bleed, bleeding	blóðrefilinn	sword-point
blæddi	bled, bleeding	blóðrefillinn	point-of-sword
Blæja	Blaeja (name)	blóðug	bloodied, bloody, bloodying
Blæju	Blaeja (name)		
blán	blue	blóðugr	bloodied, bloody, bloodying
blanda	blend		

Word List (Norse to English)

Norse	English
blóðugt	bleeding
blóðugur	bloodied, bloody, bloodying
blóðvali	blood-falcons
blót	sacrifices
blóta	sacrifice
blótat	sacrificed-to
blótim	sacrifice
blótin	sacrificed-to
blótinn	sacrifice, sacrificed, sacrificing
blótmaðr	a-sacrificing-man, sacrificing-man
blótmaður	a-sacrificing-man, sacrificing-man
blótskap	sorcery
blótstaðr	sacrificial-places
blótstaður	sacrificial-places
blótum	sacrifice
boð	ask, bid, invitation, invite, to-ask
boða	preach, to-preach
boðaði	foretold, preach, preached, preaching
boðar	proclaims
böðheggr	offered-tree
boði	announce, announced, announcing, ask, asked, asking, break, bringer, orders, to-break
boðið	bid, invitation, invite, invited, inviting
boðinu	invitation
boðit	bid, invite, invited, inviting, offer
böðmána	bathing-moon
boðs	settle
boðsins	invitation
boðsmanna	guests, invited-men
boðsmenn	invited-men
Böðvarsdal	Bodvarsdale (name), Bodvarsdale (place)
Böðvarsdóttr	Daughter-of-Bodvar (name)
Böðvarsdóttur	Daughter-of-Bodvar (name), Daughter-of-Bodvar (name)
boga	bow
bogamynd	bow-shape
bogastreng	bow-string
böggunum	bags
bogi	bow
boglimum	limbs
bograð	stoop
bol	trunk
böl	affliction, lair
Bolgaralandi	Bulgar-land (place)
bolinn	torso
bolöxi	a-pole-axe, pole-axe
böls	affliction
Bölþorns	Bolthorn (name)
bölvaðra	curs, cursed, cursing
Bölverki	Bolverk (name)
bölvi	affliction, curse
bönd	binding
bónda	farmer, husband, husband's, the-Farmer
bóndason	farmer's-son
bóndasonum	farmer's-sons
bóndi	farm, farmer, Farmer (name), husband, landowner, The-Farmer (name)
bóndum	farmer, farmers, farms
böndum	bound
bönnuðu	ban, banned, banning
bónorð	proposal

Word List (Norse to English)

Norse	English
bónorðið	marriage-proposal, proposal
bónorðit	marriage-proposal, proposal
bör	bore, carried, carry, carrying
borð	a-table, board, table, tables, the-table
borða	board, table, tables, the-table, the-tables
Borðeyri	Bordeyri (place)
borði	borne, the-table
borðinu	table
börðu	beat
borðum	table, the-table
börðust	battle, battled, battling, fought, thought
Borg	Borg (place), Borg (place), city, the-city
Borga	Borg (place), city
Borgar	Borg (place), city
borgarfirði	Borgafjord, Borgafjord (place)
Borgarhjört	Fortress-hart (name)
Borgarhjörtr	Fortress-hart (name)
borgarhlið	city-gates
borgarinnar	city, the-city, the-townspeople, townspeople
borgarmanna	townspeople
borgarmenn	the-townspeople, townspeople
borgarmönnum	townspeople
borgarveggi	city-wall, city-walls, the-city-walls
borgarveggina	city-walls, the-city-walls
borgarveggir	city-walls
borgarveggja	city-walls
borgarvídd	city-wide
borgfirðinga	Borgafjord-people
Borghildar	Borghild (name)
borghlið	city-side
borgin	city, the-city
borgina	Borg (place), city, the-city
borginni	city, city-walls, the-city, the-city-walls
borgir	cities, city
Borgundarholmi	Bornholm (place)
borið	bore, carried, carry, carrying
borin	brought
borinn	born, brought, carried, carry, carrying
borit	bore, carried, carry, carrying
börkr	bark
börn	children
bornir	borne
bornum	bearing
börnum	children
bóta	compensation
botn	bottom-of, the-bottom-of
brá	drew, prepare, prepared, preparing, startle, startled, startling
bráð	meat
bráðara	sooner, sooner-than
bráðast	quickly
bráðger	quick
bráðgerr	mature, matured, maturing, quick
bráðir	prey
bráðlega	quickly, soon
bráðliga	soon
bráðr	haste
bráðrakinn	hastening
bráður	haste
bræddak	melt
bræddr	spread
bræddum	molten

Word List (Norse to English)

Norse	English	Norse	English
bræddur	spread	*brattleitur*	steep-looking
bræðr	brothers, the-brothers	*brauð*	bread
		brauðit	bread, the-bread
bræðra	brothers, the-brothers	*braut*	away, broke, brought, divide, divided, dividing
bræðrna	brothers		
bræðrum	brothers, the-brothers	*brautargengi*	path-assistance
		brautu	away, his-way, way
bræður	brothers, the-brothers	*Brávelli*	Bravellir (place)
		bréf	letters
brækr	breeches	*bregð*	move
brætt	spread	*bregða*	break, foreclose, unbelievable
brag	poetry		
bragarfulli	declaration	*bregðr*	react, shock, shocked, shocking, trick, tricked, tricking
bragarlaunum	character-reward, poem-repay		
bragð	solution		
bragði	looking, taste	*bregður*	react, shock, shocked, shocking, trick, tricked, tricking
bragðið	look, looked, looking		
bragna	hero, heroes		
bragnar	heroes	*breiða*	spread, widely
brakaði	creak, creaked, creaking	*Breiðabólstað*	Breidabolstad (place), upholstery
brámáni	brightly	*Breiðafirði*	Breidafjord (place)
brandagný	blades-clash	*Breiðafjarðar*	Breidafjord (place)
brandahjört	sword-hart	*Breiðafjörð*	Breidafjord (place)
Brandi	Brand (name)	*breiðara*	broad, broader
Brandr	Brand (name)	*breiddi*	broad
brandrauðum	fiery-r, fiery-red, fiery-ring	*Breiðfirskr*	Breidafjord (place)
		Breiðfirskur	Breidafjord (place)
Brands	Brand (name), Brand's (name)	*Breiðfirzkr*	Breidafjord (place)
		breiðir	broad
brann	burn, burned, burning, burnt	*breiðöxi*	broad-axe
		breiðu	wide
brast	burst	*breitt*	broad
brást	startle, startled, startling, transform, transformed, transforming	*brenn*	burns
		brenna	burn, burned, burning, burnt
		brennanda	burning
brátt	soon	*brennandum*	burning
Brattahlíð	Brattahlid (place), steep-slope	*brennd*	burnt
		brenndi	burn, burned, burning
Brattahlíðar	Brattahlid (place), steep-slope		
brattleitr	steep-looking		

Word List (Norse to English)

Norse	English	Norse	English
brenndir	burn, burned, burning	Brodd-helgi	Brodd-Helgi (name)
brenndr	burn, burned, burning	Broddi	Broddi (name)
brenndu	burn, burned, burning	bróðir	brother, brother-of
brennr	burn, burning, burns	bróðr	brother
brennr-at	burns-not	bróður	brother
brennu	burn, burning, burnt	Bróðurbana	Brother's-Slayer (name,-genitive)
brennur	burn, burning, burns	bróðurson	brother's-son
brest	a-crash, crash	bróðursonr	brother's-son
bresta	burst	brögð	trick, tricks
brestanda	creaking	brögðum	strategy, tricks
bresti	crash	brögnum	trickery
breyta	bring, change	bróka	breeches
breytni	conduct	Brokey	Brokey (place)
breytt	change, changed, changing	bröndum	burning, firewood, sword, swords
brigð	trick, tricked, tricking	brosi	laughing
brigðr	bride	brosir	laughing
brigðum	unreliable	brosti	burst-out-laughing
brigður	bride	brot	away
brim	surf	brotinn	broken
brims	brim	brotit	burn, burned, burning
Brimum	Bremen (place)	brotna	broke
bringu	chest	brotnaði	broke
brjósk	cartilage	brotnar	broken
brjóst	breast	brotnu	broken
brjósti	breast	brott	away, brought, out, to-away
brjóstið	breast, the-breast	brottbúningi	leaving-prepare, leaving-prepared, leaving-preparing
brjóstit	breast	brottferðar	away-travel, travel-away
brjóstum	breast, breasts	brottu	away, gone, leave
brjóta	break, broke, brought	brúarsporðinn	footbridge
brjótir	wreck, wrecked, wrecking	brúðar	bride's
brjótr	breaks	brúðguma	bridegroom's
Brodda	Brodda (name), Brodda's (name,-genitive), Broddi (name)	brúðhlaup	wedding
		brúði	bride
		brúðinni	bride

26

Word List (Norse to English)

Norse	English	Norse	English
brúðkaup	a-wedding, a-wedding-feast, the-wedding, the-wedding-feast, wedding, wedding-feast	*brún*	brown
		brúna	brow, brown
		brúnina	eyebrow
		brunninn	burnt
		brunnu	burn, burned, burning
brúðkaupið	a-wedding, a-wedding-feast, the-wedding, the-wedding-feast, wedding, wedding-feast	*brúnstein*	brow-stones
		brúnsteina	brow-stones
		brúnsteinum	brow-stones
		brutu	broke
		brygði	react
brúðlaup	a-wedding, a-wedding-feast, the-wedding, the-wedding-feast, wedding, wedding-feast	*bryggjr*	quay
		bryggjum	bridge
		bryggjunum	bridge
		bryggjur	quay
		brýn	urgent
		Brynhildar	Brynhild (name)
brúðlaupi	a-wedding, a-wedding-feast, the-wedding, the-wedding-feast, wedding, wedding-feast	*Brynhildi*	Brynhild (name)
		Brynhildr	Brynhild (name)
		brynjr	armour, shield
		brynju	armour
		brynjur	armour, shield
		bryti	break, steward
brúðlaupinu	a-wedding, a-wedding-feast, the-wedding, the-wedding-feast, wedding, wedding-feast	*brytja*	cut-up
		brýtr	broke, divide, divided, dividing, wreck, wrecked, wrecking
brúðr	brother	*brýtur*	divide, divided, dividing
brúðrin	bride		
brúður	brother	*bú*	a-farm, dwelling, farm, settlement
brúðurin	bride		
brugðið	broken, brought-out, drawn	*búa*	dwell, dwelt, he, homes, laid, live, prepare, prepared, preparing, settle
brugðin	drawn-out		
brugðist	broken		
brugðit	appear, appeared, appearing, brought, brought-out, custom	*búanda*	farmer
		búandmönnum	settling-people
		búast	prepare, prepared, preparing, settle, stay
brugðizt	broken		
brugðu	brought	*búða*	booths, settlement
brugðust	broke	*búðar*	booth, booths
brullaup	wedding, wedding-feast	*búðartóftanna*	booth-ruins
		búðartóftina	booth

27

Word List (Norse to English)

Norse	English	Norse	English
búðarvegginum	booth-walls	*búna*	prepare, prepared, preparing
búðarveggir	booth-walls		
búðina	booth	*búnaði*	clothing, dress
búðinni	booth, booths	*búnar*	prepare, prepared, preparing
búðir	booths		
Buðla	Budli (name)	*bundinn*	bound
Buðladóttr	Daughter-of-Budla (name)	*bundit*	bound
		bundnir	bound
Buðladóttur	Daughter-of-Budla (name)	*bundu*	bound
		búningi	clothes
buðlungi	king	*búnir*	prepare, prepared, preparing, ready, readying
buðu	invite, invited, inviting, offer, offered, offering		
		Bunu	Buna (name)
búfé	livestock	*búnu*	are, good
búi	dwelling, estate, farm, home, settle, settled, settlement, settling	*búnyt*	milk-products
		burðarmenn	bearer-men
		burir	sons
búið	dwelt, preparations, prepare, prepared, preparing, settle, settled, settlement, settling, to-settle	*burst*	cheat, cheated, cheating
		burt	away
		bús	home, house, live, settlement
		búst	cheat, settle
búin	done, prepare, prepared, preparing, readied, ready, readying	*bústað*	abode, dwelling, dwellings
		bústaði	dwellings
		búsvarðveislu	farming
búinn	prepare, prepared, prepared-with, preparing, ready	*búsvarðveizlu*	farming
		búum	estates
		búumst	prepare
búinu	dwelling	*býð*	offer
búist	prepare, prepared, preparing	*býði*	invite
		býðr	bid, invite, invited, inviting, offer
búit	be-prepare, be-prepared, be-preparing, dwelt, preparations, prepare, prepared, preparing, ready, settle, settled, settlement, settling, to-settle	*býður*	bid, invite, invited, inviting, offer
		byggð	settlement
		byggði	settle, settled, settling
		byggðinni	settlement
		byggðir	booths, dwellings
búizt	prepare, prepared, preparing	*byggðu*	settle, settled, settling
		byggðum	settlement

Word List (Norse to English)

Norse	English	Norse	English
bygghlaða	barley-barn	*dægri*	day
byggilegast	dwelling	*dægrum*	days
byggiligast	dwelling	*dægur*	days
byggja	settle, settlement	*dæið*	dead
byggjanda	habitable	*dældarmaðr*	gentle-man
byggjandi	habitable	*dældarmaður*	gentle-man
byggjum	inhabit	*dælskr*	dullness
byggt	settle, settled, settling	*dælt*	easy, genteel
byggva	settle	*dæma*	deem, deemed, deeming
byggvir	settles	*dæmdir*	deem
býjar	estate, farm, the-estate	*dæmi*	deem, examples
		dætr	daughters
byr	fair-wind, wind	*dætur*	daughters
býr	dwells, prepare, prepared, prepares, preparing	*dag*	a-day, day, the-day
		daga	day, days
		dagan	day
byrðar	burdens	*dagar*	days
byrði	a-bundle, bundle, burden	*daginn*	day, days, the-day
		dagmála	morning
Byrðusmjörs	Byrdusmjors (name)	*dagmálastað*	morning
		dagmálum	mid-morning
byri	fair-wind, wind	*dagr*	day
byrina	fair-wind	*dagrýrir*	day-diminishing
byrja	brings-about	*dags*	dag's, day, day's, in-the-day
byrjaði	began		
byrjar	begin, fair-wind	*dagsetri*	day-setting
byrjuð	brought	*dáinn*	entrance, entranced, entrancing
byrla	pour		
byskup	bishop, the-bishop	*dal*	valley
byskups	bishop, Bishop (name), Bishop's (name,-genitive), the-bishop	*Dalalönd*	Dale-Land (place)
		dalnum	valleys
		dana	Danes, the-Danes
		Danaást	Danes'-Beloved (name)
býsna	extreme		
býst	prepare, prepared, preparing	*danaherr*	Danish-army
		danaveldi	Danish-realm, Denmark (place)
byttu	buckets	*danir*	Danes, Danish, the-Danes
		Danmarkar	Denmark (place)
D, d		*Danmarkarbót*	Denmark's-Benefit (name)
dáðust	admire, admired, admiring		
		Danmerkr	Denmark (place)
dægr	days		

Word List (Norse to English)

Norse	English	Norse	English
Danmörk	Denmark (place)	dilkahöfuð	sheep-heads
Danmörku	Denmark (place)	dimma	darkness
danski	Dane	Dímunarvági	Dimunarvog (place)
danskra	Danish		
danskri	Danish	Dímunarvogi	Dimunarvog (place)
dapr	depress, depressed, depressing	Dinga	Dinge (place)
		Dinganes	Dingenes (place)
daprlig	sad	Dínu	Danube (place)
dapur	depress, depressed, depressing	Dísir	Disir (name), spirits
		djarfliga	boldly
		Djöfuls	Devil's (name,-genitive)
dapurleg	sad		
dauð	dead	djörfung	boldness
dauða	dead, death, death-of, the-dead, the-death-of	djúpúðgu	deep-mind, deep-minded, Deep-Minded (name), deep-minding, The-Deep-Minded (name)
dauðadags	death-day		
dauðan	dead, death		
dauðdaga	death-day		
dauði	death	dó	die, died, dying
dauðir	dead, died, dying	dœgr	days
dauðr	dead, death	Dofrafjalls	Dovrefjell (place)
dauðs	dead	dögg	dew
dauðum	dead	döggina	dew
dauður	dead, death	döggvar	dew
daufr	deaf	Döglinga	Döglings (name), of-the-dead
degi	day		
deila	share, sharing	dögum	days, days-of, the-days-of
deildi	dealt		
deildust	judge, judged, judging	dögurðar	day's-meal
		Dögurðarár	Dogurdara (place)
deili	parts	dólgrinn	demon, the-demon
deilr	disputes	dómr	judgement
deilur	disputes	dönum	Danes, the-Danes
Dellings	Dellingr's (name,-genitive)	döpr	sad
		döpur	sad
deyfi	blunt	dóttir	daughter, daughter-of, the-daughter, the-daughter-of
deyfir	blunts		
deyja	dead, die, I-die, to-die		
		dóttr	daughter, daughter-of
deyr	die, dies		
Digur-Helgi	Digur-Helgi (name), Digur-Helgi (name)	dóttur	daughter, daughter-of

Word List (Norse to English)

Norse	English	Norse	English
drægi	draw, draw-out, drew	*drekki*	drink
drægir	drawn, drawn-out	*drekkir*	drink
dræpi	kill, killed, killing	*drekkr*	drinks
drag	drag	*drekkum*	we-drink
draga	carry, drag, drawn, drew	*dreng*	fellow
drakk	drank	*drengilega*	bravely
drambi	arrogance	*drengiliga*	bravely
drap	kill, killed, killing	*drengir*	warriors
drápu	drapa, kill, killed, killing	*drengja*	fellow, fellows
drápuð	kill, killed, killing	*drengjamóðr*	mother-of-warriors
drápulag	drapa-layer	*drengjamóður*	mother-of-warriors
drápuna	drapa	*drengr*	fellow
drápunnar	drapa	*drengs*	warriors
drápunni	drapa	*drengskap*	honour
draugr	demon, the-demon	*drengskapr*	word-of-honour
draugrinn	demon, the-demon	*drengskapur*	word-of-honour
draum	dream	*drengur*	fellow
drauma	dreams	*drep*	kill
drauminn	dream	*drepa*	be-kill, be-killed, be-killing, kill, killed, killing, kill-you
drauminum	dream, the-dream	*drepið*	kill, killed, killing
draumr	dream	*drepin*	kill, killed, killing
draums	dreams	*drepinn*	kill, killed, killing
draumum	dreams	*drepit*	kill, killed, killing, taken
draumur	dream	*drepna*	kill, killed, killing
dregið	drawn	*drepnir*	kill, killed, killing
dregil	pull, pulled, pulling	*drepr*	fail, failed, failing
dregin	drawn	*Drepstokki*	Drepstokk (place)
dregit	drawn	*drepur*	fail, failed, failing
dregr	drew	*dreymdi*	dream, dreamed, dreaming
dregst	drawn	*dreymði*	dream, dreamed, dreaming
dregur	drew	*dreymt*	dreamt
dreif	scatter, scattered, scattering	*dreyra*	blood
dreifðist	disperse, dispersed, dispersing	*dreyrug*	bloody
drekahálsinum	dragon's-neck, the-dragon's-neck	*drífa*	drove
drekahöfuð	dragon's-head	*drifinn*	driven
drekk	drink	*drifna*	drive
drekka	drank, drink, drinking, drink-to	*drifu*	drove, flock, flocked, flocking

Word List (Norse to English)

Norse	English	Norse	English
drjúgari	ample	*duldið*	hidden
drjúgir	substantial	*duldir*	hidden
drjúgr	substantial	*dura*	at-the-door, door
drjúgt	straight	*durum*	doors, doorway
drjúgum	greatly	*durunum*	door, the-door
dró	drag, dragged, dragging, draw, drew, pull, pulled, pulling	*dvaldi*	delay, delayed, delaying, dwell, dwelled, dwelling
drógu	drew	*dvalði*	dwell, dwelled, dwelling
Dröngum	Drangar (place)	*dvaldist*	dwell, dwelled, dwelling
drottinn	master	*dvalðist*	dwell, dwelled, dwelling
dróttinn	master		
drottning	queen, the-queen	*dvalinn*	dwell, dwelled, dwelling
drottningar	queen		
dróttningar	queen	*dvalizt*	dwell, dwelled, dwelling
drukkinn	drunk		
drukkit	drank-to, drink, drunk	*dveljast*	dwell
		dvelr	dwelling
drukknir	in-drink	*dvergr*	dwarf
drykk	drank, draught, drink	*dvergum*	dwarves
		dvöl	dwell, dwelled, dwelling
drykki	drank		
drykkinum	drinks, the-drinks	*dvöldust*	dwell, dwelled, dwelling
drykkja	drink		
drykkjr	drinking	*dvölðust*	dwell, dwelled, dwelling
drykkju	drinking		
drykkjuborð	drinking-tables	*Dyflinnar*	Dublin (place)
drykkjuborðum	drinking-tables	*Dyflinnarskíri*	Dublinshire (place)
drykkjumaðr	drinking-man	*Dyflinni*	Dublin (place)
drykkjumaður	drinking-man	*dygði*	enough
drykkjur	drinking	*dyggligast*	most-virtuous
drykkr	drink	*dýja*	beast
drýsildjöflanna	petty-devils	*dylja*	disguise
duga	aid, aided, aiding, be-help, be-helped, be-helping, help, helped, helping	*Dylla*	Dylla (name)
		dyn	storm
		dýr	wild-animal, wild-animals
dugðu	enough	*dyra*	door
dugi	could, enough, good	*dýra*	animals, dear, wild
		dýramerg	animal-marrow
dugið	enough	*dýraveiðr*	animal-hunting
dugir	enough, wins	*dýraveiður*	animal-hunting
dugnað	assistance	*dýrð*	glory
dul	folly, secrecy		

Word List (Norse to English)

Norse	English
dýrðarmaðr	glorious-man
dýrðarmaður	glorious-man
dýri	dear
dyrin	doorway
dýrin	wild-animals
dýrit	a-beast, animal, beast, the-beast
dýrlegra	glorious
dýrlegu	dearly
dýrlig	dear
dýrligan	dear
dýrligra	glorious
dýrligu	dear
dyrnar	doors, doorway
dyrr	doors, the-doors
dýrra	dearer
dyrrin	doorway
dyrrnar	doors
dýrs	dear
dýrsins	beast, the-beast
dyrum	doorway
dýrum	wild-animals
dyrunum	door, out-door, the-door

E, e

Norse	English
eða	and, but, either, of, or, or-that
eðr	or
eður	or
ef	as, if, maybe, of
efn	carry-out
efna	carried-out, carry-out
efndi	kept
efni	matter, prospect, prospects, the-matter
efnilegastr	promising
efnilegastur	promising
efnilegir	promising
efnilegr	promising
efnilegsti	promising
efnilegur	promising
efniligir	promising
efniligsti	promising
efra	ever, over
efst	highest
efsta	upper
efstr	uppermost
efstur	uppermost
eftir	after, afterwards, along, behind, following, later, left, remain, remained, remaining
eftirbát	boat
eftirbátr	aftermath, boat, boats
eftirbátur	aftermath, boat, boats
eftirförina	after-travelling
eftirleituna	after-seeking
eftirsjá	look-back
eg	am, am-I, going, I, I (a-personal-pronoun)
egg	edge, ridge
eggja	encourage, encouragement, encouraging
eggjaði	urge, urged, urging
eggjan	encouragement
eggjanna	eggs
eggjar	edges, encourage, encouraged, encouraging
eggjuðu	egg, egged, egging
eggjum	eggs
eggver	egg-gathering, eggs
Egill	Egil (name)
Egils	Egil (name)
Egilsdóttr	Daughter-of-Egil (name)
Egilsdóttur	Daughter-of-Egil (name)
Egilsson	Son-of-Egil (name)
Egilssonar	Son-of-Egil (name)

Word List (Norse to English)

Norse	English	Norse	English
Egilssyni	Son-of-Egil (name)	Einarsfjörð	Einarsfjord (place)
Egli	Egil (name)	einart	resolute
ei	not	Eindriði	Eindridi (name)
eiða	oath	einfæting	one-footer
eig	own	Einfætingaland	One-Footer-Land (place)
eiga	had, have, marriage, marry, not, only, own, owned, owning, owns, possess, said-of	einfætingi	one-footer
		einfætingr	a-one-footer, one-footer, the-one-footer
eigi	alone, did-not, no, none, no-one, not, not-be, not-of, not-to, one, only, own, owned, owning, owns, was-not	einfætingur	a-one-footer, one-footer
		einfætingurinn	one-footer
		einhverja	one
		einhverju	any, one-such, some
eign	own, owned, owning	einhverjum	somebody-else's, somebody's
eignask	himself	einhvern	one
eignast	own	einir	alone, one, only
eigngirni	selfish	einkar	especially, very
eignum	own, owned, owning	einkis	no, nothing
		einmæli	one-talk
eigr	ownership	einn	a, alone, an, one
eigu	our-own, own, owned, owning	einna	only, the-only
		einnættum	new-form, new-formed, new-forming
eigum	any, own		
eigur	ownership	einnar	one
eik	oak	einnhver	any-of
eilífrar	eternal	einnhvern	one
ein	a, alone, along, an, one, only, same	einnhverr	any-of, one-of
		einni	alone, one
eina	a, as-one, one, only	einrænir	stubborn
Einar	Einar (name), only	eins	a, alone, as, likewise, one, one's
einarðr	determine, determined, determining	einsetukona	recluse
		einskis	nothing, only
einarður	determine, determined, determining	eintalað	only-spoken
		eintalat	only-spoken
		einþykkr	solitary
Einari	Einar (name)	einþykkur	solitary
Einarr	Einar (name)	einu	a, one, only, same
Einars	Einar (name), Einar's (name,-genitive)	einugi	none

Word List (Norse to English)

Norse	English	Norse	English
einum	a, alone, any, one, to-one	eirir	spares
		eitrfullir	poison-full
einurð	determination, determine, determined, determining	eitrhvass	envenom, envenomed, envenoming
		eitri	venom
einvaldskonungr	sole-ruling-king	eitt	a, alone, along, an, once, one, one-thing, only, single
einvígi	duel		
einvígis	single-combat		
Eir	Eir (name)	eitthvert	once, one, some, some-kind, some-time
Eireki	Erik (name)		
Eirekr	Erik (name)		
Eireks	Erik (name), Erik's (name,-genitive)	ek	I (personal-pronoun), I-am
		ekki	no, none, not, nothing, not-to
eiri	bronze		
Eirík	Erik (name)	Ekkils	Ekkil (name)
Eiríki	Erik (name)	ekkja	widow
Eiríkr	Erik (name)	ekkju	widow
Eiríks	Erik (name), Erik's (name), Erik's (name,-genitive)	eld	a-fire, fire
		eldahússveggnum	fire-house-wall
		eldaskála	cooking-hut
Eiríksdóttir	Daughter-of-Erik (name)	eldi	fire
		eldinn	a-fire, fire, the-fire
Eiríksey	Eriksey (place), Erik's-Island (place)	eldinum	flames, the-flames
		eldr	fire, flame
		eldri	older
Eiríkseyju	Eriksey (place), Erik's-Island (place)	elds	fire
		eldur	fire
Eiríksfirði	Eriksfjord (place), Erik's-fjord (place)	eldurinn	fire
		Ella	Ælla (name), or, or-else, other, otherwise
Eiríksfjarðar	Eriksfjord (place), Erik's-fjord (place)		
		elli	age
Eiríksfjörð	Eriksfjord (place), Erik's-fjord (place)	ellidauðr	old-age-die, old-age-died, old-age-dying
Eiríkshólmum	Eriksholmar (place), Erik's-Island (place)		
		ellidauður	old-age-die, old-age-died, old-age-dying
Eiríksson	Eriksson (name), Son-of-Erik (name)		
Eirikssonar	Son-of-Erik (name)	ellifta	eleventh
Eiríksstöðum	Eriksstadir (place)	ellifu	eleven
Eirikssyni	Eriksson (name)	elligar	or
Eiríksvági	Eriksvog (place)	ellri	elder
Eiríksvogi	Eriksvog (place)	ellstr	oldest, the-oldest
Eiríkur	Erik (name)	ellstur	oldest, the-oldest

35

Word List (Norse to English)

Norse	English	Norse	English
Ellu	Ælla (name), Ælla's (name,-genitive)	engi	no, none, none-of, no-one, not, nothing
elnaði	attack, attacked, attacking	engil	angel
elr	gave-birth-to, nourishes, raise, raised, raising	engin	no
		enginn	no
		engir	none
elskað	love, loved, loving	engis	none
elskat	love, loved, loving	England	England (place)
elsti	eldest	Englandi	England (place)
elstr	oldest	Englands	England (place), England's (place,-genitive)
elstur	oldest		
eltu	pursue, pursued, pursuing	Englandsfar	England-voyage
em	am	Englandshaf	England's-sea (place)
emk	am-I	Englanes	England (place)
en	about, and, as, before, but, but-for, except, in, is, of, still, than, that, the, then, though, was, when, where, which, while	engra	no, none
		engrar	no-more, not
		engu	none, not, nothing
		engum	no, none
		enn	as, but, it, one, still, then, was, yet
enda	and, an-end, complete, conclude, end, ended, ending, in-the-end, it-conclude, it-concluded, it-concluding	enskir	English
		eptir	after, afterwards, back, behind, die, died, dying
		er	a, am, am-I, and, are, as, at, be, being, but, for, had, has, have, he, I, if, in, is, is-it, it, it-is, it-was, let-be, of, of-which, out, spoke, than, that, that-was, that-which, the, then, this, to, to-be, until, was, were, what, when, where, which, while, who, whose, who-was, with
endast	end, ended, ending		
endemi	unheard-of		
endemlig	strange		
Endils	Endils (name), Endil's (name,-genitive)		
endr	end		
endrgefendr	receivers-of-gifts		
endrþögu	silence		
endunum	ends		
enga	any, no, none, not, only		
		er-a	be-not, is-not, not
engan	no, none	er-at	is-not
engar	no, none	erendi	errand, errands

Word List (Norse to English)

Norse	English	Norse	English
erendis	errand, errands	eyða	devastate, devastated, devastating
erendum	errand, errands		
erfðar	inherit, inherited, inheriting	eyðanda	destroyer
		eyddi	devastate, devastated, devastating
erfi	inheritance		
erfiðinu	difficulty		
erfingja	heirs	eyddist	devastate, devastated, devastating
erfitt	difficult		
er'hann	as-he		
Eríksfjörð	Eriksfjord (place), Erik's-fjord (place)	eyddu	devastate, devastated, devastating
erindi	errand		
erindlaust	errand-without	eyðimerkr	deserted-forest
erindreka	ambassadors	eyðimerkur	deserted-forest
erindum	errand	eygð	eye, eyed, eying
ermar	sleeves	eygðir	eye, eyed, eyes, eying
ernirnir	eagles, the-eagles		
ert	are, you-are, your	Eygotaland	Eygotaland (place)
ertu	are-you, you, you-are	eygr	eyes
		eygur	eyes
eru	are, are-there, are-we, are-you, is, there, there-are, they, they-are, they-were, was, we, we-are, were, were-they	Eyjafjarðar	Eyjafjord (place)
		eyjar	island, islands, the-island
		eyjarinnar	island
		eyjarnar	islands
		Eyjólf	Eyjolf (name)
eruð	are	Eyjólfr	Eyjolf (name), Eyolf (name)
erum	are, are-we, they-are, we, we-are	Eyjólfs	Eyjolf's (name)
		Eyjólfsson	Eyjolfsson (name), Son-of-Eyjolf (name)
erusk	are		
es	as, was, were, when, where, which, who	Eyjólfur	Eyjolf (name), Eyolf (name)
		eyjótt	islands
esat	glowing	eyju	island
eski	box	eyjunum	islands
eskinu	box, the-box	eyki	animals
eskit	box, the-box	eyktar	mid-afternoon
eta	eat	eyktarstað	mid-afternoon
etit	eaten	eyland	island, islands
etja	provoke	eyna	island, the-island
etr	eats	Eynæfis	Eynaefi's (name,-genitive)
exar	axe		
ey	an-island, ever, island, place	eynni	island

Word List (Norse to English)

Norse	English
eyra	ear
eyrar	islands, Islands (place)
eyrarúnu	ear-secrets
Eyrasundi	Eyrasundi (place)
Eyri	Eyri (place), island, sand, sandbank, spit-of-land
eyrum	ears
Eystein	Eystein (name)
Eysteini	Eystein (name)
Eysteinn	Eystein (name)
Eysteins	Eystein (name), Eystein's (name,-genitive)
eystra	east
eystri	eastern
eytt	devastate, devastated, devastating
Eyvindar	Eyvind (name)
Eyvindarson	Eyvindson (name), Son-of-Eyvind (name)
eyvitar	not
eyvitu	unknowing

É, é

Norse	English
ég	I (a-personal-pronoun)
éli	hail
én	and
ér	is, that, were

F, f

Norse	English
fá	be, few, get, get-for, gets, give, got, have, marry, pay
fáa	fetch, few, gets, have
faðerni	paternity
fáði	colour, coloured, colouring, paint, painted, painting
faðir	father, father-of, fathers, father-to
fáðir	went-they
faðmi	arms
faðmlagsins	embrace
fæ	get, give, got
fæð	sadness
fæða	bear, brought, fed, feed, feeding, foster, give, give-birth
fæddi	bore, raise, raised, raising
fæddist	brought, foster, fostered, fostering
fæddr	father, fathered, fathering
fæddur	father, fathered, fathering
fæðir	give-birth-to
fæðist	born
fæðsla	feast
fæðslu	food
fæðu	little
fælast	frighten, frightened, frightening
fær	accomplish, accomplished, accomplishing, affect, affected, affecting, can, could, did, gets, go, goes, got
færa	be-brought, bring, brought, do, less, take, to-do, travel, travelled, travelling
færast	move
færð	carried, carry, carrying, taken
færði	brought, took
færðir	told
færðr	brought

Word List (Norse to English)

Norse	English	Norse	English
færðu	carried, carry, carrying, travel, travelled, travelling, went	*fagnat*	welcome, welcomed, welcoming
færður	brought	*fagra*	fair, fairness
færi	bring, brought, going, journey, opportunity, travel, went	*fagran*	beautiful
		fagrar	fair
		fagrliga	beautifully
		fagrt	beautiful, fair, fairly
		fagurt	beautiful
færim	able	*fái*	get, give
færir	bring, brought, travel	*fáim*	get
		fáir	few, marry
færr	capable	*fák*	catch
fært	going-out, gone, taken	*fal*	hid
		fala	bargain
færu	travel	*falar*	bargained-for
færum	able, travel, travelled, travelling	*fálátari*	withdrawn
		fálátr	reserve, reserved, reserving
fæst	few		
fæti	feet, foot	*fálátur*	reserve, reserved, reserving
fætr	feet		
fætrna	feet	*fall*	fall, fallen, falling
fættast	carry	*falla*	fall, fell
fætur	feet	*fallandi*	falling
fæturna	feet	*falli*	fall, fell
Fáfnisbana	Slayer-of-Fafnir (name)	*fallin*	fallen
		fallinn	fall, fallen
Fáfnisbani	Fafnisbani (name)	*fallnir*	fallen
fagna	celebrate, celebrated, celebrating, rejoice, welcome, welcomed, welcoming	*fálu*	hid
		fám	few, get
		fámálug	silent
		fámálugr	few-words
		fámálugur	few-words
fagnað	celebrate, celebrated, celebrating, welcome, welcomed, welcoming	*fang*	arms, grasp, provisions
		fangi	enemies, receive, received, receiving
		fangs	embrace
fagnaðaröl	celebrations, toasts	*fann*	found
fagnaðartíma	celebrated-time	*fannk-a*	found-not
fagnaði	celebrate, celebrated, celebrating, got, receive, received, receiving	*fannst*	found
		fannt	found
		far	go, travel
		fár	few, have, malice

Word List (Norse to English)

Norse	English	Norse	English
fara	faring, go, going, journey, sent, to-go, to-travel, travel, travelled, travelling, went	*fásktu*	get
		fast	close, fast, fasten, fastened, fastening, tightly
		fasta	fast, fasted, fasting
farar	travel, voyages	*fastgarðr*	stronghold
fararefna	travel-goods	*fastgarður*	stronghold
fararefni	travel-goods	*fastlegra*	fix, fixed, fixing
fararinnar	of-the-journey	*fastna*	propose
fardaga	moving-day	*fastnaði*	betroth, betrothed, betrothing
fardreng	traveller-generous		
fardrengr	travelling-companion	*fastr*	fasten, fastened, fastening
fardrengur	travelling-companion	*fastur*	fasten, fastened, fastening
fari	fare, go, goes, going, passage, take, travel, travelling, went	*fátæka*	poor
		fátæki	poverty, wealthiness
		fátæku	poor
fári	villains	*fátækum*	poor
farið	going, gone, travel, travelled, travelling, went	*fátalaðr*	quiet
		fátalaður	quiet
		fátt	few, little
farim	travel	*fáu*	few
farin	gone	*fé*	cattle, fee, money, pay, wealth
farinn	travel, travelled, travelling		
		féar	wealth
farir	travel	*fébætr*	compensation
farit	far, fare, fared, faring, going, gone, travel, travelled, travelling, went	*feðga*	father-and-son
		feðgar	father-and-son
		feðgum	father-and-son
		feðr	father, fathers
farkost	vessel	*feður*	father, fathers
farm	from	*feginn*	joyful, relieve, relieved, relieving
farmaðr	travelling-man		
farmaður	travelling-man	*fégjöfum*	fee-gifts
farmi	cargo	*fegnir*	celebrate, celebrated, celebrating
farminn	cargo		
farmóðr	travel-weary		
farmóður	travel-weary	*fegrð*	beauty, fairness
farmr	cargo	*fegri*	more-beautiful
farmur	cargo	*fegrst*	fair, fairest, finest
farnir	travel, travelled, travelling	*fegrstr*	fairest
		fegrstur	fairest
fás	few		
fásinni	remote		

Word List (Norse to English)

Norse	English	Norse	English
fegurst	beautiful, most-beauty	*felldr*	fall
		felldu	fell
féhirði	fee-servant	*felldur*	fall
féhirðir	fee-servant	*felli*	falling, fell, rising
féhirslumaðr	fee-servant	*félli*	rising
féhirslumaður	fee-servant	*fellingum*	joints
féið	fee, treasure, wealth	*fellr*	falls, fell
		fellt	fell
feigri	cower	*fellu*	fell
feigum	doom, doomed, dooming	*féllu*	fell
		fellur	falls
féit	treasure, wealth	*félögum*	companions, company
feita	fatten		
feitaðir	fatten, fattened, fattening	*fémunum*	goods
		fen	fens
feitt	bold	*fénað*	cattle
fekk	gave, got, married, marry, marrying	*fénaðr*	cattle
		fénaður	cattle
fékk	gave, get, got, married, marry, marrying, went	*feng*	gifts
		fenga	get
		fengi	get, got
fekksk	receive, received, receiving	*fengið*	caught, found, got
		fengin	get
fekkst	found-is, got	*fengir*	get
fékkst	receive, received, receiving	*fengist*	caught
		fengit	caught, found, got, had
fékostnaðr	fee-costly		
fékostnaður	fee-costly	*fengju*	got
félaga	companion, companions	*fengjust*	caught
		fengu	caught, gather, gathered, gathering, got, held
félagar	comrades		
félagi	companion		
félausan	money-less		
félauss	money-less	*fengust*	got-they
feld	cloak	*fénu*	cargo, money, wealth
feldarskautinu	fur-cloak		
feldinn	cloak	*fer*	go, goes, going, travel, travelled, travelling, went
feldinum	cloak		
félítill	fee-little, poor		
félitlir	fee-little, poor	*ferð*	go, journey, travel, travelled, travelling, voyage
fell	fell, mountain, slaying		
féll	fell, mountain	*ferðar*	go, journey, travel, voyage
fella	fell, felled, felling		
felldi	shed	*ferðarinnar*	travelling
		ferðina	travelling

Word List (Norse to English)

Norse	English	Norse	English
ferðinni	to-travel, travel, travelling	*fimmta*	fifth, five
ferðum	voyage, voyages	*fimmtán*	fifteen
ferlíki	monstrous	*fimmtánda*	fifteenth
ferr	away, goes, journey, journeyed, journeying, journeys, travel, travelled, travelling, went	*fimmti*	fifth
		fingi	getting
		fingrar	finger
		fingrgull	finger-gold
		fingrum	fingers
		fingum	fingers, got, grasp, grasped, grasping, won
ferst	left, travel, travelled, travelling	*fingurgull*	finger-gold
fertugr	forty	*finn*	find
festa	propose, to-propose	*finna*	find, found, meet, Sámi (a-people), to-find, to-meet
festar	fix, fixed, fixing	*finnast*	encounter, encountered, encountering, found, meet-up
Festargram	Festargarm (name)		
Festargramr	Festargarm (name), Festargram (name)		
Festargramur	Festargram (name)	*Finnboga*	Finnbogi (name)
festarkona	engaged-woman	*Finnbogi*	Finnbogi (name)
festarmeyjar	intended-maiden	*finni*	find
festast	fasten, fastened, fastening	*finnið*	find
festi	fasten, fastened, fastening, join, joined, joining, propose, to-propose	*Finnmerkr*	Finnmark (place)
		finnr	finding, finds
		Finns	Fin (name), Fin (name)
festist	fasten, fastened, fastening	*finnst*	finding, found
festum	promised-for	*finnum*	find
feti	foot	*finnur*	finding
févænlegt	money-promising	*fira*	burning, people's
fiðr	seeks	*firar*	man
fiður	seeks	*firði*	fjords
Fimbulfambi	Fimbulfambi (name)	*firðinum*	fjord, Fjord (place)
fimbulljóð	mighty-songs	*firn*	awful, monstrous
fimbulþulr	great-Thyle (name), the-great-Thyle (name)	*firna*	blame
		firr	far, forwards, further
fimleikamaðr	athletic-man	*firrask*	lose-sight-of
fimleikamaður	athletic-man	*fiska*	fish
fimm	fifty, five	*fiskar*	fish
		fiski	fish, fishing
		fiskum	fish

Word List (Norse to English)

Norse	English	Norse	English
Fitjungs	Fitjung's (name,-genitive)	*fjölkunnigr*	skilled-in-magic
		fjölkunnigri	full-knowing
Fjalars	Fjalar's (name,-genitive)	*fjölkynngi*	witchcraft
		fjöll	mountains
fjall	mountains	*fjöllin*	hills
fjalla	mountain	*fjöllótt*	mountainous
fjalli	mountains	*fjöllunum*	mountains, the-mountains
fjallinu	a-mountain, mountain		
		fjölmenn	many-people, populous
fjandans	damn, damned, damning		
		fjölmenna	many-men
fjandi	a-fiend, fiend	*fjölmennast*	full-men-most
fjandskap	fiend-ship	*fjölmenni*	followers, many
fjandskapar	hostility	*fjölmennir*	crowd, crowded, crowding
fjándum	enemy		
fjár	fee, wealth	*fjölmennis*	crowd, the-crowd
Fjarðarkjafta	Fjord-Mouth (place)	*fjölmennr*	followers, many-men
fjarðskorið	fjords-carving	*fjölmenns*	crowd
fjáreigandi	property-owning	*fjölmennur*	followers
fjáreign	wealth	*Fjölnis*	Fjolnir's (name,-genitive)
fjárhagr	finances		
fjárhagur	finances	*fjölrætt*	discuss, discussed, discussing
fjárins	of-wealth		
fjarkominn	far-away	*fjöndunum*	devil, the-devil
fjárkosta	financial-cost's	*fjör*	life
fjárlægir	financial	*fjóra*	forty, four
fjárlánið	fee-loan	*fjörbrotum*	death-throes
fjárlánit	fee-loan	*fjörð*	fjord
fjarna	remove	*fjórða*	fourth
fjarri	away, far, far-away	*fjörði*	fourth
fjóði	fourth	*fjörðinn*	fjord, Fjord (place)
fjöðrum	feathers	*fjörðum*	fields
fjögr	four	*fjórir*	four, many
fjögur	four	*fjörlagi*	slaughter
fjögurtánda	fourteenth	*fjörsins*	life, live
fjöl	plank	*fjórtán*	fourteen
fjöld	full-many	*fjöru*	tide
fjölð	many	*fjórum*	four, four-times
fjölda	many	*fjötraðr*	fetter, fettered, fettering
fjölða	many		
fjöldi	many	*fjötraður*	fetter, fettered, fettering
fjölði	many		
fjölkunnig	full-knowing	*fjöturr*	fetters

Word List (Norse to English)

Norse	English	Norse	English
flæmingja	Flemings' (name,-plural-possessive)	flóði	flood
		flóðið	tide
flærðir	astray	flóðit	tide
fláráð	FALSE	flokk	flokk
flást	falsely	flokka	band
Flatnefs	Flat-Nose (name)	flokkr	band, flokk, group
flátt	craftily, lies	flokkur	band, flokk, group
flaug	flown	floti	float
flaum	flame	flótta	extravagant, flee
flaumslitum	friendship-breach	flóttann	escape, fleeing, to-escape
flein	shaft		
fleini	arrows	flugdreki	flight-dragon
fleinþings	lance-meeting	flugu	flew
fleira	many, more, other	flutt	perform, performed, performing
fleiri	more		
flekk	a-speck, speck, stain		
		flutti	brought
flesk	bacon	fluttist	move, moved, moving, return, returned, returning
flest	almost, most		
flesta	most		
flestir	most, mostly	fluttr	transfer, transferred, transferring
flestra	best, most		
flestum	most	fluttu	float, floated, floating, move, moved, moving
fleti	bench		
fletjum	benches		
fletta	strip, stripped, stripping	fluttur	transfer, transferred, transferring
flettr	strip, stripped, stripping	flýðu	fled, flee, fling
fleygðu	flew	flýgr	flew, flies
flíkr	banners	flýja	fled, flee, fleeing, fling
flíkur	banners		
fljóð	woman	flýr	fled, flee, fling
fljóðs	woman's	flyta	carry
fljótast	immediately, quickly	flytist	flows
		flytja	carried, carry, carrying
fljótlega	soon		
fljótliga	soon	flytr	advance, advanced, advancing
fljúga	flew, flying		
fljúganda	flying		
fló	fl, fled, flew, fling, flying	fóðr	fodder
		föðr	father, father's, father-of
flóða	flood		
flóðhyrs	flood-deer	fóður	fodder

Word List (Norse to English)

Norse	English	Norse	English
föður	father, father's, father-of	forðast	avoid
		forðum	once
föðurbróðir	father-brother	forellrismenn	ancestors
föðurgjöld	father-payment	förinni	voyage
föðurleifð	estate, inheritance	forlagðir	forlorn, mislaid
fogli	birds	forlög	fortune, fortunes
fögnuð	joy	forlögum	fortune
fögr	beautiful, fair, of-fair	formaðr	chief, commander
		formaður	chief, commander
fögru	beautiful, fair	formælendr	for-speakers
fögur	beautiful	formenn	leaders
fól	fool	fornan	old
fold	ground	fornir	old
foldar	folds, on-land	fornum	ancient
fólgið	hidden	forræði	authority, power
fólgit	hidden	forsjá	foresight
folk	folk	fórst	travel, travelled, travelling, went
fólk	folk, men, people		
folka	folk	fórtu	travel, travelled, travelling
fólka	folk		
folki	folk	fóru	before, travel, travelled, travelling, went
fólki	folk		
fólkit	people		
folkorrostr	folk-battles	fóruð	travel, travelled, travelling
folkorrostur	folk-battles		
fölleit	pale	fórum	travel, travelled, travelling
föng	possessions, provisions, supplies		
		förum	go, going, gone, travel, travelling, travel-we
föngum	provisions		
for	for	förunaut	companionship
fór	came, comes, do, far, fared, faring, forwards, journey, journeyed, journeying, return, returned, returning, travel, travelled, travelling, went	förunauta	companions
		förunautar	companions
		förunautr	ship's-company
		förunautum	companions, travelling-men
		förunautur	ship's-company
		föruneyti	companions
		föruneytinu	companions
för	before, for, going, journey, voyage	forverk	for-work
		forverks	working
foraðs	terribly	forvitni	curiosity, curious, for-knowing (curious)
forbæna	afflictions		
forðað	avoid, avoided, avoiding	forvitri	for-knowing

45

Word List (Norse to English)

Norse	English
fóstbróðir	foster-brother
föstnuð	betrothe, betrothed, betrothing
fóstra	foster, foster-child, foster-father
fóstraði	foster, fostered, fostering
fóstri	foster
fóstru	foster
föt	clothing
fóta	feet
fótarins	foot's
fótgulum	feet-gold
fóthöggva	foot-striking
fótinn	leg
fótr	foot
fótrinn	feet, foot
fótum	feet
fótur	foot
fóturinn	feet
frá	apart-from, away, away-from, from, from-there, of, time
fræði	knowledge, wisdom
fræðimaðr	scholar
fræðimaður	scholar
frægð	fame
frægðar	fame
frægðarmark	birth-mark
frægðarverk	famous-work
frægir	famous
frægja	famous
frægr	famous
frægri	more-famous
frægstr	famous
frægstur	famous
frægt	fame
fræknir	brave
fræknlega	bravely
fræknleik	bravery
fræknliga	bravely
fræknligast	braver, the-braver
fræknum	brave, the-brave
fræknustu	bravest
frænda	kinsman, kinsmen
frændaafli	kinsmen
frændi	kinsman, kinsmen
frændr	kinsman, kinsmen
frændsemi	kinship
frændum	kinsman, kinsmen
frændur	kinsman, kinsmen
frævask	seeds
fráfall	death
frák	spear, speared, spearing
Frakkland	France (place), Land-of-the-Franks (place)
frálegr	bright
frálegur	bright
fram	ahead, forth, forward, forwards, from, from-forward, from-going, going-forward, towards
frama	confidence, luck
framan	in-front-of
framar	above, from
framast	foremost, furthest
framðar	perform, performed, performing
framfærslumenn	paupers
framgengt	from-going
framgjarn	ambitious
framið	commit, committed, committing
framin	commit, committed, committing
framlega	from-like
framliga	from-like
framm	forward, from
frammi	from
framstafn	prow
framsýnn	far-sight, far-sighted, far-sighting

Word List (Norse to English)

Norse	English
framt	provide
framúr	from
framvís	fore-knowing
fránan	from
fránir	flashing
frásagnar	from-saying
frásagnir	stories
fráskili	separate, separated, separating
frásögn	from-saying, said
frásögnum	account
freginn	question, questioned, questioning
fregit	news
fregna	ask, inquire, learn, learning, news
freista	test, tested, testing, try
freistaðim	test
freistat	tri, tried, trying
freistuðum	test
frekr	eager
frekt	eager
frekum	eager
frekur	eager
frelsti	free, freed, freeing
fremi	provide
fremja	perform
fremr	from
fremri	foremost
frerin	frozen
frestaðist	postpone, postponed, postponing
fresti	from-now, later
fretkarla	contemptible-man
frétt	news
frétta	heard-news
frétti	heard, inquire, inquired, inquiring
fréttir	news
fréttum	news
freyddi	rose
Freydís	Freydis (name)
Freydísar	Freydis (name)
Freydísi	Freydis (name)
Freyr	Freyr (name)
Freys	Frey's (name,- genitive)
fríar	frees
frið	peace
fríð	peaceful
fríðar	beautiful
friðarmark	peace-mark
friðartákn	peace-mark
fríðastr	handsome, most-handsome
fríðastur	handsome, most-handsome
Friðgerðar	Fridgerdar (name)
friði	peace
fríðir	handsome
friðland	peace-land
friðmenn	peaceful-men
friðr	love, peace
fríðr	beautiful
Friðrekr	Fridrek (name)
Friðrekur	Fridrek (name)
friður	love, peace
fríður	beautiful
fríðust	most-beautiful, the-most-beautiful
frilluborna	bastard-born
fritt	peace
frítt	free
frjálsa	free
fróa	console
fróða	wise
fróðari	wiser
fróðárundr	hauntings
fróðárundur	hauntings
Fróði	Frodi (name)
fróðir	wise
fróðleiks	knowledge
fróðr	a-wise, wisdom, wise
fróðra	wise, wise-men

47

Word List (Norse to English)

Norse	English	Norse	English
fróðum	learn, learned, learning, wise	fundust	found, met, were-found
fróður	a-wise, wisdom, wise	funi	fire
frost	frost, frosted, frosting	furða	a-wonder, follow, fury, wonder
frostviðri	frosty	furðu	surprisingly
frumvaxta	prime-grown	Furðustrandir	Furdustrandir (place)
frýðu	withstood-us	Furðuströndum	Furdustrandir (place)
frýja	refuse	fús	willing
frýjuorð	taunt	fúss	willing
fugl	bird, birds, wild-birds	fýgr-a	thrown-not
fuglar	birds	fylgd	follow
fuglarnir	birds, the-birds	fylgð	follow
fugls	bird's	fylgdar	follow
fulla	full	fylgdi	follow, followed, following
fullan	full	fylgði	follow, followed, following
fullar	full	fylgdu	follow, followed, following
fullgoldið	fully-gelded, fully-gelding, fully-gold, fully-golded	fylgðu	follow, followed, following
fullgott	full-good	fylgdum	follow, followed, following
fullkomna	full-come	fylgi	follow, followed, following, follows
fullr	full	fylgir	follow, followed, following, follows
fullting	assistance, help	fylgja	follow, to-follow
fulltrúann	patron	fylgjr	followers
fullu	full	fylgjum	follow
fullur	full	fylgjur	followers
funa	fire	fylgt	follow, followed, followers, following
fund	find, meet, meeting, visit	fylking	ranks, the-ranks
fundar	meet	fylkingar	flanks, ranks, the-ranks
fundi	meet, meeting	fylkingu	ranks, the-ranks
fundið	found	fylkingum	king, ranks, the-king
fundinn	found		
fundist	found, met	fylkir	command
fundit	found, met	fylkja	rallied, rally, rallying
fundizt	found		
fundna	find	fylkt	muster, mustered, mustering
fundr	battle		
fundu	found		
fundum	meeting		
fundur	battle		

Word List (Norse to English)

Norse	English
fylla	fill, filled, filling
fylldr	fill, filled, filling
fylli	fill
fylltr	fill, filled, filling
fylltur	fill, filled, filling
fyndi	found
fyr	before, for, for-the
fyrða	among-people
fyrðar	warriors
fyri	for
fyrir	ahead, ahead-of, along, and, at-hand, because, because-of, because-of-a, before, beforehand, before-them, before-us, by, for, foremost, for-the, from, in-front-of, present, therefore, they, to
fyrirætlan	before-intentions, for-intentions, intentions
fyrirgefa	forgive
fyrirheitið	fore-promise, fore-promised, fore-promising
fyrirrúm	first
fyrnast	age
fyrr	before, for, the-before, until
fyrra	before, first
fyrri	before, for, go-before
fyrrum	before
fyrst	first
fyrsta	first
fyrstr	first, first-of
fyrstu	first
fyrstur	first, first-of
fýsa	attract, desire
fýsir	desire
fýsist	desire, desired, desiring
fýsti	desire, desired, desiring
fýstist	desire, desired, desiring
fýstu	urge, urged, urging
fýsumk	face

G, g

Norse	English
gá	give
gáðu	heed, heeded, heeding, look, looked, looking
gæða	quality
gæðalaust	without-quality
gæði	quality
gæðum	quality
gæfa	gave, gift
gæfi	gave, give
gæfið	give
gæfu	gift, gifted, gifting
gæfuð	give
gæfumaðr	gifted-man
gæfumaður	gifted-man
gær	yesterday
gærkveld	last-night
gæsku	goodness
gæsla	herding
gæta	guard, guarded, guarding
gæti	got, guard, to-guard
gætinn	wary
gætti	guard, guarded, guarding
gæzla	herding
gaf	gave, given, was-given, were-given
gaft	gave
gafta	gave
gáfu	gave

Word List (Norse to English)

Norse	English	Norse	English
gagn	benefit, of-use, won	gapði	gaping
gagnhollir	going-affectionate	gapti	agape
gagni	of-use	garð	fence, fences, garden, gardens, meadow, meadows, the-fence, the-garden, the-meadow
gagns	benefit, ne, need, needing		
gagnsæli	benefit-happier		
gagnsælli	benefit-happier		
gagnvart	going-from	Garða	Gardar (place)
gagnvegir	going-way	Garðar	Gardar (place)
gáir	care	Garðarr	Gardi (name)
gakk	come, go	garði	garden, Gardi (name)
gala	sing		
galandi	chattering	garðinn	fence, fences, garden, gardens, meadow, meadows, the-fence, the-garden, the-meadow
galdr	chant		
galdrs	spell		
gall	bellow, bellowed, bellowing		
galli	fault		
galt	paid	garðs	garden
galtar	boar	gat	could, got, opening
Galti	Galti (name)	gatk	get
gamall	old	gáttir	gates
gaman	a-game, delight, enjoy, enjoyed, enjoying, enjoyment, game, joy, joyed, joys	gáttum	doorway
		gátu	got
		gátum	got-we
		gaukr	cuckoo
		gaul	a-howl, howl
gamanrúnum	joyful-conversation	gaula	howling
gamlan	old	gaulat	bellow
Gamlason	Gamlason (name)	gaum	he, heed, heeding
gamli	old	gautar	Geatlanders, Gotlanders
gamlir	old		
gand	wand	Gautland	Gautland (place), Geatland (place), Gotland (place)
ganga	come, go, going, go-they, to-come, to-go, walk, walking, went		
		Gautlandi	Götaland (place), Gotland (place)
ganganda	wayfarer	Gautlands	Götaland (place), Gotland (place)
gangast	go		
Gangi	come, go, going, went	geð	mind, minds, spirit
		geði	character, mind
gangið	go	geðjaðir	agreeable
gangim	going	geðs	mind, of-mind
gangir	go	geðsligr	engaging
		geðsligra	pleasing

50

Word List (Norse to English)

Norse	English
gef	give
gefa	gave, gift, give, to-give
gefast	give
gef-at	give-not
gefendr	givers
gefi	gave, give
gefið	give, given
gefin	be-given, given, married, marry, marrying
gefinn	be-given, gave, given
gefir	gave, give
gefit	gave, give, given
gefnir	given
gefr	are-given, gave, give, given, gives, were-given
gefur	gave
gegn	against, directly
gegna	going
gegndi	reason
gegnir	serve, served, serving
gegnt	opposite, straight
gegnum	through
gein	yawn
geira	spear, spears
geirar	spears
geiri	spear
geirnagla	spear-nail
Geirný	Geirny (name)
geirr	spears
geirs	spear
Geirsteinn	Gerstein (name)
geirtré	spear-tree
geislar	rays
geisli	beams, rays
Geitisson	Geitisson (name), Son-of-Geiti (name)
geitr	goats
Geitsson	Geitisson (name)
Geitssonar	Geitisson's (name,- genitive)
gekk	go, goes, going, got, walk, walked, walking, went
gekkst	walk, walked, walking
gel	crow
geldingahöfuð	ram-heads
Gellis	Gellir (name), Gellis (name), howler
gellr	bellow, bellowed, bellowing
gelr	cries
geng	walking
gengi	going, went
gengið	go, going, gone, walk, walked, walking
gengin	gone
genginn	going, gone
gengit	go, going, gone, went
gengr	go, goes, going, happens, it-goes, to-go, went
gengu	going, went
gengur	goes, it-goes, went
gengust	went
ger	do, had-done, made, make
gera	be, be-done, be-made, did, do, done, get, have, made, make, making, send, to-do
gerast	be
gerð	made
gerða	made
gerðar	do
gerði	be, did, done, had-done, made, was, went
gerðina	make
gerðinni	make

Word List (Norse to English)

Norse	English	Norse	English
gerðist	became, became-a, becoming, did, happen, happened, happening, made, made-he	*get*	can, do, get, guess
		geta	can, could, get, guess
		getan	guessing
gerðr	made	*geti*	could, mention, mentioned, mentioning
gerðu	did, do, made, make, went		
		getið	told-of
gerður	made	*getist*	estimate
gerðust	did, made	*getit*	get, told-of
gerið	do, make	*getr*	can, get, gets, got, guess
gerir	did, does, made, make, makes		
		gettu	getting
gerist	became, was	*getur*	can, guess
gerla	completely	*geyja*	bark-at
gerr	do, done, made, willing	*geyma*	retain
		geysingi	forcefulness
gersamliga	altogether	*geyst*	rush, rushed, rushing
gersemi	treasure, treasured, treasuring		
		gift	married, marry, marrying
gersimar	precious, treasure	*gifta*	gift, give, give-in-marriage
gersimi	treasure, treasured, treasuring		
		giftast	marry
		gifti	gave
gersimum	jewels	*giftist*	be-married, be-marry, be-marrying, married, marry, marrying
gerst	do, done, made, to-do		
gert	be, do, done, made, was, was-done		
		giftu	give, luck
		giftumaðr	gifted-man
gerum	be, being, doing, let-us-be, make	*giftumaður*	gifted-man
		gildir	thick, valid
gerva	clearly	*gildis*	gild, gilded, gilding
gervallir	all	*Gilsbakka*	Gilsbakka (name)
gervar	fashion, fashioned, fashioning, skill, skilled, skilling	*Gilsbakki*	Gilsbakka (name)
		gims	noble
gervir	made	*gin*	jaws
gerzt	made	*gínanda*	yawning
gest	guest	*gingu*	going
gesti	guests	*gingum*	going, gone
gestir	guests, the-guests	*ginnregin*	powers-gods
gestr	guest	*girnd*	lust
gestum	guests	*Gissurarson*	Gizurarson (name), Gizurarson (name)
gestur	guest		

Word List (Norse to English)

Norse	English
gisti	guest, guested
gisting	guest, guested
gistu	guest, guested
gjafar	gifts
gjafir	gifts
gjaflaust	gitfless
gjaforð	give, given, married, marry, marrying
gjaforðs	marriage-offer
gjalda	expenses, pay, reward
gjaldast	be-paid, paid, pay
gjalfri	gifts, given
gjálfri	gifts
gjalla	scream, snorting, sound, sounded, sounding
gjalt	expenses
gjalti	beasts, to-beasts
gjarn	willing
gjarna	gladly
gjöf	gift
gjöfina	gift, the-gift
gjöfinni	gift, the-gift
gjöfli	gifts
gjöfum	gifts
gjöld	payment, repaid, reward
gjörla	completely
glaðara	gladder
gladdist	gladdest
glaðr	be-glad, glad, gladly
glaður	be-glad, glad, gladly
glæp	a-crime, crime, wicked
Glæsisvöllum	Glasir-Plains (place)
glæstrar	glistens
glami	clash
glámsýni	big-mistake
glatt	smooth, smoothed, smoothing
Glaumbæ	Glaumbaer (place)
Glaumbæjarland	Glaumbaer (place)
Glaunbæ	Glaumbaer (place)
gleði	glad, gladness
gleðjask	gladden
Gleipnisvellir	Gleipnisvellir (place)
glertölr	glass-beads
glertölur	glass-beads
glík	like
glíkir	alike
glímr	wrestling
glímu	wrestling
glímur	wrestling
glissir	gabbles
glitraði	glitter, glittered, glittering
glóaði	shone
glöddu	glad
glóðspýtis	embers
glöggr	cheap
glöggsæ	clear
glöggvan	stingy
Glóra	Sensible (name), The-Sensible (name)
gluggr	window
gluggur	window
glumði	roar, roared, roaring
Glumru	Glumra (name)
gnaga	gnaw
gnapir	gaping
Gnípafirði	Gnipafjord (place)
gnóga	abundance
gnótt	abundance
gnóttir	abundance
Gnúps	Gnup (name), Gnup's (name,-genitive)
Gnúpsdóttir	Daughter-of-Gnup (name)
gný	rage
gnyðja	grumble
gnýinn	din, the-din

Word List (Norse to English)

Norse	English
gnýr	a-din, din, noise, the-noise
goð	god, gods, good
góð	good
goða	good, the-chieftain, the-good
góða	good
góðan	good, goodness
goðana	chieftains
goðar	chieftains
góðar	good
Goðaskógr	Godaskogur (place)
Goðaskógur	Godaskogur (place)
goði	chieftain
góðir	good
góðmannlega	good-man-like
góðmannliga	good-man-like
goðorð	godord
goðorðsmaðr	good-words-man
goðorðsmaður	good-words-man
góðr	a-good, good
góðra	good
góðri	good
góðs	chieftains, good
góðu	good
goðum	gods, the-gods
góðum	good
góður	a-good, good
góðvilja	good-will
göfgan	esteem, esteemed, esteeming
göfgasti	respectable
göfgir	noble
göfgum	noble
göfgustum	respectable
göfugmenni	greatest, noble
göfulegri	nobler
gögnum	use
Góinn	Góinn (name)
gól	howl, howled, howling
goldið	gold, paid
goldit	gold
gólfið	floor
gólfinu	floor, the-floor
gólfit	floor, the-floor
gollhring	gold-ring
gollhroðinn	cry-thrown
golli	gold
góma	gums
gömul	an-old, old
göndlar	cock
göngu	going
göngum	going, go-we
Görðum	Gardar (place), realm
görla	doing
Gormr	Gorm (name)
Gorms	Gorm (name)
gört	be
görva	clearly
görvöllum	going-all
gós	property
gotna	men
gott	a-good, benefit, benefited, benefiting, benefitted, benefitting, good
gótt	good
graðfé	cattle
gráðr	hunger
gráðugr	greedy
graðungr	bull
graðungur	bull
gráður	hunger
Grænland	Greenland (place)
Grænlandi	Greenland (place)
Grænlands	Greenland (place)
grænlandsferðar	Greenland-voyage
Grænlandshaf	Greenland-Sea (place)
Grænlenskan	Greenland-Skin (place)
Grænlenskir	Greenlander (place)

Word List (Norse to English)

Norse	English	Norse	English
Grænlenskum	Greenlander (place)	grenjaði	howl, howled, howling
grænlenzkan	Greenland-skin	grenjuðu	roar, roared, roaring
Grænlenzkum	Greenlander (place)	Grenjum	Grenjar (place)
grætr	weep	grepp	grip, treasure
grætta	wept	greppa	grip
grafa	engrave	greppi	grip
grafar	trenches	greppr	grip
grafir	trenches	grét	crying, wept
grafnir	buried, bury, burying	gretti	frown, frowned, frowning, Gretti (name)
grafvitnis	ground-wolf		
gram	warriors	grey	dog
grám	grey	grið	mercy
gramr	warrior	griðin	mercy
grams	warrior	griðum	safe-conduct
grána	grey	griðung	bull
grand	hurt	griðungr	a-bull, bull
granda	injure, to-injure	griðungur	a-bull, bull
grandi	injury	Gríma	Grim (name), Grima (name), Grims' (name)
granni	neighbour		
gránserk	grey-shirt	grímar	Grims, Grims', Grims (name), the-Grims, the-Grims'
gránu	grey		
grár	grey		
gras	grass, graze	Grímaskarð	Grim-Pass (place)
grasi	pasture	Grímhildar	Grimhild's (name,- genitive)
grásíma	grey-call		
grasinu	grass	Grímhildr	Grimhild (name)
gráta	weep	Grímhildur	Grimhild (name)
grátfeginn	weeping-for-joy	grími	grim
gráti	tears	grimmd	cruelty
grautr	porridge	grimmdarfulla	cruelty-full
grautur	porridge	grimmleik	savagery
grávara	grey-skins	grimmliga	fiercely
greiða	assistance	grimmligu	fearful
greiddu	paid	grimmr	grim
greiðleg	smoothly	grimmu	grim
greiðlig	smoothly	Grímólfsson	Grimolfson (name)
grein	explanation	grímr	grim, Grim (name)
greip	grip, gripped, gripping	Grímstungum	Grimstungur (place)
Gréladar	Grelod (name)	grimt	fiercely
		Grímu	Grima (name)

Word List (Norse to English)

Norse	English	Norse	English
grímum	Grims, Grims (name), the-Grims	*Guðríði*	Guthrid (name)
		Guðríðr	Guthrid (name)
grímur	grim	*Guðríður*	Guthrid (name)
grind	gates	*Guðröðar*	Gudrod's (name,-genitive)
Grindavík	Grindavik (place)		
grindr	stock, stocked, stocking	*Guðröðarsonar*	Son-of-Gudrod (name)
grípa	grip, gripped, gripping	*Guðröðr*	Gudrod (name)
		Guðrún	Gudrun (name), Gudrun (name)
gripi	treasure		
gripir	treasures	*Guðrúnar*	Gudrun (name), Gudrun (name)
grísir	piglets, the-piglets		
grjót	gravel, rock	*guðs*	god, God (name), God's (name,-genitive)
grjótinu	stones		
grjótit	stones		
Gró	Gro (name), Gróa (name)	*Guðþorm*	Gudthorm (name)
		Guðþormr	Godthorm (name)
gröfunum	pit, trenches	*Guðuríður*	Guthrid (name)
grömum	foes	*Guðuröður*	Gudrod (name)
grön	green, moustache	*guðvefjarpell*	fine-cloth
grös	grass	*Gufárós*	Gufua (place)
grun	suspicion	*Gufuárósi*	Gufua (place)
grunar	suspect	*gull*	gold
grundar	ground	*gullbúin*	gold-inlaid
grundvöll	foundations	*gullhring*	gold-ring
grunnsævi	shallows	*gullhringa*	gold-ring
grunr	suspicion	*gulli*	gold
guð	god, God (name), God's (name)	*gullinu*	gold
		gullit	gold, the-gold
guðbrá	god-drew	*gullknappr*	golden-ball
Guðdala-starri	Guddala-Starri (name)	*gullmens*	golden
		gullnum	golden
Guðmund	Gudmund (name)	*gulls*	gold
Guðmundar	Gudmund (name), Gudmund's (name, genitive)	*gullsaumaðr*	gold-embroider, gold-embroidered, gold-embroidering
Guðmundardóttir	Daughter-of-Gudmund (name)	*gullsaumaður*	gold-embroider, gold-embroidered, gold-embroidering
Guðmundi	Gudmund (name)		
Guðmundr	Gudmund (name)	*gullskotit*	gold-laid
Guðmundur	Gudmund (name)	*guma*	boast, he, heed, heeding, man, man's, men's
Guðnýjar	Gudny (name), Gudny (name)		
Guðríðar	Gudrid (name), Guthrid (name)	*gumi*	man
		gumna	men, men's

Word List (Norse to English)

Norse	English	Norse	English
gumnar	men	*Haðaberserkr*	Hadeland-berserker
Gunnar	Gunnar (name), warrior	*Haðaland*	Hadeland (place)
Gunnarsdóttr	Daughter-of-Gunnar (name)	*háði*	hold
Gunnarsdóttur	Daughter-of-Gunnar (name)	*háðum*	depending, mock
Gunnbjarnarsker	Gunnbjarnarsker (place)	*háðungar*	insults
		háðvörum	slander
Gunnbjörn	Gunnbjorn (name)	*hæð*	height
gunnbráðs	war-swift	*hæðinn*	mocking
Gunniaugr	Gunnlaug (name)	*hæðir*	heights
Gunnlaðar	Gunnlauth's (name,-genitive), Gunnlod (name)	*hæfi*	has
		hæfir	fits, had
		hægendi	a-cushion, cushion
Gunnlagi	Gunnlaug (name)	*hægindi*	pillows
Gunnlaug	Gunnlaug (name)	*hægr*	right
Gunnlaugi	Gunnlaug (name), Gunnlaug's (name,-genitive)	*hægri*	right
		hægt	possible
		Hæklings	Sons-of-Haekling (name)
Gunnlaugr	Gunnlaug (name)	*hænsafiðri*	hen's-feathers
Gunnlaugs	Gunlaug's (name,-genitive), Gunnlaug (name), Gunnlaug's (name,-genitive), Gunnlaug's (name,-genitive)	*hæru*	grey-hair
		hæstr	high
		hæstur	high
		hætt	at-risk, end, ended, ending, risk, risked, risking
Gunnlaugsnaut	Gunnlaug's-gift (name,-genitive)	*hætta*	conclude, concluded, concluding, danger, dare, dared, daring, end, leave, risk, the-danger
Gunnlaugur	Gunnlaug (name)		
Gunnlöð	Gunnlod (name)		
Gunnlöðu	Gunnlod (name)		
gunnsproti	war-twig		
gusti	gusts	*hætti*	stop, way, ways
Gyðuson	Gyduson (name)	*hættir*	gave-up, manner, mannered
gyltan	sow		
gyrðr	gird, girded, girding	*haf*	have, sea, the-sea
gyrður	gird, girded, girding	*hafa*	at-sea, had, has, have, have-been, having, sea, they, to-have, to-sea

H, h

Norse	English
há	high
háð	mockery
hafask	had
hafast	have
hafða	had, have

Word List (Norse to English)

Norse	English	Norse	English
hafði	had, had-been, has, have, he, held, married, marry, marrying, that-had	hagr	benefits, handy
		hagstætt	favourable
		hagur	handy
		hagvirki	advantage
hafðir	have	Haka	Haki (name)
hafðu	have, have-you	Haki	Haki (name)
hafgerðingadrápu	sea-poem	Hákon	Hakon (name)
Hafgrímr	Hafgrim (name)	Hákonar	Hakon (name)
Hafgrímsfjörð	Hafgrimsfjord (place)	Hákonarson	Son-of-Hakon (name)
Hafgrímur	Hafgrim (name)	hal	man, man's
hafi	had, has, have, sea	halanum	tail-wagging
		halda	have, held, hold, holding, keep
hafið	have	haldast	hold
hafim	have	haldendr	rather
hafinn	raise, raised, raising, start, started, starting	haldi	hold
		haldið	held, stay, stayed, staying
hafinu	sea, the-sea	haldim	keep
hafir	have	haldinorðir	held-words
hafi-t	has-not	haldit	held, hold, holding, stay, stayed, staying
háflæðum	high-tide		
hafna	forsake, harbour, wary		
hafnaði	reject, rejected, rejecting	haldi-t	hold-not
		haldorða	held-words
hafnar	harbour, wary	halds	hold
hafnat	abandon, abandoned, abandoning	half	half
		hálfa	half
		hálfan	half
Hafr-bjarnarson	Son-of-Hafur-Bjarni (name)	hálfbrunnu	half-burn, half-burned, half-burning
hafs	sea		
haft	had, have	Hálfdan	Halfdan (name)
hafts	bonds	Hálfdanarsonar	Son-of-Halfdan (name)
Hafur-bjarnarson	Son-of-Hafur-Bjarni (name)	hálfr	half, half-of
hafvillr	open-sea	hálft	half, half-of
hafvillur	open-sea	halfum	half
hag	circumstances	hálfum	half
hagi	state	hálfur	half, half-of
hagleik	sports, strength, the-strength	hali	tail
		halir	high
hagliga	skilfully	Halla	Halla (name), Halla (name)
haglkorn	hailstone		

58

Word List (Norse to English)

Norse	English	Norse	English
hallæri	famine	hamra	crags
Halland	Halland (place)	hamri	hammer
Hallandi	Halland (place)	han	he
hallar	hall	hana	he, her, hers, him, it, she, she-is, she-was, that, to-her
hallargólfinu	hall-floor, the-hall-floor		
hallat	incline, inclined, inclining	handa	hand
		handan	beyond, hands
Halldís	Halldis (name)	handar	hand
Halldóri	Halldor (name)	handastaðinn	hand-print
Hallfreðar	Hallfred (name)	handlagi	agreement
Hallfreði	Hallfred (name)	handlaginu	handshake
Hallfreðr	Hallfred (name)	handlaugar	hand-washing
Hallfreður	Hallfred (name)	handsala	confirm
Hallfríðr	Hallfrid (name)	handsalsvætti	agreement
Hallfríður	Hallfrid (name), Hallfrid (name)	handsöl	pledge
		handtekinn	capture, captured, capturing, hand-taken
Halli	Hall (name)		
hallir	halls		
hallist	will-be	hangir	hang
Hallkelsson	Son-of-Hallkel (name)	hann	[she], from-him, had, he, health, he-himself, he-is, held, here, he-was, him, himself, his, it, she, to-him
hallkvæmara	hold-fulfil		
hallkvæmri	more-effective		
Hallr	Hall (name)		
Halls	Hall's (name,-genitive)		
		hans	he, him, his, to-him
Hallsson	Son-of-Hall (name)	hánum	he, him, his
Hallur	Hall (name)	happ	zeal
Hallveig	Hallveig (name)	happfróð	lucky-wise
hálmþúst	straw-staves	happi	luck
hálmþústum	straw-staves	happs	luck
halr	man, master	hár	hair, has
háls	neck	Harald	Harald (name)
hálsi	neck	Haraldi	Harald (name)
halsum	neck	Haraldr	Harald (name)
haltr	limp, limping	Haralds	Harald (name)
haltur	limp, limping	háram	hairy-side, the-hairy-side
hálu	giantess's		
hálum	slipperiness	hárar	high
hám	skins	harða	hard, roughly
hamargnípu	cliff-top	Harðarsonar	Son-of-Hardar's (name,-genitive)
Hamðis	Hamdir's (name,-genitive)		
		harðasti	hardest
		harðfengi	toughness

Word List (Norse to English)

Norse	English	Norse	English
harðfengnir	brave, war-taken	hátt	high, loud, loudly, way
harðfengr	hardy	háttað	the-way, way
harðfengt	tough	hattar	customs
harðger	hardy, strongly-built	háttar	kind, such
harðla	greatly, hard, very	háttat	the-way, way
harðliga	hard	háttr	the-way, way
harðlyndr	hardy	háttur	the-way, way
harðlyndur	hardy	haug	a-mound, mound
harðmeldr	hard-melding	hauka	hawks
harðr	hard	Haukadal	Haukadal (place)
harður	hard	Haukdælski	Haukadal (place)
Hárek	Harek (name)	haukfránn	hawk-from
hárfagra	hair-fair	haukr	hawks
hárfagran	fair-hair, fair-haired	hauksnöru	hawk-snare
hárfagri	hair-fair	haus	house
hárham	hairy-side, the-hairy-side	hausa	skulls
hárit	hair	Hausakljúfr	Scull-Cleaver (name)
hark	noise, racket	Hausakljúfur	Scull-Cleaver (name)
harmar	harm	haust	autumn
harmi	grief	haustboð	harvest-feast
harmr	grief, harm	haustboði	autumn-feast
harms	grief, sorrow	haustboðinu	autumn-feast
harmur	grief	haustboðs	autumn-harvest
harpa	harp	haustgríma	autumn-nights
hárr	has	hausti	autumn
hárrar	high	haustið	autumn
hársíma	hair-strands	haustit	autumn
hart	rough, roughly	hausum	head
hárum	grey-hair, grey-haired	Háva	High-One (Odin) (name), The-High-One (Odin) (name)
hásæti	a-high-seat, high-seat	hávaðamaðr	a-loud-man, loud-man
hásætit	high-seat, the-high-seat	hávaðamaður	a-loud-man, loud-man
háseta	men	hávan	high
hásetar	sailors	hávar	high
hásetum	sailors	hávu	high
háseymða	high-seeing	heðan	from-here, hence
hata	hate	héðan	from-here, hence
hatar	hates	heðin	coat
hatr	hate		

Word List (Norse to English)

Norse	English	Norse	English
Heðins	Hedin's (name,- genitive)	heidr	honour
hef	have	heifta	hate
hefða	had	heiftmögu	enemies
hefði	had, have, would-have-been	heiftum	heats
		heil	well, whole
hefðir	have	heila	whole
hefðu	had, have	heilagri	hallow, hallowed, hallowing
hefi	had, have		
hefik	had, have-I	heilan	healing
hefir	did, had, had-it, has, has-been, have, have-you, holds	heilastr	well
		heilastur	well
		heilir	hail, safe
		heilir!	hail!
hefja	begin, have	heill	a-whole, hail, healthy, luck, safely, whole
hefk	have		
Heflis	Heflir's (name,- genitive)		
		heilli	enchant
hefna	avenge, revenge	heilsar	greet, greeted, greeting
hefnd	revenge		
hefnda	revenge	heilt	wholly
hefndina	revenge	heilu	whole
hefnið	revenge	heilug	holy
hefnir	avenge	heilyndi	health
hefnt	had, revenge	heim	home, homes, house, households, the-house
hefr	had, has, have		
hefta	stop		
hefur	had, has	heima	at-home, home, homes
hegning	punishment	heimamaðr	house-man
hegningar	punish, punished, punishing	heimamaður	house-man
		heimamönnum	housemen
hégóma	vanity	heiman	from-home, home
hégómi	vanity	heimanfylgja	home-following
heiðan	clearing	heimboða	home-invitation
Heiðar	Heath's (name,- genitive)	heimboði	home-booth, home-invitation
heiðarvíg	heath-slayings	heimboðs	home-invitation
heiði	heath	heimdregi	home-drawn
heiðið	heathen	heimferðar	home-travel
heiðir	high	heimhama	home-skin
heiðis	heath	heimhuga	home-spirit
heiðit	heathen	Heimi	Heimir (name)
Heiðmörk	Heidmark (place)	heimilis	households
heiðni	heathenry	heimilishúss	outhouse, the-outhouse
heiðnum	heathen		

Word List (Norse to English)

Norse	English
heimilt	allow, may
Heimir	Heimir (name)
Heimis	Heimir's (name,-genitive)
heimisgarða	home-yard
heimkynna	households
heimleiðis	home-way
heimsala	world
heimsins	of-the-world
heimska	fools
heimskan	fools
heimskr	stupid
heimskum	foolish
heimskur	stupid
heimti	claim, claimed, claiming, summon, summoned, summoning
heimtir	gets
heimtum	fasten, fastened, fastening
heit	call, called, calling, pledge, promise, promises
heita	be-name, be-named, be-naming, call, called, calling, Haiti's (name,-genitive), name, named, naming, was-name, was-named, was-naming
heitaðist	was-call, was-called, was-calling
heitari	hotter
heiti	am-name, am-named, am-naming, name, named, naming
heitið	pledge, pledged, pledging
heitik	name, named, naming
heitim	promising
heitinn	be-call, be-called, be-calling, call, called, calling, name, named, naming
heitir	call, called, calling, is-name, is-named, is-naming, name, named, naming
heitit	call, called, calling, name, naming, pledge, pledged, pledging, the-name
heitit-	call, called, calling
heitkona	intended-woman, promised-woman
heitkonu	wife
heitr	hot
heitt	hot
heitu	brew, brewed, brewing
heitum	call, called, calling
Hekja	Hekja (name)
hekk	hung
helda	held
heldi	held, hold, kept
heldr	advance, advanced, advancing, behind, behold, but, held, Heldr (name), hold, rather, took
Heldrs	Heldr's (name,-genitive)
heldu	busy, held
héldu	busy, held
heldum	than
heldur	advance, advanced, advancing, behind, behold, but, held, hold, rather
Helga	Helga (name), Helga's (name,-genitive), Helgi (name), holy

Word List (Norse to English)

Norse	English	Norse	English
Helgasonar	Helgason (name), Son-of-Helga (name)	*hennar*	for-her, her, hers, she, to-her
Helgi	Helgi (name)	*henni*	he, her, hers, him, she, to-her
helgir	flat	*hent*	join, joined, joining
Helgu	Helga (name), Helga (name)	*hentar*	suits
heljarmannsins	cursed-man-this	*henti*	gave
Helju	Hel (place)	*heppni*	lucky
hella	flat-stones, stone-slab	*her*	an-army, army, a-war-band, forces, the-forces, war, warband, war-band
Hellisvöllum	Hellisvellir (place)		
hellr	slabs	*hér*	forces, here, she
hellti	pour, poured, pouring	*héraða*	districts
		héraði	district
Helluland	Helluland (place)	*héraðinu*	district
hellum	caves	*herbergi*	a-room, room
hellur	slabs	*herbergis*	room
hellusteinn	a-slab-stone, slab-stone	*herbúðir*	war-booths, war-camp
helming	half	*herða*	shoulders
helmingr	half	*herðimikill*	hardy-much
helmingur	half	*herðir*	harden, hardened, hardening
Helsingja	Helsings (name)		
helst	held, preferably, rather	*herfangi*	raiding
		herfangs	war-takings
hélst	held	*herferð*	war-voyage
helt	held	*herför*	raiding, warfare, war-going
hélt	held		
helvíti	hell	*hergerðandi*	ranks
helzt	keep, preferably, rather	*herinum*	forces, the-forces
		herja	army, harry, harrying, wage-war
Hemingr	Heming (name)	*herjaði*	harried, harry, harrying
Hemingur	Heming (name)		
henda	catching	*Herjans*	Herjan's (name,-genitive)
hendi	arm, arms, hand, his-hand, to-hand		
		herjar	destroyers
hendinni	hand, his-hand	*herjat*	harried, harry, harrying, raid, raided, raiding
hendir	happens		
hendr	caught, hand, hands		
		Herjólfi	Herjolf (name)
hendur	caught, hand, hands	*Herjólfr*	Herjolf (name)
		Herjólfsfjörð	Herjolfsfjord (place)
hengi	hanging	*Herjólfsnes*	Herjolfsnes (place)
hengu	hung	*Herjólfsnesi*	Herjolfsnes (place)

Word List (Norse to English)

Norse	English	Norse	English
Herjólfsson	Son-of-Herjolf (name)	*Herruðr*	Herraud (name)
Herjólfssonar	Son-of-Herjolf (name), Son-of-Herjolf's (name)	*Herruður*	Herraud (name)
		hers	army, war
		hersaga	news-of-war
Herjólfur	Herjolf (name)	hersins	army-theirs
herjuðu	raid, raided, raiding	hersir	a-local-chief, local-chief
Herjúlfi	Herjolf (name)		
Herjúlfr	Herjolf (name)	hersis	local-leader
Herjúlfsnesi	Herjolfsness (place)	herskátt	invasion
		herskildi	raiding, separate, separated, separately, separating, war-shields
Herjúlfsson	Son-of-Herjolf (name)		
Herjúlfssonar	Son-of-Herjolf (name)		
		herskipa	a-warship, warship
Herjúlfur	Herjolf (name)	herskipum	ships
herklæði	war-clothes	hersögu	war-declaration
herkonungr	a-warrior-king, warrior-king	hertekinn	captive, war-taken
		hertekna	captive
herkonungur	a-warrior-king, warrior-king	herteknir	war-taken
		Herþjófi	Herthjof (name)
herlids	a-war-band, war-band	héruð	district, districts
		hest	horse
hermaðr	warrior, warrior-man	hést	promise, promised, promising
hermaður	warrior, warrior-man		
		hesta	horses
hermenn	war-men	hestaats	horse-fight
hermönnum	forces	hestahúsinu	horse-house
Hermund	Hermund (name)	hestana	horses
Hermundr	Hermund (name)	hestanna	horses
Hermundur	Hermund (name)	hestar	horses, stallions
hernað	raiding	hestarnir	horses, the-horses
hernaði	raiding	hestastafnum	horse-staffs
hernaðr	harrying	hestasvein	horse-boy
hernaður	harrying	hestaþingi	horse-fight
herópi	war-cry	hestaþinginu	horse-fight
herr	army, a-war-band, band, warband, war-band	*Hesthöfða*	Horse-Head (name)
		Hesthöfði	Horse-Head (name)
herra	lord		
Herrauðr	Herraud (name)	hesti	horse, horses
Herrauður	Herraud (name)	hestinum	horses
herrinn	harrying	hestr	horse
Herrøðr	Herraud (name)	hestrinn	horse's
Herrøður	Herraud (name)	hests	horse

64

Word List (Norse to English)

Norse	English	Norse	English
hestum	horses	hildar	battle, Hild's (name,-genitive)
hestur	horse	hildi	battle
hesturinn	horse, horse's	Hildibrandr	Hildibrand (name)
hét	call, called, calling, name, named, naming, promise, promised, promising, was, was-call, was-called, was-calling, was-name, was-named, was-naming	hildingar	princes
		hildingr	hero
		hildings	war-descendents
		Hilditönn	War-tooth (name)
		hildr	battle
		hilmi	helm, prince
		himni	heaven
		hímu	aunt
héti	name, named, naming, was-name, was-named, was-naming	hin	in, others, that, the
		hina	the, then
		hinar	the
		hindra	following
hétu	call, called, calling, name, named, naming, pledge, pledged, pledging	hindrvitni	hindered-knowledge
		hingað	here, there
		hingat	here, there
hey	hay	hinir	other, others
heygðr	buried, bury, burying	hinn	a, he, in, most, of, the, the-most, then, this-one
heygður	buried, bury, burying	hinnar	other, the
heyja	conduct, conducted, conducting, fight	hinni	his, of-the, the
		hinns	his
heyr	hear	hins	the, this
heyra	be-heard, hear, heard	hinu	the
		hinum	others, the
heyrða	heard	hirð	retainers
heyrði	heard	hirða	consider
heyrðið	hear	hirðar	court
heyrðu	hear, heard	hirðik	wearing
heyrðuð	hear	hirðin	courtiers, the-courtiers
heyri	hear, hears	hirðina	guardsmen, king's-men
heyrir	depended-on, heard	hirðir	car, cared, caring, hid
heyrt	heard	hirðmaðr	court-man
hézt	promise, promised, promising	hirðmaður	court-man
		hirðmann	court-man
híbýlabótar	living-space	hirðmanna	followers
híbýli	dwelling, dwellings		
hið	the, then		

Word List (Norse to English)

Norse	English
hirðmenn	guardsmen, the-guardsmen
hirðmenninir	courtiers, the-courtiers
hirðmönnum	court-men
Hítardal	Hitardal (place)
Hítdælakappi	Hitdardal-champion (name)
hitnaði	heat, heated, heating
hitt	encounter, find, found, it, meet, meeting, other, others, they
hitta	meet, met, to-meet
hittast	found, meet, met
hitti	found, met
hittir	found, hits, met
hittist	met
hittki	not
hittu	met
hittust	found, met
hjá	beside, by, heard, near, nearby
Hjaðninga	Hjadninga (name)
hjala	talk, to-talk
hjalar	talk, talked, talking
hjaldri	battle
Hjalla	Hjalli (name)
hjallinn	platform, the-platform
hjalm	helmet
hjálm	helmet
hjalma	helmets, helms
hjálma	helms
hjalmi	helmet
hjálmi	helmet
hjálminum	helmet
hjalms	helms
hjalmstofn	helm-staves
hjalp	help
hjálp	help
hjalpa	help
hjálpa	help, to-help
hjálpar	help
hjálpið	help
hjaltugguðum	hilt-chew, hilt-chewed, hilt-chewing
Hjarðarholt	Hjardarholt (place)
hjarðir	herds
hjarls	earldoms
hjarna	brain
hjarta	heart, the-heart
hjartat	heart, the-heart
hjó	hew, hewed, hewing, struck
hjoggum	struck
hjöltunum	hilt
hjón	couple
hjónum	couple
hjónunum	couple
hjör	striking
hjörð	flock, hearth, herd
hjörþeys	face, faced, facing
hjörtr	hart, the-hart
hjörtu	hearts
hjörum	swords
hjörva	sword
hjörvi	sword, swords
hjóstu	have-hit
hjú	hearth, herd
hjuggust	hew, hewed, hewing
hjúpu	covering
hjúskaparfar	marital-status
hlaðbúinn	laden
hlaðbúna	load, loaded, loading
hlaðið	farmyard
hlaðinu	farmyard
hlaðir	Lade (place)
hlaðit	farmyard
hlæ	laugh
hlægis	laughter
hlæja	laugh
hlær	laughs
hlakkar	screaming
hlátr	laughter

Word List (Norse to English)

Norse	English
hlátri	laughter
hlaupa	ran, run
hlaupi	running
hlaupinn	run
hlaut	got, lot
Hleiðru	Lejre (place)
hleif	loaf
hleifi	loaf
hleypr	ran
hleypur	ran
hlið	sides, the-sides
Hlíðarenda	Hlidarendi (place)
hliðum	sides
hliðunum	sides
hlíf	protection
hlífa	protect, protected, protecting
hlífar	cover, protection
hlífarlaus	helpless
hlífarlauss	helpless
Hlífarsonar	Son-of-Hlíf (name)
Hlínar	Hlínar (name)
hljóð	listen, silence, sound
hljóði	hearing
hljóðlyndr	quiet
hljóðlyndur	quiet
hljóðs	be-heard, heard
hljóp	ran
hljópu	ran
hljótt	quietly
hló	laugh, laughed, laughing
hlóð	composition
hlöðum	Lade (place)
Hlöðvisson	Son-of-Hlodvi (name)
hlógu	laugh, laughed, laughing
hlotist	lots
hlunnalungum	roller-warships
hlunni	rollers, the-rollers
hlunnroð	rollers-r, rollers-red, rollers-ring
hlunns	point
hlupu	ran, running
hlut	less, loot, lot, matter, part, share
hluta	lot, lots, part, parts-of
hlutaðir	lots
hlutaðist	lots
hlutföllum	lot-taking
hluti	part-of, parts, things
hlutir	things
hlutr	lot, part
hlutrinn	thing
hlutuðu	lots
hlutum	things
hlutur	lot, part
hluturinn	matters
hlutvöndum	bond
hlýða	attending, listen, listening-to, obey
hlýdda	listen, listened, listening
hlýddi	follow, followed, following, obey, obeyed, obeying
hlýddið	listen
hlýddu	heard
hlýdduð	listen
hlýðir	listen
hlýðisamt	obedient
hlýðni	homage
Hlymdölum	Hlymdal (place)
hlýr	bow, covering
hlýra	warm
hlýr-at	warmed-not
hlýrra	warm
hlýtr	get
hlýtt	listen
hnæfilyrðum	blows
hnakk	saddle
hnappinn	knob
hnappr	a-knob, fastening, knob

Word List (Norse to English)

Norse	English	Norse	English
hnappur	a-knob, fastening, knob	*höfðingjalaust*	leader-less
hné	knee, knees, knelt, sank	*höfðingjar*	chieftains
		höfðingjarnir	chieftains
hneftafli	a-gaming-table, gaming-table	*höfðingjum*	chiefs, chieftains
		höfðinglegt	having-like
hneig	knee	*höfðingligt*	having-like
hneigði	incline, inclined, inclining	*höfðingsmanna*	prestigious-people
		höfðu	had, had-they, have, heads, own, owned, owning
hneit	struck		
hnekkði	over-turn, over-turned, over-turning	*höfðuð*	had
		höfðum	heads
hnekkti	over-turn, over-turned, over-turning	*höfðust*	had
		höfga	heaviness
hneppt	fasten, fastened, fastening	*Hofi*	Hof (place), Hof (place)
		hófi	measure, moderation, modest
hníf	knife		
hníga	kneel, kneeled, kneeling, sink	*höfn*	harbour
hniginn	decline, declined, declining	*hofs*	Hof, Hof (place), Hof (place)
hnígr	fell	*hófsmaðr*	moderate-man, modest
hnígr-a	sinks-not		
hnígur	fell	*hófsmaður*	moderate-man, modest
hnipin	deject, dejected, dejecting	*höfuð*	hand, head, heads
hnjóskulinda	a-girdle, girdle	*höfuðbeinunum*	head-bone
hoddstríðandi	hoard-warrior	*höfuðin*	heads
hoddum	hoard	*höfuðit*	head
höfð	have, taken	*höfuðs*	head's
höfða	headland, Hofda (place), Hofud (place)	*höfuðsárið*	head-wound
		höfuðsárit	head-wound
		höfuðsteypu	head-tumble, head-tumbled, head-tumbling
höfðann	headland		
höfðanum	headland		
Höfðaströnd	Hofdastrond (place)	*höfum*	have
		hófust	began
höfði	have, head, heads, to-have	*högg*	a-strike, blow, striking
höfðingi	chief, chieftain, leader, the-chief	*hoggið*	struck
		hogginn	cut-down
höfðinginn	chieftain, the-chieftain	*höggr*	hew, hewed, hewing, hews
höfðingja	chieftain, chieftains	*höggs*	strike
höfðingjabragð	chieftaincy		

Word List (Norse to English)

Norse	English
höggþyrnis	shock-thorn
höggum	blows
höggunum	blows, the-blows
höggur	hew, hewed, hewing, struck
höggva	break, fell, strike, striking
höggvið	blow, the-blow
höggvinn	cut-down
höggvins	struck-off
höggvit	struck
Högna	Hogni (name)
hógvær	moderate
hógværr	humble
hól	hill
hold	bodies, body
hölda	flesh
hölða	hold
hölðar	hold
höldnu	safe
höldr	handle, handled, handling
hölðr	handle, handled, handling
holdrosu	fleshy-side, the-fleshy-side
hölds	flesh
hölðs	flesh
hölður	handle, handled, handling
hólinn	hill, the-hill
hóll	hills
höll	hall
höllina	hall, the-hall
höllu	hall, halls, the-hall, tilt, tilted, tilting
höllunni	hall, the-hall
hólm	duel
hólmganga	duelling
hólmgöngr	duelling
hólmgöngu	duel
Hólmgöngu-Hrafn	Raven-The-Dueller (name)
Hólmgöngu-Hrafns	Raven-The-Dueller (name)
hólmgöngumaðr	duelling-man
hólmgöngumaður	duelling-man
hólmgöngur	duelling
hólminn	duel
hólminum	duel
Hólmlátri	Holmlatr (place)
hólms	duel
hólmsins	duel-his
Hólmum	Holm (place)
hólpinn	be-help, be-helped, be-helping, to-be-help, to-be-helped, to-be-helping
holta	hills
Holtavörðuheiði	Holtavarda (place)-heath
holum	holes
hómgöngu	duel
hon	her, it, she
hönd	arm, hand
höndina	hand
höndum	hand, handed, handing, hands
honum	he, her, him, him-of, himself, his, in-him, she, to-him, to-him-of, with-him
hopa	avoid
Hópi	Hop (place), Tidal-pool (place)
hópit	group
hörð	hard
hörða	hard
Hörða-knút	Horda-Knut (name)
Hörða-knútr	Horda-Knut (name)
horfa	turn
horfði	look, looked, looking
horfðu	look, looked, looking
horfin	disappear, disappeared, disappearing
horfinn	disappear, disappeared, disappearing

Word List (Norse to English)

Norse	English
horfir	looks
horfit	turn, turned, turning
Hörgslandi	Horgsland (place)
hörmung	horrible
horn	horn, horns
horni	horn
hornigi	drinking-horn
hornin	horns, the-horns
Hornströndum	Hornstrandir (place)
hornum	horns
hornunum	horns, the-horns
hörpu	harp
hörpuna	harp, the-harp
hörpunnar	harp, the-harp
hörpunni	harp, the-harp
horska	wisdom, wise
horskan	wise
horskr	wise
horskum	the-wise, wise
hörund	skin
hörvi	linen
Höskuldssonar	Son-of-Hoskuld (name)
hót	threat
hött	a-hood, hood
höttr	hood
höttu	hoods
hötturinn	hoods
hotvetna	everything
hráblauta	raw-wet
hraðast	fastest
hraðmælt	fast-pace, fast-paced, fast-pacing
hræ	corpses
hræddist	frighten, frightened, frightening
hræddr	scar, scared, scaring
hræddur	scar, scared, scaring
hræddust	frighten, frightened, frightening
hræðiliga	terribly
hræðist	afraid
hræðslan	afraid
hræðumst	afraid
hræpa	down
hræra	move
hrærðist	stir, stirred, stirring
hræsíldar	corpse-fish
hræsinn	boastful
hræskæri	corpse-scorer
hræskærri	corpse-scorer
hrafn	he, Hrafn (name), raven
Hrafnabjörgum	Hrafnabjorg (place)
Hrafni	Hrafn (name), Hrafn's (name,-genitive), raven, Raven's (name,-genitive)
hrafns	Hrafn's (name,-genitive), ravens
Hrafnsfjörð	Hrafnsfjord (place)
hrannir	waves
hrapa	hurry
hrás	raw
hratt	fast, quickly
Hraunhafnarósi	Hraunhafnaros (place)
Hraunhöfn	Hraunhofn (place)
hraunið	lava-fields
Hraunsdal	Hraunsdal (place)
hraustasti	strongest
hraustleik	bravery
hraustr	brave
hraustur	brave
hraut	jump, jumped, jumping
Hreðuvatns	Hreduvatn (place)
hreggský	clouds
hrein	reindeer
hrekir	drive
hress	well
hreysti	valour
hríð	awhile, time, while
hríðar	storm
hríðgervandi	aggravating

Word List (Norse to English)

Norse	English
hríðgjörvandi	aggravating
hríðmundaðar	while-form, while-formed, while-forming
hrímþursar	frost-giants
hrindum	early
hring	a-ring, ring
hringa	rings
Hringaríki	Ringerike (place)
hringinn	ring, the-ring
hringinum	ring, the-ring
hringja	rung
hringleginn	ring-like
hringlegnum	coil, coiled, coiling
Hringr	Hring (name)
Hrings	Hring (name)
Hringssonar	Son-of-Hring (name)
hringþollr	ring-endurance
hrísi	brushwood
hríslu	perch
hristar	shakes
hristir	shaking, shook
Hróaldssonar	Son-of-Roald (name) (name)
hroðinn	strip, stripped, stripping
Hroftatý	Hroptatyr (Odin) (name)
Hroftr	Hroptr (Odin) (name)
hrøkkvit	draw-back
hrolla	shiver
hrörnar	wither, withered, withering
hrósið	praise
hross	horses
hrossa	horses, the-horses
hrossahúss	horse-house
hrossahússins	horse-house
hrossamaðr	horse-man
hrossamaður	horse-man
hrossi	horse
hrossin	horses
Hrosskelssonar	Son-of-Hrosskel (name)
hrunði	collapse, collapsed, collapsing
hrundit	heap, heaped, heaping
hrundu	raise, raised, raising
Hrútafirði	Hrutafjord (place)
Hrútafjarðar	Hrutafjord (place)
hrygg	spine, the-spine
hrygginum	spine, the-spine
hryggja	back
hryggs	sad, the-sad
hrynfiski	caved-fish
hrytr	snoring
húðföt	skin-cots
húðina	hide, skin, the-skin
húðkeipa	skin-boats
húf	hull
hug	mind, spirit, think, thought, thoughts
hugalt	thoughtful
hugar	mind, thought
hugat	thought
hugblauðum	thought-cowardly
hugbrigð	mind-fickle
hugða	affections, mind
hugðak	thought
hugði	thought
hugðist	thought
hugðu	thought
hugðum	thought
hugðumk	thought
hugðumst	thought
huggaði	comfort, comforted, comforting
hugganar	comfort
huggunar	comfort
hugi	mind, thought
hugkvæmr	thoughtful
hugkvæmur	thoughtful
hugleysis	cowardice
hugmóðr	spirit-mother

Word List (Norse to English)

Norse	English	Norse	English
hugmóður	spirit-mother	*húsgangs*	house-going
hugr	mind, minds, thought	*húsgerð*	house-building
		húsi	house
hugreifum	striking-down	*húsin*	house, houses, the-house
hugrekki	courage		
hugsjúkr	mind-sick	*húsinu*	house, the-house
hugsjúkur	mind-sick	*húsit*	house, the-house
hún	her, here, is-she, it, she, she-is, she-was, that-she, to-her	*húskarl*	servant
		húskarla	servants
		húskarlar	servants
		húskarli	housekeeper, houseman
hund	dog		
hundinn	dog, the-dog	*húsmæninum*	house-roof-ridge
hundmargan	hundred-many	*húss*	house, houses, the-house
hundmörgum	countless		
hundr	a-dog, dog	*Hústó*	Husto (name)
hundrað	hundred	*húsum*	house
hundraðs	hundred	*húsunum*	house, the-house
hundrinn	dog, the-dog	*hvað*	that, to-that, what
hundruð	hundred	*hvaðan*	from-where, where
hundruðum	hundred, hundreds	*hvaðarr*	where
hundur	a-dog, dog	*hváftana*	cheeks
Húngerðar	Hundergar's (name,-genitive), Hungerd (name)	*hváftunum*	cheeks
		hval	whale
		hvala	whale
Húngerðr	Hungerd (name)	*hvalinn*	whale
Húngerður	Hungerd (name)	*hvalnum*	whales
Húngersar	Hundergar's (name,-genitive)	*hvalr*	a-whale, whale
		hvalur	whale
hungri	hunger	*Hvammi*	Hvamm (place)
hurð	door	*Hvammsfirði*	Hvammsfjord (place)
hurðinni	door		
hurfu	disappear, disappeared, disappearing	*hvar*	everywhere, were, what, where, wherever
hús	house, houses	*hvár*	each
húsa	for-lodgings, houses	*hvarf*	broke-away, disappear, disappeared, disappearing
húsanna	houses		
húsasnotru	house-besom		
húsasnotruna	house-besom	*Hvarfsgnípu*	Hvarfsgnipu (place)
húsfreyja	housewife, lady-of-house, the-lady-of-the-house	*hváriga*	whichever
		hvárigir	neither
		hvárigum	neither
húsfreyju	housewife	*hvárir*	each

72

Word List (Norse to English)

Norse	English	Norse	English
hvárirtveggju	either-side	hveitiakrar	wheat-acres
hvárki	neither	hveitiax	wheat
hvárkis	neither	hvéli	wheel
hvarma	eyelids	hvell	sharp
hvarmatúni	eyelids-enclosure	hvenær	when
hvárn	each	hver	any, each, each-of, every, how, what, who, whose, why
hvárntveggja	either-side		
hvárr	each, where		
hvárrgi	neither	hverf	disappearing
hvárrtveggi	each	hverfa	disappear, turn, turn-back, turned, turning
hvars	when, where		
hvárstveggja	either-side	hverfanda	turning
hvart	whether	hverfi	turn
hvárt	each, either, how, if, is, whether	hverfka	districts
		hverfkak	districts
hvárttveggja	each-way, either, either-way	hverfr	turn, turned, turning
hvárum	each	hverfum	let-us-go
hvárumtveggja	either-side	hverfur	turn, turned, turning
hvárumtveggjum	each-way, either-way		
hvarvetna	everywhere	hvergi	each, either, neither, nowhere
hvass	sharp	hverigir	whatever
hvassa	harsh	hverir	who
hvassi	keen, the-keen	hverja	each, what
hvassir	sharp	hverjan	each
hvasst	stormy	hverju	each, every, how
hvast	hiss	hverjum	any, each, each-of, every, everyone, whether, which, who
hvat	how, that, what, whatever		
hváta	urge		
hvatastr	vigorous	hvern	each, every, how, which, who, whom
hvatastur	vigorous	hvernig	which
hvati	swift, the-swift	hverninn	what
hvatra	quickly	hverr	each, every, every-man, one, to-each, watch, what, which, who
hvatti	sharpen, sharpened, sharpening		
hve	how		
hvé	how, how-to	hverra	what
hveðnu	fishes	hverrar	each, how-so, whose
hveim	who		
hveiti	wheat	hvers	each, how, what, which, whose
hveitiakra	wheat-acres	hversdaglega	always

Word List (Norse to English)

Norse	English
hversu	how, how-many, how-so, what
hvert	any, each, every, what, where, wherever, which
hvervetna	everywhere
hvessti	hiss, hissed, hissing
hvetvetna	whatever
hví	what, why
hvílast	rest
hvíldarstaða	resting-place
hvíldastaða	resting-place
hvíldi	rest, rested, resting
hvíli	rest
hvílir	rest, rested, resting
hvílr	beds
hvílu	b, bed, being
hvílugólfi	bed-closet
hvílugólfinu	a-bed-closet, bed-closet
hvílur	beds
hvít	white
Hvítabæ	Hvitabaer (place)
Hvítabær	Hvitabaer (place)
hvítan	white
hvítar	white
hvítarmri	white-arm, white-armed, white-arming
Hvítársíðu	Hvitarsida (place)
Hvítbeins	White-Leg (name)
Hvíti	The-White (name), white, White (name)
hvítir	white
hvítr	white
Hvítramannaland	White-Man-Land (place)
Hvítserk	Hvitserk (name)
Hvítserki	Hvitserk (name)
Hvítserkr	Hvitserk (name)
hvítt	white
hvítum	white
hvítur	white
hvívetna	everything
hvoftana	mouths
hvor	each, where, which
hvorgi	neither
hvorgis	neither
hvorigir	neither
hvorigum	neither
hvorir	each
hvorirtveggju	either-side
hvorki	neither
hvorn	each
hvorntveggja	either-way
hvorstveggja	either-side, either-way
hvort	either, how, if, whether
hvorttveggja	each-way
hvortveggi	each
hvorumtveggja	both, each-other
hvorutveggja	either-way
hvöss	sharp
hvötum	willing
hýbýli	dwelling
hygg	mind, think
hyggi	thought
hyggja	observe, observed, observing, think, thought, thoughts
hyggjandi	thought
hyggju	thought
hyggjum	let-us-think, think
hyggr	consider, considered, considering, look, looked, looking, think, thinks, thought, wonder, wondered, wondering, worries
hyggsk	thinks
hykk	mind
hylja	cover
hyrfi	disappear, disappeared, disappearing

Word List (Norse to English)

Norse	English
hyrjar	fire
Hyrningar	Hyrnings (name)
hýrógi	household-strife

I, i

Norse	English
i	to
iðgjöld	reward
iðju	occupation
iðn	craft
iðnar	trade
iðrask	serpent
iðrast	repent
ifi	doubt
iljar	feet
iljarnar	soles-of-the-feet
ill	ill
illa	a-bad, bad, badly, evil, ill, wick, wicked, wickedly, wicking
illan	evil
illgjarn	ill-doing, ill-temper, ill-tempered, ill-tempering
illilega	badly
illilegir	ill-looking
illilig	ill-like
illiliga	badly
illiligir	ill-looking
illorðr	difficult-of-words
illorður	difficult-of-words
illr	difficult, ill, of-ill
illrar	ill
ills	ill
illsku	ill-will
illt	disorderly, harm, ill
illu	evil
Illuga	Illuga (name), Illuga's (name,-genitive), Illugi (name), Illugi's (name,-genitive), Illugi's (name,-genitive)
Illugason	Son-of-Illugi (name)
Illugi	Illugi (name)
illum	evil, ill
illur	ill
illyrðum	malice
ilmað	favour, favoured, favouring
ilmat	favour, favoured, favouring
ilt	difficulty, hard
in	in, the
ina	the, these
Ingasonar	Son-of-Ingi (name)
Ingibjargar	Ingibjorg (name), Ingibjorg's (name,-genitive)
Ingibjörg	Ingibjorg (name)
Ingibjörgu	Ingibjorg (name)
Ingimundarson	Son-of-Ingimundur (name)
Ingjalds	Ingjald's (name)
Ingjaldssonar	Son-of-Ingjald (name)
Ingólfi	Ingolf (name)
Ingólfr	Ingolf (name)
Ingólfs	Ingolf's (name)
Ingólfur	Ingolf (name)
inir	the, those
inn	a, he, in, inside, of, that, the, then, this
inn´i	into
inna	the
innan	in, inside, to, within
innanlands	inner-lands
innar	beside, closer, in, inside, the
Inndyris-eyju	Inndyr's-island (place)

Word List (Norse to English)

Norse	English	Norse	English
inni	in, inside, of-the, the	Íslandsmaðr	Icelander
		Íslandsmaðuur	Icelander
inniligast	deepest	Íslending	Icelander
innsigli	royal-seal	íslendinga	Icelanders
innstr	inside	íslendingar	Icelander
innstu	innermost, the-innermost	íslendingr	Icelander, the-Icelander
		íslendingrinn	Icelander
innstur	inside	íslendingur	Icelander, the-Icelander
ins	the		
inu	the	íslendingurinn	Icelander
inum	in, the	Íslenskir	Icelanders
it	the, these, those, to	Íslenskr	Icelander
		íslenskra	Icelander
itl	little	Íslenskum	Icelander
Ivarr	Ivar (name)	Íslenskur	Icelander
		Íslenzkir	Icelanders

Í, í

		íslenzkr	Icelander, Icelandic
í	a, about, all, among, as, at, by, for, in, into, is, it, of, on, one, out, so, that, the, this, to, with	íslenzkra	Icelander
		Íslenzkum	Icelander
		ístruna	belly-fat, the-belly
		íþróttamaðr	excellent, skilful, skilled, sports-man
		íþróttamaður	excellent, skilful, skilled, sports-man
íhuga	thought		
íhugaði	consider, considered, considering	íþróttar	as-vigorous, skilled
		íþróttir	skilful, sports
íhugar	thought	íþróttum	accomplish, accomplished, accomplishing, skilful, skilled
íra	Irish		
Írakonungs	Ireland-King (name)		
Írland	Ireland (place)	Ívar	Ivar (name)
Írlandi	Ireland (place)	Ívari	Ivar (name), Ivar's (name)
Írlandshaf	Irish-Sea (place), The-Irish-Sea (place)	Ívarr	Ivar (name)
		Ívars	Ivar (name), Ivar's (name), Ivar's (name,-genitive)
ís	ice		
ísi	ice	Ívu	Ivar (name)
ísinn	ice		
Ísland	Iceland (place)	## J, j	
Íslandi	Iceland (place), Icelander		
Íslands	Iceland (place)	já	yes
Íslandsferðar	Iceland-journey	jaðar	earth

Word List (Norse to English)

Norse	English	Norse	English
Jaðri	Jaeren (place)	jafnvæn	equally
jafn	equal	jafnvæna	equal
jafna	equal	jarða	buried, bury, burying
jafnaldrar	equal-age, equal-aged, equal-aging	jarðaðr	earth, earthed
jafnan	always, equal, equally, evenly, ever, usual, usually	jarðaður	earth, earthed
		jarðar	earth, earth's, the-earth's
jafnast	equal	jari	earl
jafndægri	equal-day	jarl	an-earl, earl, Earl (name), the-earl
jafndrjúg	equal-long		
jafnfagrt	equally-beautiful	jarla	earls
jafnfagurt	equally-beautiful	jarli	earl, Earl (name), the-earl
jafnfrægir	equal-famous		
jafngamlir	equal-age	jarlinn	earl, the-earl
jafngerla	equally	jarls	earl, earl's, the-earl, the-earl's
jafnhátt	equally		
jafnilla	equally	jarlsins	earl's, the-earl's
jafningi	equal	járn	iron
jafningjar	equal	járnklær	iron-claws
jafnlangir	equally-long	járnsíða	iron-side, Ironside (name)
jafnlangt	equal-long		
jafnlengd	same-time, the-same-time	Járnsíðu	Ironside (name)
		járnskó	iron-shoes
jafnlengdar	equal-length	jarteinir	tokens
jafnlítill	as-small	játaði	agree, agreed, agreeing
jafnmannvænn	equally-handsome		
jafnmargir	equal-many	játar	accept, accepted, accepting
jafnmenni	equal-man, equal-to		
		Játgeirsson	Son-of-Edgar (name)
jafnmikið	equal, equal-much		
jafnmikil	equal	Játmund	Edmund (name)
jafnmikill	equal-great	Játmundar	Edmund (name)
jafnmikit	equal	játtar	agree, agreed, agreeing
jafnoka	equal		
jafnræði	equally	játtu	agree, agreed, agreeing
jafnræðis	equally		
jafnröskr	equally	játum	profess
jafnsætt	as-sweet	jó	horse
jafnsaman	equally	Jóansdóttr	Joansdottir (name)
jafnspakir	equally-wise	Jóansdóttur	Joansdottir (name)
jafnstórlega	equally-great	jöfnum	even
jafnt	equal, equally, evenly	jöfra	ruler
		Jófríðar	Jofrid (name)
		Jófríði	Jofrid (name)
		Jófríðr	Jofrid (name)

Word List (Norse to English)

Norse	English
Jófríður	Jofrid (name)
jöfurr	ruler
jók	increase, increased, increasing
jöklanna	mountains
jöklar	glaciers
jökli	glacier
jöklum	glaciers
jóku	increase, increased, increasing
jökull	glaciers
Jól	Yule
Jóla	Yule
jólaboð	Yule-invitation
jóladag	Yule-day
jólanna	Yule
Jólaveislu	Yule-Feast (name)
Jólaveizlu	Yule-Feast (name)
Jólin	Yule
Jólum	Yule
Jólunum	Yule
jór	horse
jörð	earth, land, the-earth
jörðina	earth, the-earth
jörðuð	buried, bury, burying
Jörundar	Jorund (name)
Jörva	Jorfi (name), Jorfi (place)
Jórvík	York (place)
Jórvíkr	York (place)
Jótland	Jutland (place)
Jótlandi	Jutland (place)
jötna	giants', giant's
jötnum	giants
jötun	giant

K, k

Norse	English
kæmi	came, come
kæmir	come
kæmist	comes
kæmu	came
kæra	accuse
kaf	submerge
kaga	stare
kalfi	calf
kálfskinnsskó	calf-skin-shoes
kálfskinnskúa	calf-skin-shoes
kalinn	frozen
kall	shout
kalla	call, called, calling
kallað	call, called, calling
kallaði	call, called, calling, claim, claimed, claiming
kallaðir	call, called, calling
kallaðist	call, called, calling
kallaðr	call, called, calling
kallaður	call, called, calling
Kallaksson	Son-of-Kallak (name)
kallar	call, called, calling
kallast	consider, considered, considering
kallat	call, called, calling
kallið	call
kallim	call
kallit	call
kallsi	taunt, taunted, taunting
kalt	cold
kann	can, can-it, it, know, known, knows
kanna	explore, exploring
kannað	explore, explored, exploring
kannar	known
kannat	explore, explored, exploring
kann-at	knows-not
kannt	know
kanntu	can-you, obstacles
kápa	cape

Word List (Norse to English)

Norse	English	Norse	English
kapp	eagerness	kátari	merrier
kappa	hero	kátir	merry
kappi	champion, warrior, warriors	katli	kettle
		kattarskinn	cat-skin
kappmæli	contest	kattskinnsglófa	cat-skin-gloves
kápu	cape	kaup	bought, buy
kápuna	cloak	kaupa	bought, buy, purchase
karl	a-man, man, old-man, the-man, the-old-man	kaupeyri	wares
		kaupferð	trade, trading-voyage
karla	man, men		
karlar	men	kaupferðir	shopping-travelling
karldurum	man-door	kaupferðum	trading-journeys
karldyrum	man-door	kaupför	purchases
karli	old-man, the-old-man	kaupir	bought
		kaupmannanna	trading-men's
karlmaðr	man, many	kaupmenn	trading-men
karlmaðrinn	menservants	kaupmennina	trading-men
karlmaður	man, many	kaupmönnum	trading-men
karlmaðurinn	servants	kaups	trade
karls	man, man's, old-man, peasant's, the-man, the-old-man	kaupskipið	merchant-ship
		kaupskipinu	merchant-ship
		kaupskipit	merchant-ship
karlsdóttr	a-peasant's-daughter, peasant's-daughter	kaupstað	trading-station
		kaupstefna	trading-posts
		kaupstefnu	trading-posts
karlsdóttur	a-peasant's-daughter, peasant's-daughter	kaus	chose
		keip	canoe
		keipana	trading
Karlsefni	Karlsefni (name)	keisari	emperor
Karlsefnis	Karlsefni's (name)	keldu	wellspring
Karlsefnissonar	Karlsefnison (name), Son-of-Karlesfni (name), Son-of-Karlsefni (name)	kem	come
		kemba	comb
		kemir	came
		kemr	became, came, came-to, come, comes, coming
kasta	cast, to-cast		
kastaði	cast	kemst	came
kastala	castle, castles	kemur	came, come, comes, coming
kastar	cast		
kastat	cast	kenn	know
kasti	cast	kenna	be-known, knew, know, known
kastið	cast		
Katanes	Caithness (place)	kennast	knew
Katanesi	Caithness (place)		

Word List (Norse to English)

Norse	English	Norse	English
kenndi	felt, knew, recognise, recognised, recognising, taught	kinnunum	cheeks
		kippa	pull, pulled, pulling
		kippði	drag, dragged, dragging
kenndu	knew, taught	kippir	drew
kenndust	knew-they	kippti	drag, dragged, dragging
kenni	noticed, recognise		
kennik	teach	kirkja	church
kennimenn	priest, priests	kirkju	church, the-church
kennimönnum	priests	kirkjudyra	church-door
kenningarnafn	name	kirkjuskoti	church-wing
kennir	knew	kista	coffin
kenni-val	know-choose	kistil	chest
kennt	known, taught	kistlar	chests
ker	vessels	kistlunum	chests
keri	bowl, vessel	kistr	coffins
kerling	an-old-woman, old-woman, the-old-woman	kistu	coffin
		kistur	coffins
		kjafal	kjafal
kerlingar	old-woman, the-old-woman	Kjalarnes	Kjalarnes (place)
		Kjallaksson	Son-of-Kallak (name)
kerlingu	old-woman, the-old-woman	Kjartan	Kjartan (name)
Ketill	Ketil (name)	Kjartans	Kjartan (name)
Ketils	Ketil (name), Ketil's (name)	Kjarvals	Kjarval (name)
Ketilsfjörð	Ketilsfjord (place)	kjeðst	said
Ketilssonar	Son-of-Ketil (name)	kjöl	a-keel, keel
keypt	bought	kjölinn	keel
keyptak	purchase, purchased, purchasing	kjörið	choice
		kjörin	chosen
		kjörir	choice
keypti	bought	kjós	call-upon
keyptir	bought	kjósa	choose
keypts	redeem, redeemed, redeeming	kjósi	choose, chose
		klæðast	cloth, clothed, clothing
keyptu	bought, kept, sold	klædd	cloth, clothed, clothing
keyra	exceed, exceeded, exceeding	klæddi	cloth, clothed, clothing
keyrðak	drive	klæddist	dress, dressed, dressing
kiðjamjólk	kid's-milk		
kindar	sheep	klæddr	cloth, clothed, clothing
kinn	cheek		
kinnum	cheeks		

Word List (Norse to English)

Norse	English	Norse	English
klæði	cloth, clothes, clothing	kné	allegiance, knee, knees
klæðið	cloth, clothes	kneppt	fasten, fastened, fastening
klæðin	bed-clothes, clothes	knerrir	knorrs
klæðum	cloth, clothed, clothes, clothing	knífi	knife
		knífrinn	knife, the-knife
klæðunum	clothes	knjám	knees
klækjum	shame	knörr	a-ship, ship
klakaði	chatter, chattered, chattering	knörru	knorrs
		knörrum	knorrs
Klakkharaldr	Klakk-Harald (name)	knött	balls
Klakkharalds	Klakk-Harald (name)	Knút	Canute (name)
		Knúti	Canute (name)
klaklaust	unhurt	Knútr	Canute (name)
klauf	cleave, cleaved, cleaving	Knúts	Canute (name)
		Knútsdrápu	A-poem-for-Canute (name), poem-for-Canute (name)
kleifar	cliffs		
klengisök	small-blame		
kliflönd	Cleveland (place)	Knútsson	Son-of-Canute (name)
klípti	pinch, pinched, pinching	Knútur	Canute (name)
kljúfa	cleave	Koðránsson	Son-of-Kodran (name)
klofa	gap		
klóraði	scratch, scratched, scratching	kœmi	came
		kofra	hood
klufu	cleft	kol	coal
klukkan	clock, the-clock	kola	coal
klukkuhljóðit	clock-sound, the-clock-sound	Kolbeinn	Kolbein (name), Kolbein (name)
		Kolbeinsson	Son-of-Kolbein (name)
klýfr	split		
klýfrat	cleave, cleaved, cleaving	kolbrennu	coal-burning
		köld	cold
knætti	could	köldum	cold
knættit	bowl	koll	shave, shaved, shaving
knappi	fastening		
knappinn	knob	kollóttr	bald
knappr	a-knob, knob	Kollsveinn	Kollsvein (name)
knarra	knorrs	köllu	call, called, calling
knarrar	merchant-ship, ship	kölluð	call, called, calling
		kölluðu	call, called, calling
Knarrarbringu	Knarrarbringu (name)	köllum	call
knátti	should	kolsvörtum	coal-black
knáttu	ball	kolum	coal

Word List (Norse to English)

Norse	English	Norse	English
kom	came, come, coming, had-come, went	kon	man
		kona	as-a-woman, a-woman, lady, the-woman, wife, woman
koma	came, come, coming		
komast	came, come, comes, coming	konan	the-woman, woman
komat	come	konar	all-kinds, kind-of, kinds, kinds-of
komi	come, comes, coming	könnuðu	explore, explored, exploring
komið	become, came, come, comes, coming	konr	woman, women
		kontmgs	king
komim	come	konu	a-wife, a-woman, wife, woman, woman's
komin	come, coming		
kominn	become, becoming, came, come, come-in, coming, descend, descended, descending, have-come	konum	woman, women
		konuna	a-wife, this-woman, wife
		konung	a-king, king, the-king
		konunga	kings
komir	come	Konungahellu	Kungalf (name)
komist	come	konunganna	king's, the-king's
komit	came, come, comes, come-to, coming	konungar	kings
		konungastefnu	king's-assembly
komizt	coming	konungbornar	kings-born
komk	come	konungdóm	kingdom, kingship
kømk	comes	konungi	king, king's, the-king, the-king's, to-the-king
komnir	came, come, comes, coming, returning		
		konunginn	king, the-king
komr	come	konunginum	king, the-king
kømr	comes	konungmanna	king-descendents
komst	came	konungr	a-king, king, King (name), king's, the-king, The-King (name), the-king's
komu	came		
kómu	came		
komum	come	konungrinn	king, the-king
komumst	come	konungs	a-king's, king, King (name), king's, the-king, The-King (name), the-king's
komur	come		
komust	arrive, arrived, arriving, came, they-came		
		konungsnaut	king's-gift
kómust	arrive, arrived, arriving, came, went	konungssynir	king's-sons

Word List (Norse to English)

Norse	English	Norse	English
konungur	king, King (name), the-king, The-King (name)	Kristin	Christian
		kristinn	Christian
		kristit	Christian
konunni	the-woman, woman	Kristnað	Christian
		kristnaði	Christianity
konur	woman, women	Kristnat	Christian
konurnar	the-women, women	kristni	Christianity
		Kristr	Christ (name)
kópir	agape	Kristur	Christ (name)
köppum	champions	krömdust	chronic-illness
körin	chosen	krömðust	chronic-illness
Kormlaðar	Kormlod (name)	krossa	cross, crosses
korn	corn	Krossanes	Krossanes (place)
kornhjálm	corn-shed, corn-shining	Krosshólum	Krossholar (place)
kosit	choice	krýp	creep
kossa	kiss	krýpk	creep
kost	advantage, benefit, choice, costs, provide, provided, providing	kú	cow
		kuðr	known
		kuður	known
		kufl	cloak
kostaði	exert, exerted, exerting	kúgan	bullying
		kúna	a-cow, cow, the-cow
kostar	benefit, choice, use		
kosti	benefits	kunna	could, know, know-how, knowing, to-know
kostr	choice, other		
köstuðu	cast, threw		
köstuðust	exchange, exchanged, exchanging	kunnandi	knowing
		kunni	could, knew, know
		kúnni	cow, the-cow
kostum	benefit	kunnig	know, known
kostur	choice, other	kunnigt	known
krafði	call, called, calling	kunnir	know
Kráka	Kraka (name)	kunnu	known
kráku	crow, Crow (name), Kraka (name)	kunnustu	knew-how
		kurteisar	polite
		kurteisi	courteous
kraptr	strength	kurteisust	well-manner, well-mannered
krásir	food		
kraup	kneel, kneeled, kneeling	kvað	ask, asked, asking, be-call, be-called, be-calling, call, called, calling, cri, cried, cried-out, crying, said, saying, spoke
krefr	craves		
kreisti	crush, crushed, crushing		
kring	a-ring, ring		
kristið	Christian		

Word List (Norse to English)

Norse	English	Norse	English
kvaddi	call, called, calling	kveða	greet, greeted, greeting, it-is-said, providing, quota, quote, quoted, quoting, speak
kvaddr	call, called, calling		
kvaðst	said, spoke		
kváðu	said, saying		
kváðust	said, said-they		
kvæði	ask, asked, asking, poem, said	kveðið	declaring, poem, sung
kvæðið	poem	kveðin	recite, recited, reciting
kvæðinu	poem	kveðir	say
kvæðislaunum	poem's-reward	kveðit	declare, declared, declaring, said, spoken, sung
kvæðit	poem, recite, recited, reciting		
kvæðum	poem	kveðja	a-greeting, call, called, calling, greet, greeted, greeting
kvæntir	married, marry, marrying		
kvámr	come		
kvámur	come	kveðjr	greetings
kvánar	wife	kveðju	greeting, greetings
kvánbæna	marriage-proposal	kveðjum	greet
kvánbænar	propose	kveðjur	greetings
kvánbænum	marriage-proposal	kveðr	called-for, greet, greeted, greeting, greets, said, spoke
kvángaðist	married, marry, marrying		
kvángaðr	married, marry, marrying	kveðst	said, saying
kvángaður	married, marry, marrying	kveður	called-for, greet, greeted, greeting, greets, said, spoke
kvángast	marriage, was-married, was-marry, was-marrying	kveikisk	quickens
		kveld	evening
		kveldi	evening
		kveldið	evening
kvángazt	married, marry, marrying	kveldit	evening, the-evening
kvánríki	woman-rule, woman-ruled, woman-ruling	kvelds	evening
		kveldsöngs	evensong
		Kveld-úlfssonar	Son-of-Kveld-Ulf (name)
Kvarans	Kvaran (name), Kvaran's (name,-genitive)	kvenna	woman, women
		kvensamliga	feminine, woman-same-like
kvárans	Kvaran's (name,-genitive)	kvenskörungr	noble
kvatt	summons	kveykja	kindle, kindled, kindling
kveð	ask, greet	kveykt	lit
		kveyktr	lit

Word List (Norse to English)

Norse	English
kviðling	verse
kvígendi	bullocks
kvígendin	bullocks, the-bullocks
kvikfé	livestock
kvikindum	creatures
kvikr	living
kvikt	alive
kvikvendi	creature
kvöð	obligations
kvöddu	greet, greeted, greeting
kvonar	wife
kvonbæna	marriage-proposal
kvonbænar	propose
kvonbænum	marriage-proposal
kvongaðir	married, marry, marrying
kvongaðist	married, marry, marrying
kvongaðr	married, marry, marrying
kvongaður	married, marry, marrying
kvongast	married, marry, marrying
kvonlausir	unmarried, un-marrying
kykvendis	creature
kykvendum	creatures
kyndarinn	kindling, the-kindling
kyndir	kindles
kyni	kin
kynjalaust	extraordinary
kynkvíslum	family
kynlegr	wonderful
kynlegt	extraordinary, surprised, wonder
kynligr	wonderful
kynni	circumstance, knew, knew-of, know
kynnis	kinsmen
kynnu	circumstance, knew
kyns	wonder, wondrous
kynsæll	kin-bless, kin-blessed, kin-blessing
kýr	cow, the-cow
kýrin	cow, the-cow
kyrr	still
kyrrðum	peaceful
kyrri	quiet
kyrrir	still
kyrrt	peace, still
kyrt	calm
kyrtil	tunic
kyrtli	tunic
kýs	choose
kyssa	kissing

L, l

Norse	English
lá	laid, lay, laying, lying
láð	invite, invited, inviting
lægðir	low-ground
lægðu	lower, lowered, lowering
lægi	laid, lay, laying
lægis	laying
læjandi	laughing
lækjar	stream
lækjarins	stream
læknar	healer
lækr	stream
lækur	stream
lær	meats, skin
læs	ill-will
læst	lock, locked, locking
læsti	lock, locked, locking
læt	lay, let
læti	bellowing

Word List (Norse to English)

Norse	English
lætr	act, acted, acting, allow, allowed, allowing, behave, behaviour, bellow, bellowed, bellowing, had, keep, laid, lay, let, lets
lætur	behave, behaved, behaviour, laid, leave, let, lets
lag	layer, place, spear-shaft
lág	low, place, placed, placing
lagða	enrich, enriched, enriching
lagðak	laid
lagði	became, had, laid, lay, took-to
lagðir	laid, laying
lagðist	laid, lay
lagðr	laid
lagður	laid
lagið	laid
lagiðr	laid
lagiður	laid
lagit	laid
lags	position
lagt	laid
lágt	low
lágu	laid, lay, laying, low
Lakkar	Hlokk's (name,-genitive)
lambahöfuðin	lambs-heads
lambskinnskofra	lamb-skin-hood
land	land, the-land
landa	land, lands, the-lands
landaleitan	land-exploring
landar	land
landherr	lord-of-the-land
landherrinn	land-warriors
landi	land, lands, the-land
landið	land, lands, the-land
landinu	country, land, lands, the-land, this-land, to-the-land
landit	land, lands, the-land
landkosta	land-benefits
landkostr	land-benefits
landkostum	land-benefits
landkostur	land-benefits
landnámamanns	land-taking-man
Landnyrðingsveðr	North-East-Wind (noun)
Landnyrðingsveður	North-East-Wind (noun)
landráða	land-ruling's
lands	land, lands, the-land
landseta	tenants
landseti	tenant
landsfólk	lands-folk
landsins	land, lands, the-land
landskjálfti	an-earthquake
landskosta	land-benefits
landskosti	land-benefits
landskostir	land-benefits
landskostr	land-benefits
landskostur	land-benefits
landsleg	landscape
landsmanna	countrymen, landsmen
landsmenn	landsmen
landsnytja	land-benefits
landstjórnar	governing
landsuðr	south-east
landsuðrs	south-east
landsuður	south-east
landsýn	land-sight
landtjaldinu	land-tent
landvarnar	defence
landveg	land-way, land-ways

Word List (Norse to English)

Norse	English
langa	long
langá	long
Langadal	Langadal (place)
langæðar	long
langar	long
Langavatnsdal	Langvatnsdal (place)
langr	long
langri	a-long, long
langskip	longships
langskipum	longships
langt	long
langvini	long-friends
láni	loan
lásboga	lock-bow
lasi	weakness
lasta	balm, blame, blamed, blaming
lát	bellowing, had, have, let
láta	allow, allowed, allowing, bellow, bellowed, bellowing, burn, burned, burning, do, done, had, have, laid, lay, lay-out, leave, let, letting, lose, put
látast	die
látið	laid, left, let
látin	dead, let
látinn	decease, deceased, deceasing
látit	had, laid, let, made
látizt	died, dying
láttu	let
látum	have, let, let-us
látúnshnappar	brass-buttons
laufa	leaf
laug	bath
laugar	washing
laugaraftan	saturday-afternoon
Laugarbrekku	Laugarbrekka (place)
laugarkveld	saturday-night
laugat	bath, bathed, bathing
lauk	close, closed, closing, conclude, concluded, concluding, end, ended, ending, leek
lauka	leek
lauks	leek
laun	hire, hired, hiring, repayment, reward, rewards
launa	loan, repay, reward, rewarded, rewarding
launað	repaid
launaði	reward, rewarded, rewarding
launanna	loans
launar	repaid, repays
Launat	repaid, reward, rewarded, rewarding
laungetna	illegitimate
launi	reward
laus	less, loose, lost
lausafé	free-wealth, liquidity, loose-fee, treasure, wealth
lausafjár	liquidity's
lausan	loose, lost, release, released, releasing
lauseygr	loose-eye, loose-eyed, loose-eying
lauseygur	loose-eye, loose-eyed, loose-eying
Lauss	less, lose, lost
laust	less, loose, loosed, loosing, lost, without
lausung	falseness
lautsíkjar	drape-oneself
lax	salmon

Word List (Norse to English)

Norse	English	Norse	English
Laxdæla	Laxdardal (place)	Leif	Leif (name)
léði	lent	Leifi	Leif (name)
leðrhosu	leather-purse	Leifr	Leif (name)
legði	lay, leave	Leifs	Leif (name), Leif's (name,-genitive)
legðir	lay	Leifsbúða	Leif's-Camp (place)
leggi	lay, leg	Leifur	Leif (name)
leggja	allow, grant, granted, granting, laid, lay, laying, let, lying, make, place, to-lay	leigir	rent, rented, renting
		leik	sport, sported, sporting
leggjast	lie, to-lie	leika	games, playing-tricks
leggjum	let-us-lay		
leggr	have, laid, lay, let, seat, seated, seating	leikar	sports
		leiki	game, play, played, playing, plays, play-trickery, toy, toyed, toying
leggur	have, lay		
legið	laid		
legit	laid	leikist	play, played, playing
leið	a-journey, during, journey, laid, lay, pass, passed, passing, the-way, this-way, way	leikizt	play, played, playing
		leikr	like
		leiks	game
		Leikskálum	Leikskalar (place)
leiða	lead, loath, objection	leikur	like
leiðangr	journeying	leirr	clays
leiðangri	expedition	leirur	clays
leiðar	route, the-way, way	Leiruvág	Leiruvog (place)
leiddi	l, led, ling	Leiruvágum	Leiruvog (place)
leiddr	l, laid, led, ling	Leiruvog	Leiruvog (place)
leiddu	lead	Leiruvogum	Leiruvog (place)
leiddur	l, led, ling	leist	impression, like, liked, liking
leiðir	l, led, ling, took		
leiðisk	loathes	leistbrókum	breeches
leiðr	loath, loathed, loathing, tire, tired, tiring	leita	ask, asking, consider, considering, looked-for, looking, search, searched-for, seek, sought
leiðtoga	guide, guides		
leiðtogana	guides		
leiðtogar	guides		
leiðum	dislike, disliked, disliking		
leiður	loath, loathed, loathing, tire, tired, tiring		

Word List (Norse to English)

Norse	English	Norse	English
leitað	asked, asking-for, considered, look, look-for, looking-for, searched, search-for, seeking, sought-for	*lengra*	further, longer
		lengst	long, longest
		lengur	longer
		lénr	laying
		lénur	laying
leitaði	ask, asking, consider, considering, looked-for, looking, search, searched-for, seek, sought	*lesa*	gather
		lesi	express
		lesit	read
		lést	burden, had, let
		lesti	grip, gripped, gripping
leitaðir	asked, asking-for, considered, look, look-for, looking-for, searched, search-for, seeking, sought-for	*lestist*	injure, injured, injuring
		lét	allow, allowed, allowing, had, have, laid, lay, let, lost, put, to-have
leitar	ask, asking, consider, considering, looked-for, looking, search, searched-for, seek, sought	*léta*	let
		léti	let
		létist	perish, perished, perishing
		letja	discourage
		létk	let
leitat	asked, asking-for, considered, look, look-for, looking-for, searched, search-for, seeking, sought-for	*létt*	light
		létta	laid, let, relieve, rest
		lettara	easier
		léttara	lighten
leitir	let	*léttari*	lighter
leituðu	asked, asking-for, considered, look, look-for, looking-for, searched, search-for, seeking, sought-for	*léttr*	light
		léttu	relieved, relieving, relive
		létu	allow, allowed, allowing, had, laid, left, let
leizt	looked-like	*létuð*	had
léku	play, played, playing	*létum*	laid, made
		létumk	let
lékum	play, played, playing	*leyfa*	allow, praise
		leyfðu	laid
lendr	land	*leyfis*	leave
lendur	land	*leygjar*	of-the-flame
lengi	along, for-long, long, longer	*leyna*	conceal, concealing, hiding
lengja	long	*leynd*	secrecy
lengr	long, longer		

Word List (Norse to English)

Norse	English	Norse	English
leyndi	conceal, concealed, concealing	*liðið*	pass, passed, passing
leyni	secret	*liðin*	a-company, company, pass, passed, passing, teams
leyniliga	secretly		
leynivág	hidden-creek		
leynt	secret	*liðinn*	company, pass, passed, passing
leysa	redeem, redeemed, redeeming, releasing, solve	*liðinu*	forces, men, the-forces, the-men
leysingi	a-freed-man, freed-man	*liðit*	company, forces, group, men, pass, passed, passing, the-company, the-men
Leysingjastöðum	Leysingastadir (place)		
leyst	let-down	*liðnar*	pass, passed, passing
leysti	release, released, releasing	*liðnir*	pass, passed, passing
leystr	release, released, releasing	*líðr*	pass, passed, passes, passing
leystu	dismiss, dismissed, dismissing, loosen, loosened, loosening	*liðs*	company, force, forces, help, men, people, team
		liðsinni	assistance
leystur	release, released, releasing	*liðsmenn*	company-men
lézt	die, died, dying, let, said, should	*liðu*	company, pass, passed, passing
lið	a-company, a-crew, a-group, assistance, companions, company, company-of, crew, forces, group, help, host, men, team, the-company-of, the-crew	*liðum*	joints
		líðum	points
		líður	pass, passed, passes, passing
		liðveilsunni	supportive
		líf	life, live, lives
		lifa	life, live, living
		lifað	live, lived, living
líð	company	*Lifangr*	Levanger (place)
líða	pass, passed, passing	*Lifangri*	Levanger (place)
Líðandisness	Lindesnes (place)	*Lifangur*	Levanger (place)
liðfáir	few	*lifði*	live, lived, living
liði	a-crew, company, crew, force, forces, group, help, men, team	*lifðu*	live, lived, living
		lifðum	living
		lífi	life, live, lives, living
		lífinu	his-life

Word List (Norse to English)

Norse	English	Norse	English
lifir	alive, live, lived, lives, living, outlives	líkt	like
		líktist	likeness
		líkum	bodies
lífit	my-life	líkunum	bodies, the-bodies
líflát	death, life-loss, loss	líkur	like
		lím	mortar
lífláti	life-laying	limið	foliage
líflátnir	life-less	limum	limbs
lífs	life	lind	linden
liggi	lying	Lindiseyri	Lindiseyri (place)
liggir	laying	líndúk	linen
liggja	alternative, laid, lay, lay-out, lies, lying, the-alternative, to-lay	linns	serpent
		líns	linen
		líst	appears, beheld, behold, beholding, like
liggjandi	laying	listuliga	elegantly
liggr	laid, lay, lies, made	lit	around, colour, team, the-team
liggur	lies		
lík	body, form	líta	company, look
líka	like, liked, liking	litar	colours
líkaði	like, liked, liking	litast	look
líkar	alike, like, liked, liking, was-displease, was-displeased, was-displeasing	lítast	look, looked, looking
		litfagra	fair-colour
		litfögr	fair-colour, fair-coloured, fair-colouring
líkari	liken, likened, likening		
		litið	consider
líkast	like, likely	lítið	little, small
líkendi	likely	lítil	little
líki	body	lítill	little, little-be, small
líkið	body	lítilla	little
líkin	bodies, body	lítillátr	modest
líkinu	bodies, body, the-bodies	lítillátur	modest
		lítilmenni	little-man
líkit	body	lítilræði	little-advise, little-advised, little-advising
líklegast	likely		
líklegastir	likeliest		
líklegt	likely	lítils	little
líkligast	likely	lítilþörf	little-ne, little-need, little-needing
líkligt	likely		
líknargaldr	healing-spells	Lítilvölva	Little-Prophetess (name)
líknfastan	strong		
líknstafi	regard		
líkr	like	lítinn	a-little, little

Word List (Norse to English)

Norse	English	Norse	English
litir	glance	loðnir	furry
lítist	look	lœgir	gladdens
litit	consider, considered, considering, looking	lof	praise
		lofa	praise, praised, praising, promise
		lofaði	praise, praised, praising
lítit	a-little, little		
litla	little	lofar	praises
litlu	a-little, little	lofðunga	kings
litlum	little	lofðungar	kings
litnar	colours	lofi	praise
litr	colour	lofnar	praise, praised, praising
lítr	look, looked, looking		
		loft	sky
lítt	a-little, little, little-with	lofti	air, sky, the-air, the-sky
lituðust	look, looked, looking	lofuðu	praise, praised, praising
litum	colours	lög	law
lízt	appears	loga	flame, flames
ljá	loan	lóga	lose
ljóð	songs	logaði	blaze, blazed, blazing
ljóða	songs		
ljós	lights	lögbergi	law-rock
ljósa	light-mother	lögbergs	law-rock
Ljósavatnsskarð	Ljosavatnsskard (place)	lögð	laid
		lögðis	let
ljósjarpr	light	lögðu	laid, lay, subject, subjected, subjecting
ljósjarpur	light		
ljósjörp	bright-chestnut		
ljósum	bright, light, lights	lögðum	laid
ljótastir	ugliest	lögðumk	laid
ljótr	ugly	login	lights
ljótur	ugly	löginn	lying
ljúfr	love, loved, loving	logit	a-lie, lie
ljúfsvelgs	sweet-swallower	lögmaðr	law-man, law-speaker
ljúfum	love, loved, loving	lögmaður	law-man, law-speaker
loðbrækr	shaggy-breeches		
loðbrók	shaggy-breeches	lögréttu	law-assembly
Loðbrókar	Lothbrok (name), Lothbrok's (name,-genitive)	lögréttuna	law-assembly
		lögskil	legal-settlement
		lögskilum	legal-settlement
Loddfáfnir	Loddfáfnir (name)	lögsögn	lawspeaker
loðkápa	shaggy-cape	lögsögu	lawspeaker
loðna	fur, hair		

Word List (Norse to English)

Norse	English	Norse	English
lögsögumaðr	lawspeaker, law-speaker-man	*Lundúnaborg*	London-city (place), London-town (place)
lögsögumaður	lawspeaker, law-speaker-man	*Lúndúnaborg*	London-town (place)
lögspeki	lawspeaking	*Lundúnabryggjr*	London-town (place)
lögtekin	law-taken	*Lundúnabryggjur*	London-town (place)
lögum	law	*lungun*	lungs
lokhvílu	bed-closet	*lustu*	struck
lokið	end, ended, ending, left	*lutu*	lent
lokinn	end, ended, ending	*lý*	conclude, concluded, concluding
lokit	conclude, concluded, concluding, end, ended, ending, left	*lýð*	people
lokka	lure	*lýðum*	people
lokrekkju	bed-closet	*lygi*	lie
loks	finally	*lykðum*	completion
lokum	completion	*lyki*	locks
lönd	land, lands, the-lands	*lykkju*	coil, loop
löndum	land, lands, the-lands	*lýkr*	conclude, concluded, concludes, concluding, end, ended, ending, ends, it-ends, was-conclude, was-concluded, was-concluding
löng	delay, long		
löngu	long		
Lönguhlíð	Langahlid (place)		
löngum	long		
löst	lust, vice		
lostfagrir	desire-fair		
lostinn	shock, shocked, shocking, struck	*lykt*	conclusion, smell
lotum	sometimes	*lyktum*	completion
lúðr	trumpets	*lýkur*	end, ended, ending, ends
lúðrar	cringe, cringed, cringing	*lyngölun*	serpent
lúður	trumpets	*lyngorm*	heather-snake
lúka	finish	*lyngs*	heather-lands
lukka	luck	*lypt*	lift, lifted, lifting
luku	finish, finished, finishing	*lypting*	deck, the-deck
lúkum	conclude	*lýsa*	show
Lúmbardí	Lombardy (place)	*lýsi-gunnar*	light-warrior-god
Lúna	Luna (place)	*lýsing*	daybreak
lund	manner	*lýsir*	declare, declared, declaring
lunda	puffins		

Word List (Norse to English)

Norse	English	Norse	English
lýstr	collide, collided, collided-with, collide-with, colliding, strike-with, struck	mæli	speak, speaks
		mælir	say, speak, speaks, spoke, talking, words
lýstur	collide, collided, collided-with, collide-with, colliding, strike-with, struck	mælt	said, say, spoke, spoken
		mælta	spoke
		mælti	might, said, speaking, spoke, talk, talked, talking
Lýsufirði	Lysufjord (place)	mæltu	speaking, spoke, spoke-of, was-said
Lýsufjörð	Lysufjord (place)		
lýtr	bow, stoop, stooped, stooping	mælum	speak
		mæninum	roof-ridge
lýtur	stoop, stooped, stooping	mær	girl, maiden, maidens
		mæra	praise

M, m

Norse	English	Norse	English
		Mæri	Moer (place)
		mærin	girl, the-girl
má	may, may-be, that-may	mæta	meet
		mætast	meet, met
Maðkahafinu	The-Worm-Sea (place), Worm-Sea (place)	mæti	met
		mætli	said, spoke
maðksjá	ship-worms	mætr	measure
maðksjó	ship-worms	mætri	distinguish, distinguished, distinguishing
maðksjónum	the-worm-sea, worm-sea		
maðksmogið	worm-eaten	mætta	might
maðr	a-man, man, men, person	mætti	could, it-might, may, met, might
maðrinn	a-man, man	mættið	may
maður	a-man, man, men, person, the-man	mættimst	meet-we
		mættir	might
maðurinn	man, the-man	mættist	may
mæddan	tire, tired, tiring	mættu	may
mæddir	wearied, weary, wearying	mættuð	may
		mættum	may
mægðar	marriage	mættumst	meet-we
mæki	sword	mættust	met
mæl	said, say	mág	brother-in-law
mæla	business, matter, matters, say, speak, spoke, the-matter, to-speak	maga	stomach
		magi	stomach
		mági	son-in-law
mælast	speak	magni	strength

94

Word List (Norse to English)

Norse	English	Norse	English
Magnús	Magnus (name), Magnus (name)	malms	ore
		malmþings	metal-assemblies
Magnúss	Magnus (name), Magnus (name)	málmþings	metal-assemblies
		málóði	of-strong-language
mágr	brother-in-law	máls	matter, speak, speech
Magra	Lean (name)		
magran	thin	málstefnu	council
mags	brother-in-law	malt	malt
mágs	brother-in-law	málug	talking
mágur	brother-in-law	málugr	talkative
maka	equal	málum	matter, matters, the-matter
maki	match, matched, matching		
		málungi	meals
maklegan	make-like	málvini	friend's
maklegleika	serve-you-right	man	bond-woman, girl, man, remember, remembered, remembering, should
makligr	properly		
makligt	proper		
mál	a-case, a-meal, conversations, language, matter, matters, meal, said, say, speech, subject, the-matter		
		mána	moon
		mánaðarfró	a-month-from, month-from
		mánaði	month
mála	matter	*máni*	moon
málaefni	matters	mank	remember
máldaga	agreement	mann	a-man, man, men, people, person, the-people
máldagi	matters		
málgráðr	degree		
málgráður	degree	manna	a-man, man, man's, man's, many, men, men's, of-men, people, people's, peoples, peoples', people's, the-men, the-people
máli	case, having-a-meal, matter, speak, speech, the-matter		
málið	matter, the-matter		
málin	matters		
málinu	case, this-case	mannaða	manly
málit	matter	mannaðan	mann, manned, manning
málkunnigr	talking-known		
málkunnigur	talking-known	mannaðr	attend, attended, attending
malma	metals		
málma	metals	mannaður	attend, attended, attending
malmflaug	metal-missile		
málmflaug	metal-missile	mannaferðir	people's-travels
malmi	metallic	mannaforráð	looked-after
malmr	metal	mannahöfðum	men's-heads

Word List (Norse to English)

Norse	English	Norse	English
mannamunr	integrity	margan	many
mannamunur	integrity	margar	as-much-as, many
mannaverk	men's-work	margfróðr	much-wise
mannavistir	habitation	margfróður	much-wise
manndráp	murders	margir	many
manngi	no-man, none, no-one	margkunnig	many-knowing
		margr	many
mannhringr	man-ring	margs	many, many's
mannhringur	man-ring	margt	many
manni	a-man, man, man's, men, people, person	margur	many
		mark	mark, proof
manninn	people	marka	mark, marked, marking, marks
manninum	this-man	markaði	mark, marked, marking
mannjöfnuð	men-comparing		
mannkyns	mankind	Markland	Markland (place)
mannliga	man-like	mars	steed
mannni	man	Marstan	Marstan (name)
mannraun	trial	mart	many
manns	husband, man, man's	mat	food
		mataðist	ate
mannsbani	man-slayer	matar	feeding, food
mannsbarn	child, man's-son	matarins	food
mannsektir	fines	matbúið	food-prepare, food-prepared, food-preparing
mannshausi	men's-heads		
mannskæðu	man's-damage		
mannskis	manly	matbúin	food-prepare, food-prepared, food-preparing
mannvænn	handsome		
mannval	men-choice, men-choices		
		matbúit	food-prepare, food-prepared, food-preparing
mannvirðingar	man-worthiness, worthiness		
mannvirðingu	rank	matfanga	hunt
mannvirðingum	rank	matr	food
mannvit	man-sense	matsveinar	cooks, ship's-cook, the-cooks, the-ship's-cook
mannvönd	husband		
mans	girl, hand-maiden		
mansöngsdrápu	love-song-poem	mátt	might
mánuð	month	mátti	as-may, could, may, might, that-might
mánuði	month, months		
manunga	youthful	máttir	may
mar	horse, ocean	máttki	mighty
már	gull	máttu	could, may, might
marga	many	máva	seagulls

Word List (Norse to English)

Norse	English	Norse	English
mávangs	seagull's	*melrakkar*	melrakka
með	about, along, among, as-well, between, it, well, while, with	*Melrakkaslèttu*	Melrakkasletta (place)
		menn	man, many, men, people, the-men, the-people
meðal	between		
meðalfærir	between-faring	*mennina*	men
meðalkafla	average-head	*menning*	culture
meðalráð	among-advice	*mennskr*	a-human, human
meðalsnotr	middle-wise	*menntr*	educate, educated, educating, well-educate, well-educated, well-educating
meðan	as-long-as, awhile, long-as, meantime, meanwhile, while		
mega	able, able-to, be, be-able, may, may-be, may-have	*menntur*	educate, educated, educating
		menrýris	men-equal
megi	may	*mér*	for-me, I, me, mine, more, my, myself, myself-to, of-me, to, to-me
megim	may		
megin	may, might, most, side, ways		
meginlandinu	mainland	*Meræfi*	Moray (place)
megir	may	*merarlíki*	mare-like
megu	may	*merin*	mare
meguð	may	*merkðan*	mark, marked, marking
megum	may		
meiðar	hurt	*merki*	banner, imprint, mark-of
meiði	pole		
meiðir	injure	*merkilegasti*	remarkable
meigu	may	*merkilegt*	remarkable
mein	disease, harm	*merkja*	sign
meinalausan	harmlessly	*merkr*	marks
meingerð	offence	*merkur*	marks
meingerða	harm, harmed, harming	*merum*	mares
		messingarspón	brass-spoon
meini	harm	*messingu*	brass
meinlætum	malignance	*messu*	mass
meinn	painful	*mest*	most, mostly, the-most
meins	harm		
meir	me, more	*mesta*	greatest, most, the-most
meira	a-more, greater, more		
		mestan	most
meiri	better, greater, more	*mestar*	most
		mesti	most, the-most
meirum	greater	*mestir*	best, greatest, most
melrakka	melrakka		

Word List (Norse to English)

Norse	English
mestr	greatest, the-greatest
mestri	most
mestu	most
mestur	greatest, the-greatest
met	evaluate
meta	appreciate, appreciated, appreciating, evaluate, meet, value
metinn	appreciate, appreciated, appreciating
metnaðarmaðr	ambitious-man
metnaðarmaður	ambitious-man
metnaðr	pride
metnaður	pride
mett	sat, sated, sating
mettr	fed, feed, feeding
mey	a-maiden, daughter, girl, maid, maiden
meybarn	baby-girl
meyja	maid
meyjar	girls, maiden, maiden's
meyjarnar	girls
meyjunni	girl, maiden, the-girl, the-maiden
meyna	girl, the-girl
Miðfjarðar-skeggja	Midfjorder-Skeggi (name)
miðjan	middle
Miðjökul	Midjokul (place)
miðmjór	medium-narrow
miðr	between, less
miðri	middle, the-middle
miður	between, less
mig	I, me, mine, my
Mik	I, me, mine, my, to-me
mikið	great, greatly, many, much, very
mikil	a-great, great, large, much
mikill	a-great, big, great, large, many, mighty, much, very great
mikilla	great
mikillar	great
mikilli	biggest, much
mikilræði	great-issue
mikils	much
mikilsti	most
mikinn	a-great, as-big, great, greater, many, much
mikit	great, greatly, large, many, much, very
mikla	great, greatest, much, so-great
miklar	great, much
mikli	large
miklir	great, large, much
miklu	a-great, great, greater, many, much
miklum	much
mildan	generous
mildir	mild
mildri	tender
mildum	mild
milli	among, between
millim	between
millum	between
mín	me, mine, my
mína	mine, my
mínar	mine, my
mínir	mine, my
minn	me, mine, my
minna	less, mine
minnar	mine, my
minnast	remember
minni	less, lesser, mind, mine
minnigr	mindful
minnir	memory

Word List (Norse to English)

Norse	English	Norse	English
minnisamt	memorable	mjóvasta	narrowest
minnka	decrease, decreased, decreasing	mjúkr	humble
		mjúkur	humble
		móðernis	mother's
minnr	less	Móði	Móði (name), mother
minnst	least		
minnsta	quietest	móðir	mother, mother-of, mother-to
minntust	remember, remembered, remembering		
		móðr	mother, mother-of, tire, tired, tiring
minnum	lesser	Möðrudalsheiði	Morudale-moor (place)
minnur	less		
míns	mine, my	móður	mother, mother-of, tire, tired, tiring
minst	at-least		
mínu	me, mine, my	móðurætt	mother's-kin
mínum	mine, my	mögnuð	mighty
misjafnt	uneven-in	mögr	skinny, sons
miskunn	mercy	mögum	sons, stomach, stomachs
miskunnar	mercy		
miskunnaraugum	mercifully	mogun	morning
mislagðar	mislaid, misplace, misplaced, misplacing	moguninn	morning
		mögur	skinny
		mold	dust, ground
mislíka	mislike	Molda-gnúpssonar	Son-of-Molda-Gnup (name)
mislíki	mislike		
mislyndi	mood	moldu	ground
missa	miss	mollu	stifling
missari	a-season, season	mönnum	man, men, people, the-men
misseri	a-season, season		
missmíð	mistake	mönnunum	people
missýni	mistake	morði	murder, slaughter
missýnist	mistake	morðrunnr	murder-running
mitt	mid, mine, my	mörg	many, might
mjaðar	mead	morgin	morning, the-morning
mjó	slender		
mjöð	mead	morgingjöf	morning-gift
mjög	large, many, much, very	morgininn	morning
		morginn	morning
mjök	a-great, great, many, most, much, very, very-much	morginskœru	morning-shear
		morginstund	morning-while
		morgnaði	morning
mjöl	meal	morgni	morning
Mjörs	Mjosa (place)	mörgu	many
mjóst	thin	mörgum	many
mjöt	measure	morgun	morning

Word List (Norse to English)

Norse	English
morguninn	morning
morgunn	morning
morguns	morning
mörk	a-mark, mark, timber
mörkina	the-trees, trees
mörkum	marks
mosa	moss
mosavaxinn	moss-overgrown
Mosfelli	Mosfell (place)
Mosfells	Mosfell (place)
mösr	maple
mösur	maple
mösurr	maple
mösurtré	maple-tree
mót	against, meet, meeting, reply, return, towards
móti	against, meet, meeting, met, return, to-meet, towards
mótrunnr	against, against-running
móts	meet
möttul	mantle
mun	could, may, must, shall, should, should-be, spirit, will, would, would-be
muna	should
munar	delight
Munarvági	Munar-Bay (place)
munat	remember, remembered, remembering
mun-at	should-not
mundangs	middle
mundelds	hand-fire
mundi	could, could-be, remember, remembered, remembering, should, should-it-be, will, would, would-be
munði	remember, remembered, remembering
mundið	remember, would
mundim	would
mundir	would
mundu	should, will, would, would-be
munduð	must-have
mundum	would
mungát	ale
mungátin	ale
muni	recall, recalled, recalling, shall, should, would
munir	should
munk	remember
munka	monks
munn	mouth, mouths
munni	mouth
munnlaugar	mouth-basins
munr	difference, longing
munt	must, shall, should, would
muntu	shall, shall-you, should, should-you, you-should
munu	shall, shall-be, should, will, would, would-be
munuat	should-to
munuð	love, shall
munum	shall, should
munur	difference
munut	should
mútugjafir	bribes
mykiskán	muck-encrust, muck-encrusted, muck-encrusting

Word List (Norse to English)

Norse	English
mynd	image
mynda	aim, should, would
myndi	should, would
myndu	would
mynni	inlet, mouth, mouth-of, the-inlet, the-mouth-of
mýramanna	Myrar, Myrar-folk
myrgin	morning
myrgininn	morning
myrkri	darkness
myrkviðar	dark-forests
mýrunum	moors, the-moors
Mývatns	Mywater (place)

N, n

Norse	English
ná	get, near, reaching
ná-	got
náðahúss	outhouse
náði	caught, got
náðir	mercy
naðri	serpent
naðrstunga	venomous-sting
náðu	reach, reached, reaching
næði	near, neared, nearing
næfra	bark
næfri	skilfully
nær	brought, by, close-to, near, nearer, nearly, near-the, when
nærri	near
næst	near, nearest, next, next-to
næsta	next, next-to
næstir	nearest
næstum	next
næstunni	last-time, the-last-time
nætr	nights
nætrnar	night
nætti	night
nætur	nights
næturnar	night
nafn	a-name, name, named, naming
nafna	namesake
nafnbót	rank
nafndrægr	name, named, naming
nafndrægur	name, named, naming
nafnfesti	a-name, name, name-fastening, nickname
nafni	name, names, namesake, the-name
náfrændi	near-kin
nagl	nail
nagli	nail
nái	gets
náim	near
náir	get
nakkvað	something, somewhat
nakkvar	some
nakkvat	not-any, somewhat
nálgast	approach, approached, approaching
nálguðust	approach, approached, approaching
náliga	down, nearly, near-lying
nam	took, took-land
namk	tunic
námkyrtli	gown
námu	took
nánd	close, close-by, close-to
nár	corpse, dead
nás	corpse
nátt	night, the-night
nátta	nights
náttar	night

Word List (Norse to English)

Norse	English	Norse	English
náttina	night, night-time, the-night	nefndur	name, named, naming
náttum	nights	nefnir	name, named, naming
náttúra	nature, the-nature	nei	no
náttúrr	spirits	neiss	naught
náttúru	nature, the-nature	neitaði	refusal, refuse, refused, refusing
náttúrur	spirits	neitti	nothing
náttverð	supper	nem	take
nauð	distressing	nema	except, take, taken, taking, took, unless, without
nauðigr	compel, compelled, compelling		
nauðigur	compel, compelled, compelling	nemir	take
nauðr	need, needing	nemr	take, taken, took
nauðsyn	necessary, necessity	nemst	taken
nauðsynjamálum	needful-matters	nenna	bother, bothered, bothering
nauður	need, needing	nenni	bother, bothers, care
náum	near		
naustu	next	nennti	want, wanted, wanting
naut	a-bull, bull, bulls, enjoy, enjoyed, enjoying, the-bulls	nenntu	bother, bothered, bothering
nautfé	cattle	nes	headland
nauztu	next-to	nesi	headland
né	nor, not, or, the	nesið	headland, the-headland
neðan	below		
nefi	nose, noses	nesin	headland, the-headland
nefljótr	ugly-nose		
nefljótur	ugly-nose	nesinu	headland, the-headland
nefndi	mention, mentioned, mentioning, name, named, naming	nesit	headland
		neskonungum	sea-kings
nefndir	mention, mentioned, mentioning, name, named, naming	nesla	nettle
		ness	headland
		nesti	provisions
nefndist	name, named, naming	nezlu	nettle
		nið	kin
nefndr	name, named, naming	Niðaróss	Nidaros (place)
		niðja	descendants
nefndu	name, named, naming	niðjar	descendants
		niðr	descendant, down, kin, son
nefndum	name, named, naming	niðri	down
		níðskár	abusive

Word List (Norse to English)

Norse	English	Norse	English
niður	descendant, down, downed, kin, son	nokkurs	someone
		nokkurt	some
niðurfall	dropping	nokkuru	sometime, somewhat
nistir	pierce, pierced, piercing	nökkuru	sometime
níu	nine	nokkurum	any, anything, some
níunda	ninth		
Njáls	Njal's (name,-genitive)	nökkurum	some
		nokkut	anything, something, somewhat
Njörun	Njörun (name)		
njósn	spying		
njóta	enjoy, night, the-night, useful	nökkut	any, few, some, somehow, something, somewhat, some-what
njóti	appreciate, benefit, enjoys		
nokkr	any, anyone, certain, some, something, somewhat		
		nokkverja	any
		nokkvern	something
		nökkvi	given-name
nökkr	some, something	nökkviðr	naked
nokkuð	any, any-at-all, few, some, something, some-what	nökkviður	naked
		Norænn	Nordic (adjective)
		norðan	north, northwards
nokkur	any, anyone, certain, some, something, somewhat	Norðhumbrulandi	Northumberland (place)
		Norðhumrulandi	Northumbria (place)
nökkur	some, something	Norðimbralandi	Northumbria (place)
nokkura	any, some		
nökkura	some	norðmaðr	Northman
nokkurar	some	norðmaður	Northman
nökkurar	some	norðmönnum	Norwegians
nokkurir	some	norðr	north
nökkurir	some	norðrálfu	northern-lands
nokkurn	certain, some, somehow, someone	Norðrárdal	Norduradal (place)
		norðrlönd	northern-lands, north-lands, the-northern-lands
nökkurn	certain, some		
nokkurr	any, anything, someone	norðrlöndum	northern-lands, north-lands, the-northern-lands, the-north-lands
nökkurr	anyone, some, something-of		
nokkurra	a-few, few, some, something	norðu	north
		norður	north
nökkurra	some, something	Norðurárdal	Norduradal (place)
nokkurrar	some	Noreg	Norway (place)

103

Word List (Norse to English)

Norse	English	Norse	English
Nóreg	Norway (place)	*nytak*	us, used, using
Noregi	Norway (place)	*nýtak*	new-take
Nóregi	Norway (place)	*nýtekið*	newly-taken
Noregs	Norway (place)	*nýtekit*	newly-taken
Nóregs	Norway (place)	*nýtinjótar*	users
noregsmenn	Norwegian-men	*nytja*	use
nóregsmenn	Norwegian-men	*nytjar*	use
noregsmönnum	Norwegian-men	*nytjum*	use
nóregsmönnum	Norwegian-men	*nytjumaðr*	useful
Norna	Norns (name), The-Norns (name)	*nytjumaður*	useful
Norrænn	Nordic (adjective), northern, Norwegian	*nýtr*	benefit, benefits
		nytsamligt	useful-like
norrænr	north-wind	*nýtti*	us, use, used, using
norrænu	Norse	*nýztr*	new
norrænur	north-wind		
nösum	nose	**O, o**	
notit	not, noted, noting		
nótt	night, the-night	*odd*	point, spear-point
nóttina	night, the-night	*odda*	point, spear-point, spear-points
nú	now		
numið	taken	*oddar*	point
numit	learn, learned, learning, taken	*oddfeimu*	spear-sister
		odd-gefnar	point-given
nunna	a-nun, nun	*oddhagastr*	carving
nunnuvígslu	nun's-vows	*oddhagastur*	carving
nýfelldum	new-slain	*Oddnýjar*	Oddny (name)
nýir	new	*Oddnýju*	Oddynja (name)
nýjari	new	*Oddr*	Odd (name), spears
nýju	again, new		
nýkominn	newly-come	*oddrinn*	tip
nýlundu	newcomer	*oddrjóð*	point-reddener
nýnæmi	new	*Oddur*	Odd (name)
nyrðra	north	*oddurinn*	tip
nýsisk	inform, informed, informing	*of*	about, for, of, over, to, too
nýsta	peer, peered, peering	*ofan*	above, across, down, downed, downing, of, off, on, over, over-to
nýstr	new		
nýstur	new		
nyt	use	*ofanverðan*	above
nýt	benefit, use	*ofarla*	sharply
nýta	take-advantage, use	*ofarlega*	high-up
		ofarliga	not-far

104

Word List (Norse to English)

Norse	English
ofast	highest
ofblótit	over-sacrifice, over-sacrificed, over-sacrificing
ofdrykkja	over-drinking
ofmælt	exaggerate, exaggerated, exaggerating, said-too-much, saying-too-much, say-too-much
ofn	oven, the-oven
ofnu	woven
ofrást	love
ofrefli	greater-force, overwhelming, overwhelming-force
ofrhuga	courage
ofrkapp	overkill
ofrliði	outnumber, outnumbered, outnumbering
ofrölvi	over-al, over-aled
ofseinað	too-late
ofsi	vehemence
ofsnemma	too-early
ofsóit	over-us, over-used, over-using
oft	often
oftar	often
oftlega	often
ofurást	love
ofureflismenn	ultra-strong-men
ofurliði	outnumber, outnumbered, outnumbering
ofvaran	too-wary
og	also, and, but, man, of
ok	also, and, as, but, of, when
okkar	ours
okkarr	ours
okkarrá	our
okkarri	our
okkars	ours
okkart	our, ours
okkr	our, ours, us, we
okkra	our, ours
okkrir	ours, yours
okkur	our, ours, us, we
olli	cause, caused, causing, how-much
opa	avoid
opið	open, opened, opening
opinberlega	publicly
opit	open, opened, opening
opnast	they-open
opt	often
optar	often
orð	word, words
orða	words
orði	words
orðið	become, of-words, word, worded, wording, words
orðinn	became, become, have-become
orðit	become, been, of-words, turned-out, word, words
orðs	words
orðsending	message, messages, word-sending
orðsendingar	message
orðstír	fame
orðstírr	fame
orðum	words
orka	work
Orkneyja	Orkney (place)
Orkneyjar	Orkney (place), Orkney-Islands (place)
Orkneyjum	Orkneys (place)
orlof	leave, vacation
orlofs	vacation
Orm	Orm (name), snake

Word List (Norse to English)

Norse	English	Norse	English
orma	serpent	ortr	word, worded, wording
ormabeð	serpent's-b, serpent's-bed, serpent's-being	ortur	word, worded, wording
ormar	serpents	orustr	battles
ormarnir	serpents, snakes	orustu	battle
ormdags	serpent-days	orustur	battles
ormgarð	snake-pit	oss	ours, to-us, us, we
Ormi	Orm (name), serpent	ossar	ours
orminn	serpent, the-serpent	oxa	an-ox
orminum	serpent, serpent's, snake, the-serpent, the-serpent's, the-snake		

Ó, ó

Norse	English	Norse	English
ormr	a-serpent, a-snake, Orm (name), serpent, serpents, snake, snakes	ó	oh
		óæðra	lower
		óárani	scarcity
		óauðigr	un-wealthy
ormr-í-auga	snake-in-eyes	óbeðit	not-ask, not-asked, not-asking
ormrinn	serpent, the-serpent	óbirgir	without-supplies
		óblauðan	un-cowardly
Orms	Orm (name), serpent, snake	óbornir	not-born, unborn
		óbrigðra	unfailing
ormsins	serpent's	óbryddum	rough-shoe
ormstunga	serpent-tongue	óbúit	not-done
ormstungu	serpent-tongue, serpent-tongue's	óbyggð	settlement
		óbyggðum	unsettled-land
Ormur	Orm (name)	óð	wad, waded, wading
orðit	become		
orrosta	battle	ódáðum	dishonour
orrostan	battle	ódæll	unruly
orrostr	battles	ódælla	uneasy
orrostu	battle, battles	óðamálug	un-talkative
orrostunni	battle, the-battle	óðari	mad
orrostur	battles	óðgjarn	sorely
orrustu	battle	Óðinn	Odin (name), Odin's (name,-genitive)
ort	word, worded, wording		
orta	word, worded, wording, wrote	Óðins	Odin (name), Odin's (name,-genitive)
orti	wrote		
ortir	word, worded, wording	óðir	crazy
		Óðni	Odin (name)
		ódrengilega	un-fellow-like

Word List (Norse to English)

Norse	English	Norse	English
ódrengiliga	un-fellow-like	*ógnarorðum*	menacing-words
Óðreri	Othrorir (name)	*ógnarraust*	dreadful-voice
Óðrerir	Othrorir (name)	*ógndjarfr*	unafraid
óðum	wild	*ógörla*	unsurely
ófær	incapable	*ógótt*	un-good
ófærr	incapable	*ógreitt*	not-without-obstacle
ófafé	wealth		
ófagrt	ugly	*óhæfan*	trouble
ófagurt	ugly	*óhægjast*	maintain
ófáir	many	*óhapp*	mishap
ófár	high	*óhefnt*	without-revenge, without-vengeance
ófarar	impossible		
ófjöllótt	without-mountains	*óherskátt*	un-invade, un-invaded, un-invading
ófni	sea-serpents		
ófölvan	dark	*óhljóð*	loudly
óforvitinn	no-curiosity	*óhöpp*	un-lucky
ófrægri	less-famous	*óhyggilega*	unwisely
ófrið	un-peace	*ójafnaðarmaðr*	un-equal-man
ófriðar	un-peace	*ójafnaðarmaður*	un-equal-man
ófriði	warlike	*ókátr*	displease, displeased, displeasing
ófriðr	hostility, terror, without-peace		
ófriður	hostility, terror, without-peace	*ókátur*	displease, displeased, displeasing
ófúinn	un-decay, un-decayed, un-decaying	*óklædd*	unclothe, unclothed, unclothing
ógæfa	misfortune		
ógæfu	un-giving	*óku*	drove
ógagnvænlegt	uninviting	*ókunnr*	an-unknown
ógagnvænligt	uninviting	*ókunnu*	unknown
ógerla	indecent	*ókunnugum*	strangers
ógert	undone	*ókunnum*	strangers, unknown
ógifta	un-gift		
ógjörla	indecent	*ókvæntir*	unmarried, un-marrying
óglaðari	un-glad, without-gladness	*ókvíðandi*	bravely
ógleði	sadness	*ókynligt*	not-strange
ógleðja	sadden, saddened, saddening	*ókynnis*	unknown
		ólæti	unrest
ógleðjast	sadness, un-gladness	*Ólaf*	Olaf (name)
		Óláf	Olaf (name)
ógleðr	sad, un-glad	*Ólafi*	Olaf (name)
ógleður	sad, un-glad	*Óláfi*	Olaf (name)
ógn	threat		

Word List (Norse to English)

Norse	English	Norse	English
Ólafr	Olaf (name)	óráðligt	un-right
Óláfr	Olaf (name)	órir	other, others
Ólafs	Olaf (name), Olaf's (name,-genitive)	óró	uneasiness
Óláfs	Olaf (name), Olaf's (name,-genitive)	óröskari	less-brave
		óröskvari	less-brave
Ólafsson	Son-of-Olaf (name)	órskurðarmanns	ruling-person
Ólafssonar	Son-of-Olaf (name)	órskurðinn	ruling
Óláfssonar	Son-of-Olaf (name)	órunum	tales
Ólafur	Olaf (name)	ósæbratt	unbroken-sea
ólagat	unlaid	ósælligr	unhappy
Óleifi	Olaf (name)	ósæmd	discredit
Óleifr	Olaf (name)	ósent	not-sent
Óleifur	Olaf (name)	ósigr	defeat, defeated, defeating
ólifðum	unliving		
ólíkar	unlike	ósigur	defeat
ólíklegt	unlike	ósinn	inlet
ólmasti	wildest	óskatt	uninjured, un-injuring
ólmir	wild		
ólmr	savage	ósköp	no-end
ómælt	not-spoken	ósnjallr	un-smart
ómaklegr	uncomfortable	ósnotr	unwise, un-wise
ómaklegur	uncomfortable	ósnotrs	unwise
ómegð	infancy, without	ósviðr	unwise
ómegin	un-mighty	ósviður	unwise
ómerkilegr	un-marked-like	Ósvífrs	Osvif's (name,-genitive)
ómerkilegur	un-marked-like	Ósvífs	Osvif's (name,-genitive)
ómerkiligr	un-marked-like		
ómerkir	unremarkable	ósvinna	unwise
ómett	hungry	ósvipt	un-thrown
óminnishegri	forgetful-heron	ósýnna	unseeing
ónýtr	no-use	ótal	countless
óp	cries-out, shouting	óþínslega	unhealthily
ópi	battle-cry, shrieking	óþínsliga	unhealthily
ópið	open	óþokkuliga	unfairly-behave, unfairly-behaved, unfairly-behaving
ópit	open, shriek		
ór	arrow, from, from-out-of, of, out, out-from, out-of, over, through	óþörf	un-need, un-needed, un-needing
		óþurft	un-need, un-needed, un-needing
óráðinn	undecide, undecided, un-deciding, un-settle, un-settled, un-settling, unwise	ótrúligt	treacherous
		ótta	fear

Word List (Norse to English)

Norse	English
óttaðist	were-afraid
óttast	fear, feared, fearing
ótti	fear
óttu	incite
Óvægi	Ovaegi (name)
óvæginn	ruthless
óvænlig	unlikely
óvænni	fair, less-fair
óvænt	unexpected, un-expecting
óvættum	monsters
óvanari	not-used-to
óvant	not-lacking
óvarlig	un-careful
óvarliga	unwisely
óvart	un-warn, un-warned, un-warning
óvíða	little-wide
óvígan	an-overwhelming, an-unconquerable, unconquerable
óvígða	un-consecrate, un-consecrated, un-consecrating
óvígðri	unconsecrate, unconsecrated
óvígr	non-fighting-men, not-fighting
óvígur	not-fighting
óvina	enemies-of
óvinar	not-friends
óvingjarnlega	unfriendly
óvingjarnliga	unfriendly
óvinir	enemies
óvinr	enemies, un-friend
óvinsæll	not-popular
óvinum	un-friends
óvinur	enemies
óvirðuligar	unworthy
óvisku	unwise
óvíst	uncertain
óvit	unconscious, unknown
óvitr	unwise
óvitrlig	unwise
óviturleg	unwisely
óx	grew
óxu	grew

Ö, ö

Norse	English
öðru	another, other, other-things, otherwise, the-other, to-the-other
öðrum	another, each, next, other, others
öðrumegin	other-side
öflugr	powerful
öflugur	powerful
Ögmundr	Ogmund (name)
ök	and
öklaeld	ankle-fire
öl	ale
öld	age, mankind
ölðr	ale
ölðri	of-ale
öldrum	age
ölðrum	ale-party
öldum	age
öldungshuð	old-bull's-hide
öldungshúð	old-bull
ölður	ale
Ölfusi	Olfus (name)
ölkofra	ale-hood, Ale-hood's (name,-genitive)
ölkofri	ale-hood
öll	all
öllu	all
öllum	all, all-among, among, whole
ölnboga	elbows
ölr	drunk
öls	ale
ölstafns	ale-staff
ölteiti	unrest

Word List (Norse to English)

Norse	English
öndri	second
öndrum	others
önduð	dead
önduðust	die, died, dying
öndurðr	breathing
öndurður	breathing
öndvegi	foremost, foremost-seat, the-foremost
öndverðan	before, early
öndverðri	at-the-front
öndverðum	beginning
öng	none
önga	not
öngar	none
öngra	none
öngu	no, none, nothing
Önguls-eyju	Anglesey (place)
öngum	none
öngva	any, none
öngvan	no, none
öngvar	none
öngvir	none
öngvum	nothing
önnr	also, another, other, others, second
önnur	also, another, other, others, second
Önund	Onund (name)
Önundar	Onund (name), Onund's (name,-genitive)
Önundarson	Son-of-Onund (name)
Önundarsonar	Son-of-Onund (name)
Önundarsynir	Onund's-sons (name,-genitive)
Önundi	Onund (name)
Önundr	Onund (name)
Önundur	Onund (name)
ör	arrow
öræfi	wild, wilderness
örend	dead
örglast	rises
örhjarta	un-hearten, un-heartened, un-heartening
örin	arrow
örina	arrow, the-arrow
örkumlaðan	cripple, crippled, crippling
örlög	fate
örn	eagle, Orn (name), the-eagle
örnefni	place-names
örninn	eagle, the-eagle
Örnólfsdal	Ornolfsdal (place)
Örnúlfr	Arnulf (name)
örr	open-hand, open-handed, open-handing
öru	arrow
öruggum	fearlessly
örva	excitement
örvar	arrow, arrows
örvarboð	arrow-messages, arrow-summons
öskurliga	terribly
öttu	match, matched, matched-in-combat, match-in-combat, matching, meet, meet-in-combat, met, met-in-combat
öx	an-axe, axe
öxar	axe
Öxarár	Oxarar (name)
Öxarárhólmi	Oxararholm (name)
öxi	axe
öxin	axe, the-axe
öxina	axe, the-axe
öxinni	axe
öxl	shoulder
Öxnadalsheiði	Oxnadale-moor (place)
Öxna-Þórissonar	Son-of-Oxna-Thori (name), Son-of-Ox-Thorir (name)

Word List (Norse to English)

Norse	English	Norse	English
Öxney	Oxney (place)		
öxnina	oxen		
öxnum	oxen		

Œ, œ

Norse	English
œrit	enough
œrna	plenty

P, p

Norse	English
pá	peacock, peacock's, peacock's
pál	hoe
palli	platform
palmi	palms
Páskum	Easter (noun)
peir	they
penningr	penny
pína	torment
píndi	torture, tortured, torturing
píndr	torture, tortured, torturing
pínu	torment
pínuðu	torture, tortured, torturing
písl	torment
píslir	the-torment, torment
presti	priest
prestr	priest
prests	priest, the-priest
prestur	priest
prettóttr	deceitful
prettum	trick
púkanum	demon, the-demon
púki	a-demon, demon, the-demon
púkinn	demon, the-demon

R, r

Norse	English
rá	sail-yard
ráar	yards
ráð	advice, advise, advised, advising, authority, business, counsel, course, decision, matter, oblige, obliged, obliging, plan, plans, proposal, propose, ride, the-business
ráða	advice, advise, advised, advising, agree, agreed, agreeing, decide, decision, discuss, discussed, discussing, plan, planned, planning, plans, power, prevail, rule, to-rule
ráðabreytni	important
ráðagerð	important
ráðagerðar	ruling
ráðahag	marriage-proposal
ráðandi	rule, ruled, ruling
ráðast	arrange, arranged, arranging
ráði	advice, advise, advised, advising, counsel, decide, decided, deciding, plan, talk
ráðið	advice, advise, decide, decided, deciding, resolve, resolved, resolving, ruling
ráðin	agree, agreed, agreeing

Word List (Norse to English)

Norse	English	Norse	English
ráðinn	decide, decided, deciding, determine, determined, determining, rule, ruled, ruling	ræddi	advise, advised, advising, decide, decided, deciding, discuss, discussed, discussed-with, discussing, talk, talked, talking
ráðir	command		
ráðit	advice, advise, advised, advising, discuss, discussed, discussing, resolve, resolved, resolving, ruling	ræddu	advise, advised, advising, decide, decided, deciding, discuss, discussed, discussing
ráðlausir	dispose, disposed, disposing	ræðir	discuss, discussed, discussing
ráðlegast	advice-lies	ræðr	advice, rule, ruled, rules, ruling
ráðlegra	advisable	ræðst	decide, decided, deciding
ráðlegt	advise, advised, advising	ræðu	speech
ráðligast	advice-lies	ræður	advice, rule, ruled, rules, ruling
ráðligra	more-advisable	rægagarr	carrion-beast
ráðligt	advise, advised, advising	ræki	care
ráðna	meaningful	rækik	care
ráðnir	appoint, appointed, appointing	rækir	drove
		rækyndill	corpse-candle
ráðs	advise, counsel, plan, plans	ræna	raid, raided, raiding
		ræntan	stole
ráðsins	council	ræsis	prove
ráðsnotra	advice-wise	ræstr	swept
ráðspaka	counsel-wise	ræstur	swept
ráðstafalausir	dispose, disposed, disposing	rætt	discuss, discussed, discussing
ráðum	advice, counsel	rafn	raven
ráðumk	counsel	rafnar	ravens
ráðumst	let-us-settle	ragan	coward, cowardly
ræð	advise	Ragnar	Ragnar (name)
ræða	decide, decided, deciding, discuss, discussed, discussing	Ragnari	Ragnar (name), Ragnar's (name,-genitive)
		Ragnarr	Ragnar (name)
		Ragnars	Ragnar (name), Ragnar's (name,-genitive)
		Ragnarssonar	Son-of-Ragnar (name)

Word List (Norse to English)

Norse	English	Norse	English
Ragnhildar	Ragnhild (name)	*Rauða-bjarnarson*	Son-of-Rauda-Bjarn (name)
Ragnhildi	Ragnhild (name)	*Rauðamel*	Raudamel (name)
Ragnhildr	Ragnhild (name)	*rauðan*	red, Red (name), ring
rak	driven, drove	*rauðar*	red, ring
rakði	unfold, unfolded, unfolding	*rauðavíkingr*	fierce-viking
rakkara	bolder	*rauðavíkingur*	fierce-viking
raknaði	recover, recovered, recovering	*rauði*	red, Red (name), ring, the-R, the-Red, The-Red (name), the-Ring
rakti	spread	*rauðr*	red, Red (name), ring, The-Red (name)
ráku	drove		
rammlegan	strong		
rammligan	strong	*Rauðs*	Red's (name), The-Red's (name)
rammt	strong	*rauðskeggjaði*	red-beard, Redbeard (name), red-bearded, red-bearding
rán	robbery		
Randalín	Randalin (name)		
randar	shield, shields		
randgálkn	giants	*rauðum*	red, ring
randgölkn	giants	*rauður*	red, Red (name), ring, The-Red (name)
randir	round		
ránfengi	robbery		
rangendum	wrong-doing	raun	see
rangsælis	anti-sun-wise	raunar	ordeal
rangt	wrong	raunir	experience
rann	ran, runs	rausn	generosity, generous
ranna	lodgings		
Rannveig	Rannveig (name), Rannveig (name)	rausnarbú	great-estate
ránsmaðr	robber-man	rausnarráð	great-estate
ránsmaður	robber-man	rausnarveislu	generosity
rásar	rush, rushed, rushing	raust	voice
		rautt	red, ring
rastar	currents		
Rata	Rati (name)		
ratar	roam, roamed, roaming		
rauð	red, ring		
rauða	red, Red (name), Red's (name), ring, the-R, the-Red, The-Red (name), The-Red's (name), the-Ring		
Rauðabergi	Raudaberg (place)		

Word List (Norse to English)

Norse	English	Norse	English
réð	advise, advised, advising, appoint, appointed, appointing, decide, decided, deciding, dominate, dominated, dominating, engage, engaged, engaging, hire, hired, hiring, rode, rule, ruled, ruler-of, ruling	reiðklæðum	riding-clothes
		reiðr	angry
		reiðst	counsel, riding, rode
		reiður	angry
		reifr	cheerful
		reikuðu	roam, roamed, roaming
		Reinu	Reim (place)
		reis	rose
		reisa	raise, raised, raising, rise
réði	leader, rule, ruled, ruling	reisi	raise
		reisim	raise
réðst	appoint, appointed, appointing, decide, decided, deciding, discuss, discussed, discussing, move, moved, moving, rode, went	reisir	raise, raised, raising
		reist	raise, raised, raising
		reistist	rose
		reistu	raise, raised, raising
réðu	discuss, discussed, discussing, rode, rule, ruled, ruling	reisum	raise
		reka	drive, drove, expel, expelled, expelling
réðust	appoint, appointed, appointing	rekði	unfold, unfolded, unfolding
regin	ruling	rekin	driven
reginkunnum	gods-known	rekkar	warriors
regni	rain	rekkja	covers
reið	ride, riding, rode, was-riding	rekkju	b, bed, being, in-b, in-bed, in-being, to-b, to-bed, to-being
reiða	advice, decide, decided, deciding	rekkjufélaga	bed-fellow
reiðasti	most-angry	rekkjugólfið	bed-closet
reiddi	aim, aimed, aiming, driven, rode	rekkjustokkinn	sideboards
reiðfara	voyage	reknar	driven
reiðfari	travel, travelled, travelling	rekr	drives
		rekti	unfold, unfolded, unfolding
Reiðgotaland	Jutland (place), Reidgotaland (place)	reku	shovel
		rekum	drive, foraging
reiðhesta	riding-horses	rembist	haughty
reiði	anger	remb-ist	haughty
reiðingr	riding	rendi	edge, ran
reiðir	angry	rendr	edge, edged, edging

Word List (Norse to English)

Norse	English	Norse	English
renn	run	reynt	experience, experienced, experiencing, test, tested, testing, tri, tried, trying
renna	ran, run, split		
renndi	ran		
renni	run		
rennið	run		
rénuðu	recede, receded, receding	reyri	reeds
		reytti	tri, tried, trying
reri	rowing	ríð	ride
reru	row, rowed, rowing	ríða	raise, ride, riders, riding, rode, smear
réru	row, rowed, rowing		
rétt	right	riddara	riders
réttara	righter	riddaralið	riding-men
rétti	extend, extended, extending	ríði	rides
		riðið	riding, rode
rétting	righting	riðr	rode
réttir	right	ríðr	rides, rode
réttlátir	right-like	riðu	riding, rode
reyðr	rorqual	riður	rode
reyður	rorqual	ríður	rides, rode
Reykjaness	Reykjanes (place)	rif	ribs
reyna	attempt, test, tested, testing	rífastr	demand, demanded, demanding
reynd	resolve, resolved, resolving, tried, try, trying	rífastur	demand, demanded, demanding
reynda	experience, experienced, experiencing, prove, proved, proving	rifin	rib, ribs
		rifja	consider, review
		rift	cloaks
		ríka	rich, Rich (name)
reyndi	experience, experienced, experiencing, test	ríkara	more-powerful, stronger
		ríkasti	mightiest
reyndir	skill, skilled, skilling	ríki	authority, kingdom, kingdom-of, kingdoms, the-kingdom, the-kingdom-of
reyndist	turned-out		
reyndr	experience, experienced, experiencing, tri, tried, trying		
		ríkin	kingdom, the-kingdom
reyndur	experience, experienced, experiencing	ríkinu	kingdom, the-kingdom
reyni	tester	ríkis	kingdom, kingdoms
Reynines	Reynines (place)	ríkismanns	noble-man's
Reyninesi	Reynines (place)	ríkjum	rule

Word List (Norse to English)

Norse	English	Norse	English
ríkr	a-rich, kingdom, of-the-kingdom, powerful, rich	*roðna*	redden, reddened, reddening
ríkt	rule, ruled, ruling	*röf*	amber
ríkur	kingdom	*róg*	slander
rínar	Rhine's (a-place,-genitive)	*rögguð*	rough
		rógi	feud, slander
rísa	rise	*rögna*	gods
rís-at	rise-not	*rögnvaldr*	Rognvald, Rognvald (name)
risit	risen		
risnir	rising	*Rögnvalds*	Rognvald's (name,-genitive)
risnu	hospitality	*rök*	origin
ríss	rose	*røkkva*	darken
ríst	raise	*Rómaborg*	Rome-city, Rome-city (place)
rista	carve, carved, carving, raise, raised, raising, shook	*Rómaborgar*	Rome-city (place)-city
		rómaveldi	roman-world
risti	carve, carved, carving, raise, raised, raising, shook	*Róms*	Rome (place)
		rómu	battle
		rönd	against, shield
		röndum	shield
ristinni	instep	*rönum*	peace
risu	rose	*rosknaðr*	mature
rítar	drawn	*rosknaður*	mature
rítr	written	*röskva*	season, seasoned, seasoning
rjóða	redden, reddened, reddening		
		Ross	Ross (place)
rjóðr	clearing	*rótlausum*	rootless
rjóðrið	clearing	*rottar*	rats
rjóðrit	clearing	*rótum*	roots
rjóður	clearing	*ruddi*	clear, cleared, clearing
rjúfa	broken		
rjúfast	break	*ruðum*	redden, reddened, reddening
Rjúpu	Rjupa (name)		
ro	are, rest	*rúm*	room
róa	row	*Rúmferla*	Rome-travellers
rödd	voice	*Rúmferlum*	Rome-travellers
roðið	redden, reddened, reddening	*rúmi*	room
		rúmið	room
roðin	red, ring	*rúmit*	room
roðinn	redden, reddened, reddening	*rúms*	space
		rúmunum	our-places, places
roðit	redden, reddened, reddening	*rúnar*	runes
		runna	round

116

Word List (Norse to English)

Norse	English
runnið	slip, slipped, slipping
runnr	tree
runnu	ran
Runólfs	Runolf's (name,- genitive)
Runólfssonar	Runolfson (name), Son-of-Runolf (name)
rúnum	runes
ryðja	clear, cleared, clearing
rýfst	fails
rýgr	woman
rýrt	reduce, reduced, reducing
rýtanda	grunting

S, s

Norse	English
sá	except, he, look, looked, looking, saw, see, seen, so, that, the, then, this, was, was-seen, with
sáð	sown
sæ	sea
sæfært	seaworthy
sæhafa	sea-scatter, sea-scattered, sea-scattering
sæi	saw, seen
sækitík	seeker
sækja	seek, seek-to, sought
sæl	happy
sældu	comfort
sæli	good
sælir	happy, lucky
sæll	happy
sælu	happiness
sæmd	honour
sæmð	honour
sæmdar	honour
sæmðinni	honour
sæmdunum	honour
sæmilega	same-like
sæmilegar	honourable
sæmilegast	honourable
sæmilegr	honourable
sæmilegur	honourable
sæmiliga	same-like, well-enough
sæmiligar	honourable
sæmiligast	honourable
sæmiligr	honourable
sæmiligsta	honourable
sæng	bed, being, the-bed, the-being
sængr	bed, beds, being, the-bed, the-being
sænski	Swede
særðan	wound, wounded, wounding
særimsk	wound
særir	wounds
særumst	wound
sæti	sat, sit
sætis	seat, seats, sit
sætt	a-settlement, settle, settled, settlement, settling
sætta	settle
sættast	reconcile, reconciled, reconciling
sætti	agree, agreed, agreeing, reason
sættir	reconcile, reconciled, reconciliation, reconciling
sæva	seas
sævar	sea, seas
safali	sables
safna	raise, raised, raising
safnaðar	gathering-of, the-gathering-of

Word List (Norse to English)

Norse	English	Norse	English
safnar	collect, collected, collecting, gather, gathered, gathering, summon, summoned, summoning	*sama*	same, the-same, together
		saman	same, the-same, together
		samdist	agree, agreed, agreeing
		samðist	agree, agreed, agreeing
safnast	gather, gathered, gathering	*samdrátt*	gathering
saga	saga, story, the-story	*samfarar*	interaction, intercourse
sagan	saga, said, the-saga	*samfarir*	together
		samflota	together
sagði	said, told	*samför*	togetherness
sagðir	said	*samhéraðs*	same-district
sagðr	said	*samið*	agreement
sagður	said	*samir*	same, so
sagna	say	*samira*	honour, same
sagnaskemmtan	short-stories	*samit*	agreement
sagt	said, told	*samlagar*	same-lying
ságu	saw	*samlags*	union
sáit	seen	*samnafna*	same-name
sák	attend, attended, attending, sake, saw	*samræði*	intercourse
		Sámsey	Samso (place)
saka	blame	*Sámseyju*	Samso (place)
sakaði	accuse, accused, accusing	*samsumars*	same-summer
		samt	same, the-same, together
sakar	conviction, harm, harmed, harming, sake	*samtogi*	come-together
		samvistum	cohabiting, together-staying
sak-ar	sake	*sand*	sand
sakast	harm	*sanda*	sands
sakferlum	lawsuits	*sandar*	sands, sandy
sakir	conviction, for-the-sake-of, sake	*sandhimins*	sand-heaven's
		sandinum	sand, sands, the-sand
saklausa	sake-less, without-cause	*sandleið*	sandy-road
saklausan	innocent	*sandr*	sand
sal	hall	*sanna*	truth
sál	soul	*sannar*	TRUE
saldrótt	housefolk	*sannendum*	truth
salerni	toilet	*sannfróðr*	true-knowledge
salta	salt, the-salt	*sannfróður*	true-knowledge
salti	salt	*sanni*	prove

Word List (Norse to English)

Norse	English	Norse	English
sannindum	truth	Saurr	Foul (name), The-Foul (name)
sannliga	truly	saurs	Foul, the-Foul
sannligt	true-like	sáust	look, looked, looking
sanns	the-truth, truth	sax	short-sword
Sar	Foul (name), The-Foul (name)	Saxa	Saxons (name), The-Saxons (name)
sár	wound, wounded, wounding, wounds	saxi	short-sword
sára	wound, wounds	saxinu	short-sword
sárfíkinn	wound-eager	Saxland	Saxon-lands (place)
sárgammr	wound-vulture	Saxlandi	Saxony (place)
sári	wound	sé	as, be, being, he, he-be, his, is, is-being, know, saw, say, see, see-me, seen, so, this, was, which, yourself
sárinu	the-wound, wound		
sárir	wound, wounded, wounding, wounds		
sárlega	woundingly		
sárliga	woundingly	séð	seem, seen
sárr	wound, wounded, wounding	sefa	calm, calming, soothing
sárt	hurt, wound, wounded, wounding	sefi	calm
sárum	wound, wounded, wounding, wounds	sefr	sleeping, slept
sárunum	injury, wound	seg	say, tell
sás	so-is, this-who	segðu	say
sást	look, looked, looking	seggir	said
sástu	saw-you	segi	said, say
sat	sat, seat	segið	say, saying, telling
satt	true, truth	segir	answer, answered, answering, said, say, says, spoke, tell, told
sátt	settlement		
sáttir	agree, agreed, agreeing		
sáttu	seen-you	segist	said
sátu	sat, sitting	segja	answer, be-said, said, said-to, say, say-of, says, say-to, talk, tell, told, to-say
sáu	saw, this		
sauðarvömb	sheep's-stomach		
saumaðan	sewn-and-stitch, sewn-and-stitched, sewn-and-stitching		
		segjum	say
		segl	sails
sáumst	saw	seglið	sails
Saur	Foul (name), The-Foul (name)	séi	he
		seiðhjallinum	spell-platform
saurgan	tarnish, tarnished, tarnishing	seiðinn	enchantments

Word List (Norse to English)

Norse	English
seiðsins	enchantments
seildist	stretch, stretched, stretching
seilist	reach, reached, reaching
sein	late
seinir	later
seinka	delay
seinlega	reluctance
seinliga	reluctance
seinn	late
seinna	later
seinni	behind
seint	coldly, late, weak, weakly
séir	seek
sék	see
sekan	guilty
sekir	outlaw, outlawed, outlawing
sekja	seek
sekkana	sacks
sekr	outlaw, outlawed, outlawing
sektar	guilt
sekur	outlaw, outlawed, outlawing
sel	sell
seldi	handed-over, sold
seldu	sold
selfeitan	fat
selja	repay, sell, shelter, to-sell
selr	sell, sold
Sel-þórisson	Son-of-Sel-Thori (name)
seltjöru	seal-fat
seltjörunni	seal-fat
Selund	Zealand (place)
Selundi	Zealand (place)
selur	sold
sem	as, as-if, as-in, as-though, himself, how, if, it-was, me, since, so, such, such-as, than, that, that-which, the, then, they, when, where, wherever, which, which-is, while, who, whom
semja	negotiate
sénar	seen
senda	send, sent
sendar	sends
sendi	send, sends, sent
sendiboð	messenger
sendimenn	messengers, sending-men, the-messengers
sendir	sent
sendr	sent
sendur	sent
senn	same, they
senna	talk
sennu	at-once
sent	sent
sér	as-he, for-him, he, her, hers, herself, him, himself, himself-to, his, is, one's, privately, saw, see, seeing, seen, so, that, the, their, theirs, them, themselves, these, they, to, to-him, to-see, to-you, you, yourself
sérð	see
serk	shirt
serkinum	shirt
serknum	shirt, the-shirt
sért	are
sésk	see
sessmögum	bench-mates
sessunautum	sitting-next-to

Word List (Norse to English)

Norse	English
sest	sat
sést	see
set	sit
sét	saw, seen
sé-t	see-not
seti	a-bench, bench, set
setið	sat
setit	sat
setja	set, set-out
setr	sat, seats, set
setst	sat
setstokka	seat-posts
setstokkana	seat-posts
sett	set
sétta	sixth
settak	intend, intended, intending
setti	put, set
sétti	sixth
settist	sat, set
settr	set
settu	sat, set, turn, turned, turning
settumk	set
settur	set
settust	sat
setu	seat, sitting
setur	seats
séu	are, so
séumk	see
sex	six
sextánda	sixteenth
sextigu	sixty
sezt	sat, sit
Síbilja	Sibilja (name)
Síbilju	Sibilja (name), Sibilja's (name,-genitive)
sið	tradition, traditions
síð	late, later
síða	improve, improved, improving, long
síðan	after, afterwards, later, since, then, thereafter
síðar	after, afterwards, later, since
síðari	later
siðaskipti	conversion
siðaskiptið	conversion, the-conversion
síðast	last
síðasta	last
síðasti	next
síðbúnir	later-ready
síðir	eventually, since
siðr	a-custom, custom
síðr	heathens, less, sides
siðu	customs
síðu	side
Síðu-Hallr	Sidu-Hall (name)
Síðu-Hallsson	Sidu-Hallson (name), Sidu-Hallson (name)
Síðu-hallssonar	Son-of-Sidu-Hall (name)
Síðu-Hallur	Sidu-Hall (name)
siðum	customs
síðunni	his
siður	a-custom, custom
síður	heathens, less, sides
siðvandi	custom
siðvanði	custom
siðvenju	custom
sifjum	affinity
sifurrekna	silver-inlay
sig	herself, him, himself, sign-herself, themselves, this
Sighvatr	Sighvat (name)
Sighvats	Sighvat (name), Sighvat (name)
sigla	sail, sailed, sailing
sigldi	sail, sailed, sailing, sails

Word List (Norse to English)

Norse	English	Norse	English
sigldu	sail, sailed, sailing	sigurs	victory
sigldum	sail, sailed, sailing	sigursæla	victorious
siglðum	sail, sailed, sailing	Sigvalda	Sigvalda (name)
siglingu	sailing	sik	he, herself, him, himself, them, themselves
siglingum	sailing		
siglir	sail, sailed, sailing		
siglt	sail, sailed, sailing	siklingr	king
Siglufjörð	Siglefjord (place)	sildu	sail, sailed, sailing
Sigmundarsonar	Son-of-Sigmund (name)	silfd	silver
		silfr	silver
signa	sign, signed, signing, to, to-sign	silfri	silver
		silfrrekna	silver-inlay
signuð	sign, signed, signing	silfrs	silver
		silfur	silver
sigr	success, successful	silfurs	silver
sígr	victory	silgdu	sail, sailed, sailing
sigraðr	defeat, defeated, defeating	silki	silk
		silkihjúp	a-silk-tunic, silk-tunic
sigraður	defeat, defeated, defeating		
		silkiskegg	silk-beard
sigrast	be-victorious, conquer, conquered, conquering, victorious, victory	silkiskyrtu	silk-shirt
		sín	her, hers, him, himself, his, theirs, them, themselves, they
sigreynir	triumphs	sína	her, hers, himself, his, their, theirs
Sigríðar	Sigrid (name)		
Sigríði	Sigrid (name), Sigrid (name)	sínar	hers, his, theirs
		sínkr	stingy
Sigríðr	Sigrid (name)	sínkur	stingy
Sigríður	Sigrid (name)	sinn	he, hers, his, occasion, one-day, that, the, their, theirs, then, they
sigrs	victory		
sigrsæla	victorious		
sigrumst	gain-victory	sinna	hers, his, of-his, their, theirs
Sigtryggr	Sigtrygg (name)		
Sigtryggur	Sigtrygg (name)	sinnar	hers, his, their, theirs, this
Sigurðar	Sigurd (name), Sigurd's (name,-genitive)	sinni	he, his, mind, once, on-the-way, opinion, ours, their, theirs, them, they, this, with
Sigurðarson	Sigurdson (name)		
Sigurðarsonar	Son-of-Sigurd (name)		
Sigurði	Sigurd (name)	sinnum	then
Sigurðr	Sigurd (name)	sins	their
Sigurður	Sigurd (name)		

Word List (Norse to English)

Norse	English	Norse	English
síns	hers, his, their, theirs, they	sjálfir	themselves
sínu	her, hers, his, their, theirs, themselves, they	sjalfr	himself, myself, self, yourself
		sjálfr	himself, his-own, myself, of-himself
sínum	her, hers, his, their, theirs, with-his	sjálfra	themselves
síst	at-least, little-as-possible, none	sjalfráða	self-will, self-willed, self-willing
		sjálfsáið	self-sowing
sit	sit	sjálfsáit	self-sowing
siti	sit	sjálfsána	self-sowing
sitið	sit	sjálfsánir	self-sowing
sitja	sat, set, settle, sit, sitting, to-sit	sjálft	himself
		sjalfum	myself, themselves, yourself
sitji	sit, situated		
sitjið	sit	sjálfum	ourselves, yourself
sitr	sat, sits, sitting	sjálfur	himself, myself, of-himself
sitt	her, hers, his, long, one's, the, their, theirs, there, these, they, this, yours	sjáligastr	seen-like
		sjáligastur	seen-like
		sjám	let-us-see, see, we-see
situr	sat		
síz	late	sjást	look, looked, looking, see, seen
sjá	he-saw, it-seem, it-seemed, it-seeming, look, looked, looking, saw, say, see, seeing, seen, see-this, so, such, they-saw, this, to-see	sjau	seven
		sjáum	we-see
		sjáumk	see
		sjaunda	seven, seventh
		sjautjánda	seventeenth
		sjávar	sea
sjái	see	sjó	sea, the-sea
sjáið	see	sjö	seven
sjaldan	seldom	sjóði	funds
sjáldrit	pupil, the-pupil	sjóinn	sea
sjálegastr	most-visible	sjómaðkr	sea-worms
sjálegastur	most-visible	Sjóna	Sjoni (place)
sjálf	herself	sjónhverfingar	illusions
sjálfala	themselves	sjónlausum	sight-less
sjálfan	himself, itself, self	sjónlítill	seeing-little
sjálfar	itself	sjónum	sea, sight, the-sea
sjálfbjargi	self-support, self-supported, self-supporting	sjór	sea
		sjórinn	sea
		sjöunda	seven
sjálfdæmi	self-example, self-judgement	sjóvar	sea

Word List (Norse to English)

Norse	English
sjúkum	sick
skaða	damage, damages
skaði	harm
skæ	askew
skaft	shaft
Skafta	Skafti (name), Skafti's (name,-genitive)
Skafti	Skafti (name)
Skagafirði	Skagafjord (place)
Skagafjarðar	Skagafjord (place)
Skagafjörð	Skagafjord (place)
skal	shall, shall-be, should, would
skal-a	shall-not
skála	cabin
skálann	hut, the-hut
skálanna	cabins
skálanum	cabin
skálarnir	cabins
skal-at-tu	shall-not-you
skálavegginum	cabins
skáld	poet, skald
Skáld-hrafn	Poet-Hrafn (name)
skaldi	poet
skáldmenn	poets
skáldskap	poetry
skalk	rogue's, shall
Skalla-grímssonar	Son-of-Skalla-Grim (name)
skalt	shall
skaltu	shall, shall-you
skamma	short
skammar	shame, short
skammdegi	short-time-of-day
skammisk	shame
skammt	a-short-distance, short, short-distance, shortly, shortly-distance, short-way
Skáney	Skaney (place)
Skáni	Skane (place)
skap	mood
skapa	create
skapaðr	craft, crafted, crafting
skapaður	craft, crafted, crafting
skapfelld	agreeable
skapfelldir	agreeable
skapfelligr	temperamental
skapfelligur	temperamental
skapferði	temperament
skapgott	well-temper, well-tempered, well-tempering
skapi	character, mind, mood
skaplyndi	mind-mood, mood, temper, temperament
skapsmuni	temperament
skapstór	temperamental
skapstórr	temperamental
skapt	shaft
skaptinu	spear-shaft, the-spear-shaft
skaptit	shaft, the-shaft
skarð	gap
Skarðaborg	Scarborough (place)
skarðan	wrong, wronged, wronging
skarðið	pass, the-pass
skarlati	scarlet
skarlatsskikkju	scarlet-cloak
Skarpa-skerjum	Skarpa-Skerries (place)
skartsmaðr	jewelled-man
skartsmaður	jewelled-man
skáru	cut
skatt	tribute
skatta	tax
skattlönd	tribute-paying-land
skaust	launch, launched, launching
skaut	hem, lap, shot, stern
skauti	fringes

Word List (Norse to English)

Norse	English
skauzt	launch, launched, launching
skefr	plan, planed, planing
skeftismiðr	shaftmaker
skeftismiður	shaftmaker
Skegg-Broddi	Beard-Broddi (name), Bearded-Broddi (name), Skegg-Broddi (name), Skegg-Broddi (name)
skeggjaðr	beard, bearded, bearding
skeggjaður	beard, bearded, bearding
skeið	sheathed-sword
Skeiðsbrekkum	Skeidsbrekkur (place)
skein	shone
skeindist	scratch, scratched, scratching
skelfr	shaking, shook
skelfur	shaking
Skeljavík	Skeljavik (place)
skelk	shiver, shivered, shivering
skelmaðkurinn	shell-worms
skelmirinn	demon, the-demon
skemman	cabin
skemmr	short
skemmt	entertain, entertained, entertaining
skemmta	amuse, entertain
skemmtan	amusement, entertainment
skemmtanar	entertain
skemmtir	amuse
skemmtu	entertain, entertained, entertaining
skemmtuðu	entertain, entertained, entertaining
skemmtun	amusement
skemmu	cabin, storehouse
skemmuna	cabin, sleeping-room, the-cabin, the-sleeping-room
skemmunnar	cabin, the-cabin
skemmunni	cabin, sleeping-room, the-cabin, the-sleeping-room
sker	rock
skera	score, scored, scoring
skerið	rock
skerinu	rock
skerit	rock
skeyti	arrows
skíða	logs
skíðgarð	fence
skíðgarðinn	fence, the-fence
skíðgarðr	plank-fence
skíðgarður	plank-fence
skífðum	we-slice, we-sliced, we-slicing
skikkjan	cloak
skikkju	cloak
skikkjuna	cloak
skikkjunni	cloak
skikkjuskaut	lap-of-cloak, the-lap-of-cloak
skil	understand
skildi	shield, shields, understood
skilði	understood
skildinum	shield, the-shield
skildir	shields
skilðist	separate, separated, separating
skildu	knew, left, separate, separated, separating, understood
skilðu	knew, separate, separated, separating

Word List (Norse to English)

Norse	English	Norse	English
skildum	separate, separated, separating	skína	shine
		skinn	skins
		skinnavara	furs
skilðum	separate, separated, separating	skinnavöru	skin-wares
		skinndregna	skin, skinned, skinning
skildust	part, parted, parting, separate, separated, separating	skinnhjúpum	skin-sacks
		skinnum	skins
		skinnvöru	skin-wares
skilðust	separate, separated, separating	skip	a-ship, ship, ships, then, the-ship
		skipa	command, divide, ship, ships, the-ship, the-ships
skilið	dive, divided, dividing, understood		
		skipabúnað	ship-preparing
skilin	wise	skipað	direct, directed, directing
skilist	separate, understood		
		skipaðar	fitted-out
skilizt	understood	skipaði	direct, directed, directing
skilja	a-part, know, part, separate, separated, separating, understood		
		skipaðir	fully-load, fully-loaded, fully-loading
		skipaher	naval-force
skiljast	part, parted, parting, separate	skipanna	of-the-ships, ships
		skipast	been-done, change, changed, changing
skiljist	separate		
skiljum	understand		
skilnað	separate	skipat	direct, directed, directing, prepare, prepared, preparing
skilnaði	part, parted, parting, separate, separated, separating, separation, they-had-part, they-had-parted, they-had-parting		
		skipazt	change, changed, changing
		skipborðsins	ship's-berth
		skipbroti	shipwreck
		skipflaki	shipwreck
skilnaðr	parting	skipi	a-ship, equip, ship, ships, the-ship
skilnaður	parting		
skilr	separate, separated, separating	skipið	ship, the-ship
		skipin	ships
		skipinu	ship, the-ship
skilt	dived, divided, dividing, diving	skipit	ship, the-ship
		skips	ship, ships
skilur	separate, separated, separating	skipsbrotum	ship-wreck
		skipshöfnum	ships-ports

Word List (Norse to English)

Norse	English	Norse	English
skipsins	ship, ship's, ships-his	skjöldum	shields
skipta	change, divide, divided, dividing, exchange, of-exchange	skjölduna	shields
		Skjöldunga	Skjoldungs' (name)
		skjöldur	shield
		skjómar	shields
skipti	exchange, exchanged, exchanges, exchanging, time	skjóta	launch, launched, launching
		skjótari	faster-than
		skjótast	quickest, quickly, soonest
skiptu	divide, divided, dividing	skjótleiks	speed, speeding
skiptum	exchange	skjótliga	shortly
skiptumst	exchange	skjótt	away, quickly, shortly, swiftly
skiptust	exchange, exchanged, exchanging	skjótum	early
		skkutu	launch, launched, launching
skipuð	arrange, arranged, arranging, equip, equipped, equipping, prepare, prepared, preparing	skoðar	look
		skoðask	look
		sköðum	damage
		skœru	quarrel
		skœrubíldr	shear-lancet
skipuðu	ships	skóf	scrap, scraped, scraping
skipum	ship, ships, the-ship, the-ships	skóg	forest, the-forest, the-wood, wood
skipunum	boats, ship, ships, the-ship	skóga	forest, the-wood, wood
skipverja	crew		
skipverjum	ship's-company	skógabrennuna	forest-burning, the-woods-burning, wood-burning, woods-burning
skipverjunum	ships-ports		
skírð	baptise, baptised, baptising		
		skógana	forests, the-woods, woods
skírðir	baptise, baptised, baptising	skógar	forests, the-woods, woods
skírn	baptism	skógarmaðr	outlaw
skjaldarins	shield	skógarmaður	outlaw
Skjálfandafljót	Skjalfandi-River (place)	skógarmaðurinn	outlaw, outlawed, outlawing
skjóðupungr	a-skin-purse, skin-purse	skógarmanns	outlawry
skjóðupungur	a-skin-purse, skin-purse	skóggang	outlawry
		skógi	forest, forests, woods
skjöld	shield, shields		
skjöldinn	shield		
skjöldr	shield		
skjöldu	shields		

Word List (Norse to English)

Norse	English	Norse	English
skóginn	forest, the-forest, the-wood, the-woods, wood, woods	*skörpum*	sharp
		skorta	shortage
		skorti	shortage, shortage-of
skóginum	forest, the-forest	*skortir*	short, shortage
Sköglar	Skogul's (name)	*sköruleg*	honourable, strong
Sköglar-tósta	Forest-Tostig (name)	*skörulega*	boldly
		skörulegast	noble
skógótt	forest, forested, foresting	*skörulegastr*	striking
skógr	a-forest, forest, forests, the-wood, wood	*skörulegastur*	striking
		skörulig	strong
		sköruliga	boldly
skógur	forest, the-wood, wood	*sköruligastr*	striking
		sköruligastur	striking
skógurinn	forests	*sköruligu*	bold-like
skógvaxit	forest-grown	*Skörum*	Skarar (place)
skóklæðin	shoes	*skörungr*	noble
skökuls	shaft	*skörungur*	noble
skollir	fox	*Skoska*	Scottish (place)
skoltinn	jaw	*Skosku*	Scottish (place)
skóm	his-shoes	*skósmiðr*	shoesmith
skömm	a-shame, shame	*skósmiður*	shoesmith
skömmu	recently	*Skotar*	Scots (name), Scots (place)
skömmum	short		
sköp	craft	*skothríð*	launching
sköpuð	create, created, creating	*skóþvengr*	shoe-thong
		skóþvengur	shoe-thong
skór	shoe	*skotinn*	shot
skör	fragile	*skotit*	shot
skora	challenge, challenged, challenging	*Skotland*	Scotland (place)
		Skotlands	Scotland's (place)
		Skotlandsfjörðu	Scotlands-Firths (place)
skorað	challenge, challenged, challenging, score, scored, scoring	*Skozka*	Scottish (place)
		Skozku	Scottish (place)
		Skrælinga	Skraelings (name)
skoraði	challenge, challenged, challenging	*Skrælingar*	Skraelings (name)
		Skrælingaskipa	Skraelings (name)
skorat	challenge, challenged, challenging	*Skrælingi*	Skraeling (name)
		Skrælingja	Skraelings (name)
		Skrælingjalandi	Skraelings (place)
skorin	score, scored, scoring	*Skrælingjar*	Skraelings (name), The-Skraelings (name)
skorit	score, scored, scoring		

Word List (Norse to English)

Norse	English
Skrælingjarnir	Skraelings (name)
Skrælingjum	Skraelings (name)
Skrælingr	Skraeling (name)
Skrælingum	Skraelings (name)
skrám	skins
Skraumuhlaupsár	Skraumuhlaupsa (place)
skraut	decoration
skrautligri	splendid
skreppu	pouch
skríða	action, crawl
skriðar	glide
skriðu	landslide
skrúð	cloth
skrúðit	cloth
skúa	shoes
skugga	shadow
Skúii	Skuli (name)
Skúlason	Son-of-Skula (name)
skuldalið	indebt, indebted, indebted-to, indebting
skuli	shall
Skúli	Skuli (name)
skulir	shall, should
skulu	shall, should, should-be
skuluð	should
skulum	shall, should, we-shall
skum	shall
skunda	hurry
skurðgoða	idols
skutilsvein	cup-bearer
skutilsveinn	cup-bearer
skutu	launch, launched, launching, shot
skyggnast	peer
skýja	cloud
skylda	should
skyldi	as-should-be, should, should-be, should-it, wish, wished, wishing, would
skyldir	oblige, obliged, obliging, should
skyldr	should
skyldu	should, would
skyldum	should
skyldur	should
skyli	shall, shelter, should, should-be
skýlihöggum	axe-cuts
skylir	seek
skyli-t	shouldn't
skylmdust	shields
skylmðust	shields
skylt	should
skyn	understanding
skýrst	clarified, clarify, clarifying
skýrt	clear
skyrtr	battle-shirts
skyrtublaði	shirt-sheet
skyrtum	shirts
skyrtur	battle-shirts
skýtr	cast, shot
slá	strike
slauðraði	trailing-behind
sleit	tore-up
sleitum	slighting
Slés	Schlei-River (place)
slétt	flat, smooth, smoothed, smoothing
sléttan	flat
slettir	slap, slapped, slapping
sléttir	smooth
sléttu	plains, Slettu (place), the-plains
sléttunni	plains, the-plains
slíðra	sheath

Word List (Norse to English)

Norse	English
slíðrloga	sheath-flame
slík	such
slíka	so, such
slíkan	such
slíkar	silver, such
slíkir	such
slíkr	such
slíkra	such
slíkrar	such
slíkri	such
slíks	such
slikt	such
slíkt	so, such
slíku	such
slíkum	such
slíkur	such
slíta	stab, tear, tore, wear-out
slitnaðan	worn
slitnir	broken
slitnu	broken
slitu	dissolve, dissolved, dissolving
slitusk	broken
sljóvgast	blunt
sló	laid-out, struck
slóð	trail
slóðir	routes
slógu	struck, threw
slökktu	put-out
sloknar	goes-out
slyppr	escape, escaped, escapes, escaping
slyppur	escape, escaped, escaping
smá	small
smæri	smaller
smærra	smaller
smáir	small
smalamaðr	shepherd
smalamaður	shepherd
smalamann	shepherd
smalamanninn	shepherd, the-shepherd

Norse	English
Smálönd	Smaland (place)
smár	small
smáskitlegr	dirty
smáskitlegur	dirty
smáþarma	small-intestine
smátt	small
smeltr	enamel, enamelled, enamelling
smiða	smiths
smiði	smiths
smjör	butter
smjúgi	pierce
smó	slip, slipped, slipping
smýgra	piercing
Snæfells	Snaefell (place)
Snæfellsjökli	Snaefellsjokli (place)
Snæfellsnesi	Snaefellstrond (place)
Snæfellströnd	Snaefellstrond (place)
snákar	snakes
snapir	snatching
snaraði	snare, snared, snaring
snarbrýnir	sharpen, sharpened, sharpening
snarlegra	speedily
snarpir	sharply
snarplega	sharply
snarpliga	sharply
snart	fast, soon
snekkjr	sailboards, sailboats
snekkjur	sailboards, sailboats
snemma	early, soon
snemmendis	around, early-age, precocious
snemmst	soonest
snemnma	happen, happened, happening

Word List (Norse to English)

Norse	English
sneri	turn, turned, turning
snerist	turn, turned, turning
snerru	slaughter
sneru	turn, turned, turning
snerust	turn, turned, turning
snimma	early
snjár	snow
snjór	snow
snökta	sob
snópir	mope
Snorra	Snorri (name), Snorri (name), Snorri's (name,-genitive)
Snorrason	Snorrason (name)
Snorrasonar	Son-of-Snorri (name)
Snorrasyni	Son-of-Snorri (name)
Snorri	Snorri (name)
snotr	wise
snotrs	wise
snotrum	the-wise, wise
snótu	attractive
snúa	return, returned, to-return, turn, turned, turning
snúast	turn
sný	change
snýr	turn, turned, turned-his, turning
snýrð	turn, turned, turning
sóa	use
söðlaðir	saddle, saddled, saddling
söðul	saddle
sofa	sleep, sleeping, slept
sofandi	sleeping
sofi	sleep
sofið	slept
sofin	sleeping
sofit	slept
sofna	slept
sofnaða	sleeping
sofnaði	slept
sofnaðir	sleeping
sofnar	slept
soföndum	sleeping
sofundum	sleeping
sögð	said, told, told-to
sögðu	said, told
sögðust	said
sogit	sucked-at
sögn	said, said-of, say, story
sogört	saying
sögr	say, stories
sögu	saga, saga-of, said, story, the-saga, the-saga-of
söguna	saga, the-saga
sögunni	saga, the-saga
sögur	say, stories, the-sagas
sóit	destroy, destroyed, destroying
sök	blame, fault, reason
sökina	seeking
sökk	sank
sökum	blame, sake
sökunautr	defendant
sökunautur	defendant
sól	sun, the-sun
sólar	sun, the-sun
sólarroð	sunrise
sólarsinnis	sun-wise-motion
solginn	hungry
sólhvíta	sun-white
sollinn	ocean, swollen
sólu	sun
sölum	halls
Sölvadal	Solvadal (place)
Sölvi	Sölvi (name)

Word List (Norse to English)

Norse	English	Norse	English
sóma	honour	sóttust	attend, attended, attending, sought
sómamaðr	famous-man		
sómamaður	famous-man	spá	prophecy
sómir	honourable	spaka	wise
sömu	same	spakari	wiser
son	a-son, son, Son-of, Son-of (name)	spaki	wise
		spákona	prophetess, Prophetess (name)
sona	son, sons		
sonar	son, son's	spákonan	prophetess
sonardauðinn	son-death	spákonr	prophetesses
sonareignin	son's-property	spákonu	prophetess
sonr	of, son, Son-of, Son-of (name)	spákonunni	prophetess
		spákonur	prophetesses
sonu	sons	spámaðr	a-seer, seer, the-Seer
sonum	son, sons		
sonur	son, Son-of, Son-of (name)	spámaður	a-seer, seer, the-Seer
		spámann	Seer, the-Seer
sorg	sorrow	spán	shiver
sorgafullr	sorrowful	Spangareiði	Spangarheid (place)
sorgalausastr	sorrow-losing		
sorgalausastur	sorrow-losing	Spangarheiði	Spangarheid (place)
sorgum	sorrow		
sóta	sought	spannarlangt	long-spanning, spanning-long
sótt	attend, attended, attending, sickness, sought		
		spara	save, spare, withhold
sótta	sought	spari	save, spare
sóttan	sought	sparir	spares
sóttar	be-sick, symptoms, to-be-sick	speki	wisdom
		spekingr	wise
sóttarfar	sickness	spekt	cunning
sóttdauðr	sickness-death	spektar	peaceful
sóttdauður	sickness-death	spjalla	chat
sótti	attend, attended, attending, encounter, encountered, encountering, took	spjalli	friends
		spjöll	tell, to-tell
		spjót	a-spear, spear, spears
sóttin	sickness	spjóta	spear
sóttina	sickness	spjóti	spear, spear-tip
sóttu	look, looked, looking, set-about, sought	spjótin	spears, the-spears
		spjótinu	spear, spear-tip
sóttum	sickness		

Word List (Norse to English)

Norse	English
spjótit	spear, spear-head, spear-point, spear-tip, the-spear-head, the-spear-point, the-spear-tip
spjótskapt	spear-shaft
spjótskaptinu	spear-shaft
spjótskepti	a-spear-shaft, spear-shaft
spjótsoddum	spear-points
spjótsoddunum	spear-points
spjótunum	spears
spöl	short
spöng	arch
sporð	tail
sporðr	tail
sporður	tail
spott	ridicule
sprakk	burst
spratt	sprang
sprettr	spring
spurdaga	news
spurði	ask, asked, asking, heard-of, learn, learned, learning
spurðist	heard
spurðr	ask, asked, asking
spurðu	ask, asked, asking
spurður	ask, asked, asking
spurðust	ask, asked, asking, heard-of, learn, learned, learning
spurt	ask, asked, asking, heard, heard-of, learn, learned, learning
spyr	ask, asked, asking, asks
spyrja	ask, asked, asking, heard, hearing-of, learn, learned, learning, learn-of
spyrjast	spread, was-heard
spyrnast	touch
spyrr	ask, asked, asking, asks, heard, heard-of, learn, learned, learning
spyrst	heard, heard-of, learn, learned, learning, was-heard
ssem	as
stað	land, place, places, stand, stands, stay, stood
staðar	place, places, stand
staddir	present, standing
staddr	standing
staðfest	confirm, confirmed, confirming
staðfesti	steadfast
staðfestu	establish, established, establishing
staði	parts, places
staðið	stood
staðinn	there
staðist	steadfast, withstood
staðit	stood
staðlausu	unstable
staðnum	place, the-place
stæði	steady, stood
stæðist	place
stæra	greatly
stærra	larger
stærstum	greatest
staf	staff
stafat	stave, staved, staving
stafi	staves, sticks
stafir	stave
stafkarl	beggar, poor-beggar
stafkarls	beggar's, the-beggar's
stafkarlsstíg	begging
stafn	stern

Word List (Norse to English)

Norse	English	Norse	English
stafnana	ship's-prow	stefndu	steer, steered, steering
stafni	ship's-stem	stefni	summon, summoned, summoning
stakk	pushed, thrust		
stála	steel		
stáli	steel	stefnir	summon, summoned, summoning
stalli	altar		
stalst	stealing		
standa	stand, standing, stay, stood, withstand	stefnt	locate, located, locating
		stefnu	summons
standast	stand-you, withstand	stefnudagar	policy-days
		stefnuför	summons
standi	hurts	stein	stone
standir	stand	Steinari	Steinar (name)
stangað	gore, gored, goring, struck	Steingrímr	Steingrim (name)
		Steingrímsfirði	Steingrimsfjord (place)
Stangarhögg	Staff-Struck (name), Staff-Struck (name)	Steingrímur	Steingrim (name)
stangir	poles	steins	stein, Stein (name)
star	poles	Steinþór	Steinthor (name)
starði	star, stared, staring	steinum	stones
starfa	work	stelr	steals
starfaði	work, worked, working	stendr	standing, stands, stood
starfi	work	stendur	standing
starfs	work	stenst	stood
Starkaðar	Of-Starkad (name)	sterk	strong
Starkaði	Starkad (name)	sterka	strong
Starkaðr	Starkad (name)	sterkari	stronger
Starkaður	Starkad (name)	sterkasta	strongest
Starri	Starri (name)	sterkastr	strongest
staur	poles	sterkastur	strongest
staurinum	poles	sterki	strong
staurnum	poles	sterklega	strongly
sté	step, stepped, stepping	sterkr	strong
		sterkum	strong
stef	stave	sterkur	strong
stefið	stave	steypðist	fell
stefit	stave, staved, staving	stíg	path
		stíga	trod
stefna	agreement, direct	stigi	climb, climbed, climbing
stefndi	summons, summonsed, summonsing	stígr	climb, climbed, climbing

134

Word List (Norse to English)

Norse	English
stigu	step, stepped, stepping
stigum	level
stígur	climb, climbed, climbing
stikað	stitch, stitched, stitching
stilla	still
stilltr	compos, composed, composing, orderly
stilltur	compos, composed, composing, orderly
stinn	strong
stinna	stiff
stinnt	rigidly
stirð	stiff
stirðar	stiff
stirðkveðið	stiff-spoken
stirðkveðit	stiff-spoken
stjórn	steering, stern
stjórnborða	starboard
stjórnlausu	steer-less
stjórnuðu	greatly-ruled-over
stjúpmóðir	step-mother
stjúpsona	stepsons
stjúpsonu	stepsons
stóð	stay, stayed, staying, stood, was, withstood
stoða	stand
stoðar	avail, support, supports
stóðhest	stallion
stóðhross	stud-horses
stóðhrossa	stud-horses
stóðst	stood, withstood
stóðu	position, standing, stood
stóðumk	stood
stöðva	stop
stöðvig-a-k	stop-not
stofni	strain
stofnuð	establish, established, establishing
stofu	main-room, room
stofunni	room, the-room
stökk	jump, jumped, jumping, split, spurt, spurted, spurting
stokka	stock
Stokkanesi	Stokkanes (place)
stökkða	drove
stokki	bed, being
stökkti	drove
stóli	stool
stolið	stole
stólinn	stool
stólinum	stool
stolit	stole
stöndum	stand
stöng	poles
stöngin	pole, the-pole
stönginni	poles
stöngum	poles
stopir	stop, stopped, stopping
stór	great
stóra	great
stórættaða	noble
stórættaðr	large-family
stórættaður	large-family
stórar	large
stórauðigr	wealthy
stórauðigur	wealthy
storðar	wood
stóreignamaðr	large-property-man
stóreignamaður	large-property-man
stórilla	greatly
stórlæti	pride
stórleika	pride
stórlyndr	generous
stórmannliga	great-man-ness
stórmannligt	great-man-like
stórmenni	great-men

Word List (Norse to English)

Norse	English
stórmennsku	great-man-ness, greatness
stórorðu	high-sounding
stórort	large
stórra	great
stórráðu	ambitious
stórskipum	large-ships
stórt	a-large, great, large
stórum	great
stótt	stood
str	sit
stræti	street
strandar	shore
strandir	beaches
strandirnar	beaches
straumar	a-stream, stream, streams
Straumey	Straumey (place)
Straumfirði	Straumfjord (place)
Straumfjörð	Straumfjord (place)
straumr	a-stream, stream
straums	currents
Straumsey	Straumsey (place)
Straumsfirði	Straumfjord (place)
Straumsfjörð	Straumfjord (place), Straumsfjord (place)
straumur	a-stream, stream
streng	string
strengdi	boldly
strenghömlr	bow-string
strenghömlur	bow-string
strengina	strings
strengir	bound
strenglágar	string-laid
strengr	string
strönd	shore
ströndunum	beaches
Strútharalds	Strutharald (name)
strút-haralds	Strutharald's (name,-genitive)
studdi	stood
studdist	stood
stúf	stump
stúfinum	stump
stúlkr	girls
stúlkur	girls
stund	awhile, time, while
stundar	around, awhile
stundir	awhile, time
stundr	time
stundu	awhile, time, while
stundum	awhile, sometimes, time
stungist	wound, wounded, wounding
stungit	pierce, pierced, piercing
stur	sit
Sturluson	Son-of-Sturlu (name)
Sturlusona	Sturlusons (name), the-Sturlusons (name), the-Sturlusons (name)
styr	steer, steered, steering, Styrr (name)
stýra	steer
stýrði	steer, steered, steering
stýrðu	steer, steered, steering
stýri	steering
stýrimaðr	steersman
stýrimaður	steersman
stýrimanni	skipper, steersman
stýrimanninum	steersman
stýrimanns	skipper
stýrimenn	steersmen
stýrir	steer, steers, turn, turned, turning
styrkr	steer, steered, steering, strength
styrkur	steer, steered, steering, strength
Styrr	Styrr (name)

Word List (Norse to English)

Norse	English	Norse	English
sú	seen, so, that, the, their, this, was, yours	*sumarit*	summer
		sumarlangt	summer-long
		sumars	summer
suðr	south	*sumbli*	feast
suðræn	southern	*sumblum*	banquet
suðrætt	south, the-south	*sumir*	some
Suðrey	Sudrey (place)	*sumr*	some
Suðreyja	Sudreyar (place)	*sumra*	some, summer
Suðreyjar	South-Islands (place), Sudreyar (place)	*sumri*	summer
		sumrum	summer
Suðreyjum	South-Islands (place), Sudreyar (place)	*sumt*	some, some-of
		sumu	some
		sumum	some
suðreyskr	South-Islander	*sund*	a-strait, strait
suðrgöngu	south-going	*sundi*	sound, the-sound
suðri	south	*sundr*	apart, asunder, distribute, down
Suðrland	Sutherland (place)		
suðrmaðr	southern-man	*sundrþykki*	discord
suðrríki	southern-kingdom, southern-lands, the-southern-kingdom	*sundruðum*	asunder
		sundur	apart, asunder
		sundurgreinilegt	asunder-mix, asunder-mixed, asunder-mixing
suðu	boil, boiled, boiling		
suður	south	*sundurþykki*	discord
suðurátt	south, the-south	*sungu*	singing
Suðurey	Sudrey (place)	*sunnan*	from-the-south, south
Suðureyja	Sudreyar (place)		
suðureyjar	south-islands, Sudreyar (place)	*sunnanveðr*	southern-winds
		sunnanveður	southern-winds
Suðureyjum	Sudreyar (place)	*sunnanverðri*	southern-lands
suðureyskur	south-islander	*Sunnudal*	Sunnudal (place), Sunnudal (place)
Suðurland	Sutherland (place)		
suðurmaður	southern-man	*sút*	sorrow
sukku	sank	*Suttung*	Suttung (name)
sull	boil	*Suttungr*	Suttung (name)
sullr	boil	*Suttungs*	Suttung's (name,-genitive)
sullur	boil		
súlr	pillars, the-pillars	*sútum*	sorrows
súlu	columns	*svá*	as, so, so-as, so-did, so-much, such, that
súlur	pillars, the-pillars		
sum	some		
suma	some	*svæfik*	slept
sumar	some, summer	*svaf*	slept
sumarið	summer	*sváfu*	slept
		svági	giving

Word List (Norse to English)

Norse	English	Norse	English
svanmærrar	swan-mares	sveif	steerer
svara	answer, answered, answering	sveik	betray, betrayed, betraying
svára	answer	sveikstu	trick, tricked, tricking
svarað	answer, answered, answering	sveiktu	trick, tricked, tricking
svaraði	answer, answered, answering	svein	boy, Svein (name)
svarar	answer, answered, answering	sveina	young-men
		sveinana	young-men
svarat	answer, answered, answering	sveinanna	young-men
		sveinar	lads
svardaga	oath	sveinbarn	a-baby-boy, baby-boy, boy
svarðmerðlingar	shining-sword, shining-sworded	sveini	boy, in-the-boy, Svein (name)
svarit	sworn		
svarra	answer	sveininn	boy, the-boy
svarri	grave, haughty, heavy	sveininum	boy, boy's, the-boy, the-boy's
svarta	black, Black (name), the-black, The-Black (name)	sveinn	boy, lad, Svein (name), the-boy
		sveinninn	boy, the-boy
svartan	black	Sveins	Svein (name), Svein's (name,-genitive)
svarteygr	black-eye, black-eyed, black-eyes, black-eying		
		Sveinsson	Son-of-Svein (name)
svarteygur	black-eye, black-eyed, black-eyes, black-eying	sveit	company
		sveita	sweat
svarti	black, Black (name), the-black, The-Black (name)	sveiti	sweat
		sveitinni	party
		sveitir	areas
svartir	dark	sveittr	sweat
svartklæddu	black-clothes	sveittur	sweat
svartr	black, Black (name), dark, The-Black (name)	svella	swell
		svelta	slain
Svartur	Black (name), dark, The-Black (name)	sverð	a-sword, sword, swords
sváru	swears	sverða	sword, swords
svát	so, so-that	sverði	sword, swords
svefn	sleep	sverðið	sword, the-sword
svefnhúss	sleeping-house	sverðinu	sword
svefni	sleep	sverðit	sword
svefninum	sleep	sverð-rögnir	sword-redden, sword-reddened, sword-reddening
svefns	sleep		
svefnskemmu	sleeping-quarters		

Word List (Norse to English)

Norse	English
sverðs	swords
sverðum	swords
sverja	swear
sverr	swore
Svertingr	Sverting (name)
Svertingur	Sverting (name)
Svía	Sweden (place), Swedes, the-Swedes
svíar	Swedes
Svíaríki	Sweden (place)
svíða	singe
svíðið	singe
Sviðningi	Svidning (place)
sviðr	rapid, wise
sviðuelda	bonfires
sviður	rapid, wise
svík	betray
svikið	trick, tricked, tricking
svikinn	stole
svikit	trick, tricked, tricking
svíkja	betray, fool
sviku	betray, betrayed, betraying
svíma	dizzy
Svíney	Sviney (place)
Svínfellings	Svinafellings (name), Svinafellings (name)
svíni	swine
svinna	wise
svipr	seem, seemed, seeming
svipta	shorten
svipu	whip
svipur	seem, seemed, seeming
svíra	gullets, neck
Svíþjóð	Sweden (place)
Svíþjóðar	Sweden (place)
Svíþjóðu	Sweden (place)
svívirða	shame

Norse	English
svívirðing	a-disgrace, disgrace, swine-worth
svo	so, such
Svölnis	Svolnir's (name,-genitive)
svör	answer
svört	black
svörtum	black, dark
svöruðu	answer, answered, answering
svörum	answer, answers
syðra	southern
syfjaðan	sleepy
syfjaðr	sleepy
syfjaður	sleepy
sylg	sup
sýn	seem, seemed, seeming, seen, show
sýna	show
sýnast	appear
sýndi	it-seem, it-seemed, it-seeming, show, showed, showing
sýndist	seem, seemed, seeming, thought, thought-fit
sýndu	show, showed, showing
sýndum	appearance
syngja	song
syni	son, son-of, Son-of (name), sons
sýni	show, showed, showing
sýnina	this-sight
synir	sons, sons-of
sýnir	show, showed, showing
sýnisk	seems
sýnist	seem, seemed, seeming, seems, thought
synja	refuse, refuses

Word List (Norse to English)

Norse	English
synjað	refuse, refused, refusing
synjar	refuse, refused, refusing
sýnst	seem, seemed, seeming
sýnt	seem, seemed, seeming, show, showed, showing, shown
sýnum	appear, appeared, appearing, seen, thought
Sýrlækjarósi	Syrlaekjaros (place)
sýsla	pursue
sýslar	work
sýslir	work
sýslr	pursuits
sýslu	business, do-business, looking-after, work
sýslur	pursuits
systir	sister
systr	sister, sister-of, sisters
systrasynir	cousins
systur	sister, sister-of, sisters
systursynir	sister-sons
sýta	mourn
sýtandi	sweet
sýtir	laments
sýtira	lament

T, t

Norse	English
táðit	say
tæki	take, took
tækist	takes, took
tækjust	takes
tælir	deceit
tæmdist	came-into
tæmðist	came-into
tafl	table-game
tafli	board-games
taflit	game-pieces
tafn	sacrifices
tafni	sacrifices
tak	take
taka	be-taken, take, taken, took, to-take
takast	take, took
takið	take
tákna	betoken
tal	talk, talked, talking
tala	say, speak, spoke, talk, to-speak
talað	talking, told
talaði	said, talk, talked, talking, told
talar	talk
talat	told
taldi	talk, talked, talking, told
talði	talk, talked, talking, told
taldist	told
talðist	told
tali	talking
taliðr	spoke-of
taliður	spoke-of
talit	count, counted, counting
tálma	prevent
tals	talk
tamr	tam, tamed, taming
tannbelti	tusk-belt
tannskeftan	walrus-tusk
tár	tears
taugreftan	thatch, thatched, thatching
tauma	bridle, reins
taumana	reins
teikna	betoken
teitum	happy
tek	take
tekið	taken
tekin	taken
tekinn	taken

Word List (Norse to English)

Norse	English
tekist	take
tekit	taken
tekizt	take
tekr	pull, pulled, pulling, take, takes, taking, took
tekst	took
tekur	pull, pulled, pulling, take, takes, took
telgja	carve, told
telja	tell
telk	shape, shaped, shaping
telr	talk, talked, talking
tendruð	lit
tengdir	join, joined, joining
tengðir	join, joined, joining
teygða	tempt, tempted, tempting
teygði	stretch
teygðu	tempt
tíðar	frequent, this-time, visit
tíðast	news, swiftly
tíðenda	news, of-news, the-news, tidings
tíðendalaust	news-less
tíðendi	news, tidings
tíðendin	news, the-news
tíðendum	news
tíðinda	news
tíðindalaust	news-less
tíðindi	news, the-news, tidings
tíðindum	news
tíðir	a-time, time
tíðum	often
tigi	tens
tigir	ten, tens
tign	prestige
tignum	honourable
tígnum	dignified, dignify, dignifying, noble
tigu	ten, tens
til	about, at, come-to, for, of, that, the, there, to, too, to-the, towards, until, way-to
tilkoma	till-came
tilkvæði	speaking
tilkváma	till-came
tillaga	suggest, suggested, suggesting
tilræði	advise, advised, advising, assault
tilskipan	decide, decided, deciding
tilskipun	directions
tilsýndar	appearance
tiltækilegra	available
tiltekju	change
tíma	time, times
tinknappar	tin-buttons
títa	look
títt	report, reported, reporting
tíu	ten
tíunda	tenth
Tíundaland	Tiundaland (place)
tíva	gods
tjá	express, expressed, expressing, present-to
tjald	tent
tjaldaðan	cover, covered, covering
tjaldi	tent
tjaldinu	tent
tjár	force
tjóa	avail
tjöld	tents
tjöldum	tents
tjör	pools
tjöru	tar
tll	until

Word List (Norse to English)

Norse	English	Norse	English
töfl	a-game-piece, game-piece, table-games	Trefill	Trefill (name)
		trefr	fringes
		tregar	trouble, troubled, troubling
töfr	magic		
töfur	magic	trémaðrinn	wooden-man
tög	twenty	trémann	wooden-man
togað	pull, pulled, pulling	trémönnum	wooden-men
tognum	extend	trénu	the-tree, tree
tögr	twenty	treystist	trust, trusted, trusting
tøgum	tens		
tók	receive, received, receiving, taken, took, touch, touched, touching	treystust	trust, trusted, trusting
		trjám	poles
		trjánum	poles
tókk	took	troði	treads
tókst	took	tróðu	trod
tóku	taken, took, took-to	Tröðum	Tradir (place)
tökum	taking	tröll	trolls
tökum	take	trölla	monsters
tókust	taken, taking, took	tröllskap	troll-like
tölðumk	we-told	tröllskapnum	sorcery
tólf	twelve	trú	faith
tolfta	twelfth	trúa	believe, trust
tólfta	twelve	trúða	trust, trusted, trusting
tölu	count, speech		
töluðu	spoke, talk, talked, talking, told	trúði	trust, trusted, trusting
		trúðu	believe, believed, believing
tölum	talk		
tóm	time	trúi	believe, trust
Torfa	Torfi's (name,- genitive)	trúið	believe
		trúir	believes, true, trust
torflutt	difficult-be	trúlega	truly
törruðu	arrange, arranged, arranging	trúleiki	true-like
		trúligt	faithful
torveldi	difficult, difficulties	trúmaðr	true-man
torveldlegr	difficult	trúmaður	true-man
torveldlegur	difficult	trúna	faith
torvelligr	difficult	trúnaði	trustworthy
tötrum	rags	trúr	TRUE
trausti	trust	trútt	truth
trautt	scarcely	trúuð	religious
tré	beam, beams, tree, trees, wood	tryggðum	loyalty
		tryggr	trusting
treðr	trodden		
treður	trodden		

Word List (Norse to English)

Norse	English	Norse	English
tryggva	TRUE	*týndi*	lost
Tryggvason	Tryggvason (name)	*týndist*	lost
Tryggvasonar	Tryggvason's (name,-genitive)	*týndust*	lost
		týnir	lose
Tryggvasyni	Tryggvason (name)	*Tyrkir*	Tyrkir (name)
tug	twenty		
tuglamöttul	mantle		

Þ, þ

Norse	English
tugr	twenty
tugur	twenty
tunga	tongue
tungls	moon
tunglskin	moonlight
tungr	tongue
tungu	tongue
tungunni	tongue
Tungu-odds	Tunga-odd's (name,-genitive)
tungur	tongue
túni	field
túninu	field, the-field
túnriðr	field-riders
túnriður	field-riders
tuttugu	twenty
tvá	two
tvær	two
tvau	twice, two
tveggja	two
tveim	two
tveimr	two
tveir	two
tvennar	two
tvennum	two
tvévetrum	two-year-old
tvíbura	twin
tvíhólkaðan	two-ring, two-ringed, two-ringing
tvítøgir	twenty
tvítugsaldri	twenty-age, twenty-aged, twenty-aging
tvo	two
tvö	two
tyggja	chew
týna	destroy, lose
týnda	lose

Norse	English
þá	than, that, the, them, then, there, they, this, those, to-them, when
það	it, than, that, that-to, the, they, this, to, with
þaðan	from, from-there, of-there, there
þæfð	matt, matted, matting
þægi	receives
þær	there, therefore, these, they, those
þærs	of-that
þætti	seem, seemed, seeming, seems
þættist	thought
þáfjalli	thawed-fell
þagað	silence
þagalt	silent
þagðak	silent
þagði	silent
þagnaði	silence, silenced, silencing
þágu	accept, accepted, accepting
þakinna	coverings
þakkaði	thank, thanked, thanking
þakkar	thank, thanked, thanking
þakki	thank
þakksamlega	thankfully
þangað	from-there, there

Word List (Norse to English)

Norse	English	Norse	English
þangat	from-here, from-there, get, that, there	þegit	be-silent, receive, received, receiving, silent
þann	he, him, than, that, that-one, the, then, then-one, they, this, those	þegjandi	silence, silently
		þegn	free-man, thane
		þegni	thane
		þegns	citizen
þanninn	that-way	þegnsköpum	honour
þanns	of	þeim	of-them, that, the, their, theirs, them, then, these, they, those, to, to-them, were-they, with-them
þar	here, it, that, their, then, there, therefore, they, where		
þarf	ne, need, needed, needing		
		þeima	that, them
þarfleysi	needless	þeims	he
þarft	as-need, as-needed, as-needing	þeir	the, their, theirs, them, then, there, these, they, they-were, this, those, you
þars	there		
þás	then		
þat	it, it-was, ship, so, than, that, that-is, that-it-is, that-which-is, the, then, there, they, this, those, to	þeír	they
		þeira	are-they, of, of-them, the, their, theirs, them, there, they, this, those
þats	that	þeirar	their, there
þáttu	that-you	þeiri	their, there, they
þau	hers, his, than, that, the, them, then, there, therefore, these, they, they-were, those	þeirra	of-the, of-them, the, their, theirs, them, there, they, those
		þeirrar	their, there
		þeirri	one, their, the-one, there
þegar	already, as-soon, as-soon-as, from-there, once, straightaway, straight-away, then, there, they, when	þeirs	they
		þekk	known
		þekkði	notice, noticed, noticing
		þekkðist	took
		þekkist	knew
þegði	silence, silent	þekkjast	familiar
þegðu	silence	þekktist	took
þegi	silence, silent	þengil	angel
þegir	silent	þengill	prince

144

Word List (Norse to English)

Norse	English	Norse	English
þenja	stretch, stretched, stretching	þing	assembly, the-assembly
þenna	that, then, these, they, this, those	þingi	assembly, the-assembly
þér	then, they, to-you, to-your, you, your, yours, yourself, you-to	þingið	assemble, assembled, assembling, assembly
þerru	towel	þinginu	assembly
þess	of-this, that, these, this, this-is	þingit	assemble, assembled, assembling, assembly, the-assembly
þessa	his, these, this		
þessar	these, this		
þessara	these		
þessarar	that-kind-of, this	þinglausnir	assembly-ending
þessi	these, this	þingmenn	assembly, assembly-men
þessir	these		
þessu	his, these, this	þingmönnum	assembly-men
þessum	these, this	þings	assembly, the-assembly
þetta	at-this, it, of-this, that, the, they, this, thus, was-this	þingsins	assembly, the-assembly
		þingstefnu	assembly, the-assembly
þéttan	dense	þingstöð	assembly-post
þette	this		
þeygi	yet-not	þingum	assembly
þeys	dashing	þínir	yours
þið	you, you-two	þinn	you, yours
Þiðranda	Thidrand (name)	þinna	your, yours
Þiðrandi	Thidrand (name)	þinnar	your, yours
þig	you	þinni	yours
þigg	accept	þíns	yours
þiggið	accept, accepted, accepting	þínu	you, yours
þiggja	accept, accepted, accepting, receive, to-receive	þínum	you, your, yours
		Þistils	Thistle (name)
		Þistilsfjörð	Thistilsfjord (place)
þiggr	accept, accepted, accepting	þit	you, you-two
		þitt	you, your, yours
þiggur	accept, accepted, accepting	þjáðir	enslave, enslaved, enslaving
þik	you, your, yours	þjóa	buttocks
þili	wall	þjóð	nation
þín	you, your, yours	þjóða	people
þína	you, your, yours	þjóðans	ruler's
þínar	yours	Þjóðhildar	Thjodhild (name)

Word List (Norse to English)

Norse	English	Norse	English
Þjóðhildarkirkja	Thjodhildakirkja (place), Thjodhildkirkja (place)	Þór	Thor (name)
		Þóra	Thora (name)
		Þórarinn	Thorarin (name), Thorarin (name)
Þjóðhildi	Thjodhild (name)	Þórarni	Thorarin (name), Thorarin (name)
Þjóðhildr	Thjodhild (name)		
Þjóðhildur	Thjodhild (name)	Þorbirni	Thorbjorn (name)
þjóðlaðar	hospitality	Þorbjargar	Thorbjorg (name), Thorbjorg's (name, genitive), Thorjborn's (name, genitive)
Þjóðrerir	Thjodrerir (place)		
þjófar	thieves		
þjóna	serve, served, serving		
		Þorbjarnar	Thorbjorn (name), Thorbjorn's (name, genitive), Thorjborn's (name, genitive)
þjónuðu	serve, served, serving		
þjónustu	service		
þjónustukonr	servant-maids	Þorbjarnardóttr	Thorbjarnardottur (name), Thorbjornadottir (name)
þjónustukonur	servant-maids		
þjónustumenn	servants-of		
þjósti	vehemence		
þjóta	whistling	Þorbjarnardóttur	Thorbjarnardottur (name), Thorbjornadottir (name)
þó	also, although, nevertheless, then, though, thought, yet		
		Þorbjörg	Thorbjorg (name)
þœfðar	quarrel	Þorbjörgu	Thorbjorg (name)
þögðu	silent	Þorbjörn	Thorbjorn (name)
þögull	silent	Þorbrand	Thorbrand (name)
þokar	shook, stretches	Þorbrandr	Thorbrand (name)
þokat	move, moved, moving	Þorbrands	Thorbrand (name), Thorbrand's (name, genitive)
þökk	thanks		
þokka	charm, thoughts		
þökkuðu	thank, thanked, thanking	Þorbrandsson	Son-of-Thorbrand (name), Thorbrandson (name)
þokr	fog		
þokur	fog		
þola	endure, endures	Þórð	Thord (name), Thord (name)
þolðu	endure, endured, enduring	Þórðar	Thord (name), Thord's (name, genitive)
þoli	tolerate		
þolið	enduring	Þórðarson	Thordarson (name)
þolir	endures	Þórðarsonar	Son-of-Thord (name)
þöll	un-shelter, unsheltered, un-sheltering	þorði	dare, dared, daring
		Þórði	Thord (name)

146

Word List (Norse to English)

Norse	English	Norse	English
Þórdísar	Thordis (name), Thordis (name)	Þórhall	Thorhall (name), Thorhall (name)
Þórðr	Thord (name)	Þórhalldr	Thorhall (name)
þorðu	dare, dared, daring	Þórhalldur	Thorhall (name)
Þórður	Thord (name), Thord (name)	Þórhalli	Thorhall (name)
þörf	need, needed, needing, needs	Þórhallr	Thorhall (name)
		Þórhalls	Thorhall (name), Thorhall's (name,-genitive)
Þorfinnr	Thorfin (name)		
Þorfinns	Thorfin (name), Thorfin's (name, genitive)	Þórhallsstöðum	Thorhallsstead (place)
		Þórhallur	Thorhall (name), Thorhall (name)
Þorfinnur	Thorfin (name)	Þórhildi	Thorhild (name)
Þorgeir	Thorgeir (name)	þori	dare, greater-part
Þorgeirr	Thorgeir (name)	Þóri	Thori (name), Thorir (name)
Þorgeirs	Thorgeir (name), Thorgeir (name)	þorik	deny, greater-part
Þorgeirsfelli	Thorgeirsfell (place)	þorir	dare, dared, daring
		Þórir	Thorir (name)
Þorgerði	Thorgerd (name)	Þóris	Thori (name), Thorir (name), Thori's (name, genitive)
Þorgerðr	Thorgerd (name)		
Þorgerður	Thorgerd (name)		
Þorgesti	Thorgest (name)		
Þorgestlingum	Thorgest's-Sons (name, genitive)	Þorkatla	Thorkatla (name), Thorkatla (name)
		Þorkatli	Thorkell (name), Thorkel's (name,-genitive)
Þorgestr	Thorgest (name)		
Þorgests	Thorgest's (name, genitive)		
Þorgestur	Thorgest (name)	Þorkel	Thorkell (name)
Þorgils	Thorgils (name)	Þorkeli	Thorkell (name)
Þorgilsson	Thorgilson (name)	Þorkell	Thorkell (name)
Þorgilsstöðum	Thorglisstadir (place)	Þorkels	Thorkell (name)
Þorgrím	Thorgrim (name), Thorgrim's (name,-genitive)	Þorkelsson	Son-of-Thorkell (name)
		Þorláks	Thorlak (name), Thorlak's (name, genitive)
Þorgrímr	Thorgrim (name)		
Þorgríms	Thorgrim's (name, genitive), Thorgrim's (name,-genitive)	þorn	thorn
		þorna	thorn
		Þorn-bil	Brooch-Clasp (name)
Þorgrímsson	Son-of-Thorgrim (name)	þórnessþingi	Thorsnes-assembly
Þorgrímur	Thorgrim (name)	Þórodda	Thorodd (name)
Þórgunna	Thorgun (name)	Þóroddr	Thorod (name), Thorodd (name)

Word List (Norse to English)

Norse	English	Norse	English
Þóroddsdóttr	Daughter-of-Thorodd (name)	Þorvalds	Thorvald's (name, genitive)
Þóroddsdóttur	Daughter-of-Thorodd (name)	Þorvaldur	Thorvald (name), Thorvald (name)
Þóroddur	Thorodd (name)	Þorvarði	Thorvard (name)
Þórorm	Thororm (name)	Þorvarðr	Thorvard (name)
Þórormr	Thororm (name)	Þorvarður	Thorvard (name)
Þórormur	Thororm (name)	þót	though
þorp	villages	þótt	though, thought
þorpi	tree	þótti	as-seem, as-seemed, as-seeming, seem, seemed, seeming, think, thinks, thought, was-thought
þorps	village		
þorra	part		
þorri	majority		
Þórsnessþingi	Thorsnes-Assembly (name), Thorsnes-Thing (name), Thorsnes-Thing (place)		
		þóttist	thought
		þóttu	thought
Þorstein	Thorstein (name), Thorstein (name)	þóttú	though
		þóttumk	seem, seemed, seeming, thought
Þorsteini	Thorstein (name), Thorstein (name)		
		þóttumst	thought
Þorstein'i	Thorstein (name)	þóttusk	seem, seemed, seeming
Þorsteinn	Thorstein (name), Thorstein (name)		
		þóttust	seem, seemed, seeming, thought
Þorsteins	Thorstein (name), Thorstein (name), Thorstein's (name, genitive), Thorstein's (name, genitive), Thorstein's (name,-genitive)	þrá	desire
		þræla	thralls
		þrælana	thralls
		þrælar	thralls
		þrældómi	slavery
		þræli	thrall
		þrælssyni	thrall's-son
Þorsteinsson	Son-of-Thorstein (name)	þræta	wrangle
		þrættu	quarrel, quarrelled, quarrelling
Þorsteirm	Thorstein (name)		
Þóru	Thora (name), Thora (name), Thora's (name,-genitive)	þramma	trammel
		Þrándheim	Trondheim (place)
		Þrándheimi	Trondheim (place)
Þórunn	Thorun (name)	Þrándheims	Trondheim (place)
Þórunnar	Thorun (name)	þraut	struggle
Þorvald	Thorvald (name), Thorvald (name)	þrautbestr	persistent
		þrautbestur	persistent
Þorvaldi	Thorvald (name)	þreifaði	felt
Þorvaldr	Thorvald (name)	þreifar	feels

148

Word List (Norse to English)

Norse	English	Norse	English
þrek	strength	þrumir	hovers, silent
þrekaðir	exhaust, exhausted, exhausting	þrútinn	swollen
		þrútnaði	swollen
þrekvirki	brave-deeds	þrýtr	end, ended, ending
þrem	three	þrýtur	end, ended, ending
þremr	three	þú	are-you, now, to-you, you, your
þremur	three		
þrenna	three	þuklaði	felt
þrettánda	thirteenth	þul	sage
þrévetr	three-winters	þular	wise-man's
þreyta	tire, tired, tiring	þuldi	reciting
þriði	third, thirty, thirty-and	þulði	rattling-off
		þundi	thunder
þriðja	third	Þundr	Thundr (name)
þriðji	third	þung	heavy
þriðjung	third-of	þungara	heavy
þriðjungr	a-third-of, third-of	þunglegar	difficult, heavier, the-heavier
þrifligir	thriving		
þrifum	thriving	þungr	heavy
þrigga	three	þungs	heavily
þriggja	three	þungt	difficulty, unhappy
þrimr	third, three	þungum	heavily
þrír	three	þunni	thin
þrisvar	three-times	þunnu	tune, tuned, tuning
þrívetr	three-winters	þunnum	heavily
þrívetur	three-winters	þurfa	ne, need, needed, needing
þrjá	three		
þrjár	three	þurfti	need, needed, needing
þrjátigu	thirty	þurftu	ne, need, needed, needing
þrjóta	exhaust, exhausted, exhausting		
		þurftugir	in-ne, in-need, in-needing
þrjóti	failure		
þrjú	three	þurfu	ne, need, needing
þróask	grows	þurfuð	ne, need, needing
þroskamaðr	vigorous-man	Þuríðar	Thorid (name), Thorid (name)
þroskamaður	vigorous-man		
þroskasamt	develop, developed, developing	Þuríðr	Thurid (name)
		Þuríður	Thurid (name)
		þurra	dry
þrotna	amass, amassed, amassing	þurrfjallr	dry-mountain
		þurrkanar	dry
þróttarsnjallr	bold-and-brave	þurrkunar	dry
		þurslegr	giant
þruma	silent	þurslegur	giant

149

Word List (Norse to English)

Norse	English
þursligr	giant
þúshundraða	thousand
þústr	discord
þústur	discord
þvá	wash
þvær	wash, washed, washing
þveginn	wash, washed, washing
þvengi	tie, tied, tying
þvengr	thong
þverafæti	foot-around
Þverár	Thverriver (place)
þverr	decreases, heap, heaped, heaping
þvers	across
þversýningar	illusions
því	according, accordingly, according-to, as, because, because-of, before, for, in, of, since, such, that, the, then, therefore, this, what, with
þvílíka	spectacular
þvílíkan	therefore-like, what like
þvílíkir	
þvílíkr	how-like, such, therefore-like
þvílíku	likewise
þvílíkum	for-like
þvílíkur	such
þvít	to
þvo	wash
Þvottá	Thvatta (place)
Þvottár	Thvatta (place)
þýðask	attach
þýðast	attach, join, to-attach
þýddan	translate, translated, translating
þyki	think
þykir	consider, seem, seemed, seeming, seems, think, thinking, thought
þykist	seeming, think
þykja	be-value, be-valued, be-valuing, seem, think, value, valued, valuing
þykjast	consider, considered
þykki	seems, seems-to, think, thought
þykkir	consider, seem, seemed, seeming, seems, think, thought
þykkisk	appears, seem, seems, thinks
þykkist	seem, seemed, seeming, think, thought
þykkja	be-value, be-valued, be-valuing, seem, think, value, valued, valuing
þykkjast	realise, realised, realising, seem, seem-to, think, thought
þykkju	things
þykkjumst	think, think-us
þykkvan	thick
þyldi	suffer, suffered, suffering
þylja	speak, to-speak
þylsk	talks
þyngd	heavy
þyngð	heavy
þyrði	dare, dared, daring
þyrftak	need, needed, needing
þyrfti	ne, need, needed, needing, needs
Þyri	Thyra (name)
þyrma	mercy
þyrni	thorns

Word List (Norse to English)

Norse	English	Norse	English
þyrstir	thirsty	unað	like, liked, liking
Þýsku	German (name)	und	and, under
		unda	beneath, under

U, u

Norse	English	Norse	English
		undaðr	wound, wounded, wounding
		undaður	wound, wounded, wounding
ugga	fear, feared, fearing		
uggðu	fear, feared, fearing	undan	ahead, away, away-from, from, from-under, further, out-from, under
uggi	fear		
uggir	dreads		
uggligt	fearful	undarlega	strange
ulfa	wolves	undarlegi	strange
ulfi	wolf	undarlegri	stranger
Ulfr	Ulf (name), wolf	undarlegum	strange
Ullarakri	Ullr-Acres (place)	undarliga	strange
Ullr	Ullr (name)	undarligi	strange
um	about, about-a, about-it, among, around, as-far-as, at, contrary-to, for, from, in, incline, inclined, inclining, of, over, regarding	undarligt	wonder-like
		undarligum	strange
		undarn	strange
		undi	on, part, satisfied, satisfy, satisfying
		unði	satisfied, satisfy, satisfying
umbóta	about-further	undir	behind, depend, depended, depending, from-beneath, from-under, near, submit, submitted, submitting, to, under, up-to
umbótar	about-further		
umbráði	manage, managed, managing		
umbúningr	clothing		
umbúningur	clothing		
umði	whine, whined, whining	undirförull	scheming
umfram	about-from	undirmál	under-speech
umhverfis	around	undleygs	wound-flame
umráði	counsel	undr	strange
umræða	discuss, discussed, discussing, discussion, talk	undraðist	was-surprise, was-surprised, was-surprising
umræði	discussion	undrast	wonder
umræðr	discussion	undruðust	astonish, astonished, astonishing, marvel, marvelled, marvelling
umræður	discussion		
umsjá	about-see		
umstilli	about-guidance		
una	content	undrumst	wonder

Word List (Norse to English)

Norse	English
undu	hoist, hoisted, hoisting, under
unðu	won
undum	turn, turned, turning
ung	young
unga	young
ungan	young
ungi	young
ungr	a-young, young, younger
ungu	young
ungum	young
ungur	young, younger
uni	like
unir	satisfied, satisfy, satisfying
unna	grant, love
unnandi	love, loved, loving
unnar	won
unni	love, loved, loving
unnið	deserve, deserved, deserving, won, working
unnit	commit, committed, committing, deserve, deserved, deserving, earn, earned, earning, spar, spared, sparing, win, winning, won, work
unnu	won
unnum	won-we
unnviggs	down
uns	until
unz	until
upp	above, got-up, open, to-open, up, upped, upping, up-to-the-mountains
uppaustrarmenn	gossipers
uppgöngr	up-going
uppgöngu	up-going
uppgöngur	up-going
upphafi	beginning, the-beginning
uppi	about, stand-up, up
Upplendingakonungs	Opplands-King (name)
upploki	unlock
Upplöndum	Uppland (place)
uppruna	origin, origin-of
Uppsala	Uppsala (place)
Uppsölum	Uppsala (place)
uppsvíaveldi	upper-Sweden
Urðarbrunni	Well-of-Urd (place)
urðu	became, came
urðu-t	became-not
utan	except-for, out, out-of, outside, out-travel
utanferðar	out-travel
utar	out, outside
uxa	an-ox, ox
uxahúð	an-ox-hide

Ú, ú

Norse	English
Úlfs	Ulf's (name,-genitive)
Úlfssonar	Son-of-Ulf (name), Ulfson (name)
úr	from, of, our-from, out, out-of
úrigt	irritable
úrskurðarmanns	ruling-person
úrskurðinn	ruling
út	back, back-from, from, out, out-from, out-in, out-of, outside
útan	except-for, of, out, out-of, outside-of, out-travel, to-out
útanferðar	out-travel
útanferðina	out-travelling
útferðarsaga	out-faring-saga
útgrynnis	shallows
úti	about, out, outside

Word List (Norse to English)

Norse	English
útibú	out-houses
útibúr	out-house
útibúrsdyrin	out-house-door
útibúrsdyrrin	out-house-door
útidurum	out-door, the-out-door
útidurunum	out-door, the-out-door
útidyrum	out-door
útivist	out-journey
útkoma	back-came
útkváma	out-coming
útláts	out-let
útlöndum	other-lands
útróðra	fishing, out-rowing
Útsynnings	South-West (place)
útsynningsbyr	south-west-wind

V, v

Norse	English
vá	difficulty, slew
váar	know
vaða	rush
váða	clothes
váðir	vestments
vaðmál	homespun-cloth
vaðmálsmöttul	mantle
váðum	clothes, vestments
væddr	vestments
vægt	mercy
væi	might-be
væn	fair, fairness
væna	fair, kind
væni	expectation
vænleik	beauty, likeness
vænleiks	good-looks
vænligt	promising, promisingly
vænn	a-fair, fair, handsome
vænni	fairer
vænst	expect, expected, expecting, fair, fairest
vænstir	expect, expected, expecting
vænstr	handsome
vænstur	handsome
vænt	expect, expected, expecting
vænta	expect, expected, expecting, hop, hoped, hoping
vænti	expect, wait
væntir	expect
væntu	expect, expected, expecting
væntum	wish
vænu	kind
væra	realms
væri	had, home, is, it-was, it-would-be, should-be, the-home, was, were, would, would-be
værið	become
værim	being
værir	be, would-be
væri-t	wouldn't
væru	being, had, were, would-be
væstir	worn
væftak	wait, waited, waiting
vættki	not
vættr	gore, gored, goring
váfa	waving
vafði	wrap, wrapped, wrapping
vafiðr	wrap, wrapped, wrapping
vafiður	wrap, wrapped, wrapping
váfir	wavering
vág	inlet
vági	inlet, wave
vagn	wagon
vágr	open, opened, opening
Vágs	Vog (place)

Word List (Norse to English)

Norse	English	*Norse*	English
vágskorit	creek-indent, creek-indented, creek-indenting	valtastur	unstable
		Valþjófr	Vallthjof (place)
		Valþjófs	Vallthjof (place)
vák	fought	Valþjófsstöðum	Vathjolfsstadr (place)
vaka	awake		
vakði	awoke, woke	váluðum	choose
vaki	awake, wake	valur	falcon
vakið	awoken	valurinn	falcon
vakin	awake	vamma	faults
vakir	awake, woke	vammlausa	blemish-free
vakit	awoken	ván	expect, expected, expecting, hope, in-vain, look, looked, looking
vakna	awake, woken		
vaknaða	woke, woke-up		
vaknaði	awoke, awoken, woke	vana	custom
vaknar	awoke	vánar	hope
vakti	awoke, woke	vanda	accustom, accustomed, accustoming, custom
val	foe		
válaðs	needy		
valblóði	slain-blood		
Valbrandssonar	Son-of-Valbrand (name)	vanða	accustom, accustomed, accustoming
vald	power	vandamálum	problems
valda	wield	vandast	difficult
valdi	chose, control, will	vandi	custom
valði	chose	vandliga	closely
Valdidida	Avaldidida (name)	vandr	particularly
valfalli	slain-fall	vandræðaskáld	troublesome-poet
Valfell	Valfell (place)	vandræðaskáldi	troublesome-poet
valfugla	corpse-birds	vandur	particularly
valinn	fallen	vang	field
Valland	Wales (place)	vanheilsu	failing-health
valmeyjar	Valkyrie	vanhluta	of-parts
valnum	as-chosen	vanhyggju	carelessness
valr	falcon, slain	vani	usually
valrinn	falcon	vanir	friends
vals	choices, roll, rolled, roller, rolling, slain, the-slain	vann	perform, performed, performing, won, worked
valska	French		
valslöngr	war-slings	vannst	defeat, defeated, defeating
valslöngur	war-slings		
valtafn	slain-offering		
valtastr	unstable		

Word List (Norse to English)

Norse	English	Norse	English
vanr	accustom, accustomed, accustoming, custom, free, lacking, without	varðar	guard, guarded, guarding
vant	difficulty, missing, want, wanting	varðhöld	a-watch, watch, watch-holders
vánu	hope	varði	expect, expectation, expected, expecting, was
vanvirða	disrespect	varðist	defend, defended, defending
vápn	weapon, weapons		
vápnabúnað	weapons-prepare, weapons-prepared, weapons-preparing	varðk	became
		varðlokr	warlock-songs
		varðlokur	warlock-songs
vápnföt	weapon-clothes	varðstu	were-you
vápnhæft	weapon-capable, weapon-handy	varðveislr	preservation
		varðveislu	custody
vápnin	weapons	varðveislur	preservation
vápnum	weapons	varðveita	preserve, preserved, preserving, supplies
var	as, it-was, stay, stayed, staying, then, there-was, was, was-with, were, when, where, who	varðveitt	preserve, preserved, preserving
vár	be, been, our, spring, sprung, were, what-was, will	varðveitti	looked-after, preserve, preserved, preserving
vara	wares, would-be	varðveizlu	custody
vára	going, spring	vargi	wolf, wolves
varaðist	warn, warned, warning	vargr	wolf
		vari	wary
varan	wary	vári	spring
várar	our, ours, spring	varið	defend
varask	avoids	varir	aware, foreseen
varast	avoid	varit	wares
varastr	wariest	várit	spring
varastur	wariest	vark	was, when
varat	warn, warned, warning	varla	barely, hardly, rarely
varð	became, came, there-was, was, went, were	varlega	warily
		varmar	warm
		várn	ours
varða	concern, concerned, concerning, warrant	varnað	wares
		varnaði	warn
		varnaðr	wares

155

Word List (Norse to English)

Norse	English
varnaður	wares
varning	goods, wares
varningi	wares
varninginn	wares
varninginum	wares
varningr	goods, wares
varningur	goods
varningurinn	wares
varp	threw
varr	aware, wary, where
várr	aware, our, ours
várra	ours
várri	provisions
várs	ours
varst	were
varstu	was, were
vart	hardly, notice, noticed, noticing
várt	our, ours, us
varu	were
váru	being, ours, that-was, wares, was, were, when
várum	ours, we
vas	was
vás	toil
vasat	was
vási	cold-and-wet
vask	was
vaskasti	boldest, valiant
vasklegr	bold, boldly
vasklegur	bold, boldly
vaskligr	bold
vaskr	bold
vaskur	bold
vát	wet
Vateri	Sutri (place), Sutri (place)
vatn	lake, water
vatnað	water-taken
Vatnahverfi	Vatnahverfi (place)
vatnanna	waters
vatnat	water-taken
vatnföllum	waterfalls
vatni	river, water
vatnið	lake, waters
vatninu	lake
vatnit	lake
vatns	water
vatnsbakkanum	water's-edge
Vatnsdal	Vatnsdal (place)
Vatnshorni	Vatnshorn (place)
vatnsísinum	water-ice
vatnskarl	basins
vatnsströndu	beach
vátta	testimony
vaxa	grew, grow
vaxanda	waxing
vaxið	growing, grown
vaxin	grown
vaxinn	growing, grown, overgrown
vaxit	growing, grown
vaxnir	grown
vaxtar	build
veðr	weather, wind, winds
Veðrafirði	Waterford (place)
veðrátta	weather
veðri	weather
veðrið	weather, wind
veðrit	a-storm, storm, weather, wind
veðrs	weather, weathered, weathering
veðrum	winds
veður	weather, wind, winds
vefja	wrap
veg	fell, way
vega	fight, ways
veggina	walls
veggirnir	the-walls, walls
vegið	kill, killed, killing
veginn	away, kill, killed, killing
vegir	way, ways
vegna	ways

Word List (Norse to English)

Norse	English
vegnest	wares
vegni	weigh
vegr	fights, slay, slayed, slaying, way
vegr-a	carry-not
vegum	way
vegur	slay, slayed, slaying, way
veiða	hunt
veiðar	hunting
veiðarnar	fishing, hunting
veiddu	caught
veiðiferð	hunting
veiðiferðir	hunting
veiðiförum	hunting
veiðimaðr	hunter, the-hunter
veiðimaður	hunter, the-hunter
veiðimanns	hunter, the-hunter
veiðiskap	fishing
veiðivitjar	seekers
veiðum	fishing, hunting
veifiskati	spendthrift
veift	wav, waved, waving
veik	gave, refer, referred, referring, turned-to
veikan	weak
veisla	feast, the-feast
veislan	feast, the-feast
veislr	feasts
veislu	a-feast, feast, the-feast
veisluna	feast
veislunni	feast, the-feast
veislur	feasts
veist	know
veistu	know-you
veit	give, given, grant, granted, knew, know, knowing, known, knows, to-give, to-grant, to-know, to-known
veita	give, given, grant, granted, know, known, lead, provide, supplied, supply, supplying, to-give, to-grant, to-have-known, to-know
veit-a	knowing-not, wit-less
veitat	provide, provided, providing
veiti	will
veitið	know
veitir	gave
veitk	given
veitt	given
veitti	give, given, grant, granted, granting, know, known, provided-for, support, supported, supporting, to-give, to-grant, to-have-known, to-know
veittir	supplied, supply, supplying
veittr	given
veittu	gave, grant, had, support, supported, supporting
veittur	given
veizla	feast, the-feast
veizlan	feast, the-feast
veizlu	a-feast, feast
veizlum	feasts
veizlunni	feast, the-feast
veizt	know
veiztu	know-you
vekja	awake, awaken, wake
vekr	awoke
vekti	awoke
vekur	awoke
vel	well

Word List (Norse to English)

Norse	English	Norse	English
veldi	chosen, empire, ruling	verði-t	become-not
		verðkaupit	worth-price
veldr	brought-about, cause, caused, causing, wield, wielded, wielding	verðr	became, become, becomes, becoming, was, were, worth
veldur	brought-about, cause, caused, causing	verðum	have
		verður	became, become, becomes, becoming, was, were, worth
velir	staffs		
velja	will		
velkði	drove	verið	been, had-been, have-been, made
velkominn	welcome		
velkti	drove	verir	be
vella	boil, boiled, boiling	verit	become, been, being, had-been, have-been, made, was
vellanda	boiling		
vellauðigr	wealthy		
vellauðigur	wealthy		
velli	field, fields, plains	verja	guard, protect, protection
vellir	fields		
veltist	roll, rolled, rolling	verjast	defend
veltr	depend	verk	work
veltur	depend	verka	work, works
venr	custom	verki	work
ver	be, were	verkið	the-work, work
vér	our, we, we-are	verkit	the-work, work
vera	be, being, be-it, come-to, had-been, it, it-be, it-was, shall-be, to-be, was, were	verkkaupi	spend
		verks	work, works
		verkstjóri	a-foreman, foreman
		verkstjórinn	foreman, the-foreman
Veradal	Veradal (place)	verkum	actions, works
verð	deserve, worth	veröldin	the-world, world
verða	as, be, became, become, becomes, becoming, being, comes, come-to, happen, to-be, to-become, was, were	veröldu	the-world, world
		verpa	throw
		verr	the-worst, worse, worst
		verra	worse, worst
verðak	worth	verri	worse, worsen
verðar	meal	versnar	worsens
verði	be, became, become, meal, will-be, worth, worth-of	verst	the-worst, worst
		verstr	worse
		verstur	worse
verðið	become	vert	be, worth, worthy
verðir	be, will-be	vertu	be

Word List (Norse to English)

Norse	English
veru	being
vés	bustling
vesa	be, being
vesæll	wretch, wretched, wretching
vesall	miserable, wretch, wretched, wretching
vesallátan	shabby
vesallegr	poor-wretch
vesallegur	poor-wretch
vesöld	misery
vesölð	misery
vestan	west, western
vestanveðr	west-wind
vestanveður	west-wind
vestarlega	westward
vestarliga	westward
Vestfirzkr	Westfjords (place)
Vestfold	Vestfold (place)
vestr	west
vestra	west
vestrætt	westwards
Vestra-gautland	West-Gautland (place)
Vestra-gautlandi	West-Gautland (place)
vestri	the-west, west, western
Vestribyggð	Vestribyggd (place)
Vestribyggðar	Vestribyggd (place)
vestrvíking	west-raiding
vestur	west
vesturátt	westwards
vesturvíking	west-raiding
Vethildi	Vethild (name)
vetr	winter, wintered, wintering, winters
vetra	of-winters, winter, winters
vetrar	winter
vetri	winter
vetrinn	winter
vetrnætr	winter
vetrnáttum	winter-nights
vetrnóttum	winter-nights
vetrum	winter, winters
vetrvist	winter
vetta	blade
vettki	nothing
vetur	winter, wintered, wintering, winters
veturinn	winter
veturnætur	winter
veturnáttum	winter-nights
veturnóttum	winter-night, winter-nights
veturvist	winter
veturvistar	winter
vex	grew, grows
vexti	grow, grown, well-built
við	about, against, as, at, by, from, in, known, of, off, on, that, therefore, to, we, with, within, wood
víða	many, spread-in, widely
viðar	tree, wood
víðar	wide
víðara	far-and-wide, wider
viðfarar	wide-travel, wide-travelled, wide-travelling
viðgerðarmikið	widely-made-much
viðhlæjendr	with-laughs
viði	tree, willow, wood, woods
viðinn	the-trees, trees
viðköstinn	the-wood-pile, wood-pile
viðreignar	dealt-with
viðgefendr	worth-givers
viðrir	weather
Viðris	Vidrir's (name,-genitive), weather's
viðskipti	exchange, exchanged, exchanging

Word List (Norse to English)

Norse	English	Norse	English
viðskiptis	business	vikna	weeks
viðskiptum	dealings	vikr	weeks
viðtaka	taken	viku	week
viðtöku	resistance	vikur	weeks
viðu	wood	vil	will, wish
Vífill	Vifil (name)	víl	trouble
Vífilsborg	Vifilsborg (place)	vilda	will, willed, willing, wish, wished, wishing
Vífilsborgar	Vifilsborg (place)		
Vífilsdal	Vifilsdal (place)	vildi	want, wanted, wanting, will, willed, willed-it, willing, wills, wish, wished, wishing, would
Vífilsson	Son-of-Vifil (name), Vifilson (name)		
vifja	will, willed, willing		
vífs	wife		
víg	killing, killing-of		
Víga-barði	Viga-Bardi (name)	víldi	will, willed, willing
Víga-Bjarna	Killer-Bjarni (name), Killer-Bjarni (name)	vildir	will, willed, willing, wish
vígdjarft	brave	vildu	want, wanted, wanting, will, willed, willing, wish, wished, wishing, would
vígdrótt	warriors		
vígðu	ground		
vígfleka	battle		
viggs	slayers	vilduð	will, willed, willing
vígi	fort, slaying, the-fort	Vilhjálmr	William (name)
		Vilhjálmur	William (name)
vígið	killing, the-killing	vili	will, willed, willing, wish, wished, wishing
vígkænn	battle-cunning		
vígr	spear-man, were		
vígra	fighting	vilið	will, wish
vígsdöglinga	slayers-of-the-dead	vilir	will, will-you
vígur	spear-man	vilja	he-will, he-willed, he-willing, the-will-of, will, willed, willing, will-of, wish, wished, wishing, would
Vík	Vik (place)		
vika	week		
Víkaskeiði	Vikaskeid (place)		
Víkin	Viken (place)		
Víkina	Vik (place), Viken (place)	viljað	will, willed, willing
		viljat	will, willed, willing
víkingar	vikings	vilji	will, willing, wish, wished, wishing
víkingr	viking		
víkingrinn	viking	viljið	will, wish
víkingur	viking	viljir	will
víkingurinn	viking	viljum	will, wish, wish-to
víkinni	bay, the-bay	vilkat	which
víkja	give-in		

Word List (Norse to English)

Norse	English	Norse	English
vill	wanted-to, will, willed, willed-to, willing, willow, wills, wish, wished, wished-to, wishes, wishing, would	vinhollr	friend-whole
		vinhollur	friend-whole
		vini	friends
		vinir	friend, friends
		vínkers	wine-beaker
villar	away	vinkonu	girlfriend
vill-at	will-not	Vínland	Vinland (place)
villr	wild	Vínlandi	Vinland (place)
villtu	will, will-you	Vínlands	Vinland (place)
villuböndum	sins	vínlandsferð	Vinland-voyage
vilmæli	flattering	vínlandsför	Vinland-voyage
vílmögum	bondsmen	vínlauk	wine-leek
vilnað	will, willed, willing	vinmælum	friendly-words
vílstígr	woeful-path	vinn	win
vilt	like, will, wish	vinna	deserve, do-work, win, work-on
viltu	will-you	vinnask	work
Vímund	Vimund (place)	vinnast	go-on, won
vin	a-friend, friend	vinni	work
vín	wine	vinnir	work
vina	friends	vinnk	win, work
vinaboð	friend-invites	vinnr	friend, won
vinar	friend, of-friend	vinnst	work, worked, working
vinátta	friendship	vinnur	friend
vináttu	friendliness, friendship	vinr	friend, friend-of
vínbejaköngul	grape-vines	vinsæl	popularity
vínber	grapes	vinsælasti	endearing
vínberjum	grapes	vinsældum	popularity
vind	wind	vinsæll	befriend, befriended, befriending, popular
vinda	wind		
vindga	windy		
vindi	wind		
Vindland	Wendland (place)	vinsælli	more-popular, popular, popularity
Vindlandi	Wendland (place)	vinskapr	friendship
vindr	wind	vinslitum	friendship
vindur	wind	vinst	won
vinfengi	friendship	vinstri	left
vingaðist	befriend, befriended, befriending	vinum	friends
		vinur	friend, friend-of
vingan	friendship	vínvið	vines
vín-gefn	wine-given	vínviði	vines
vingott	friends-good	vínviðr	vines, vine-trees

Word List (Norse to English)

Norse	English
vínviður	vines, vine-trees
virða	value, worth
virðast	value, worth
virði	meal, value, valued, values, valuing, worth
virðing	honour, worth, worthy
virðingar	worthiness
virðingarráð	worthiness
virðingu	honour, worthiness, worthy
virðir	value, valued, valuing
virðist	seem, seemed, seeming, seems
virðr	respect, worth
virðulega	worthily
virðuliga	worthily
virður	respect, worth
virgilná	hanging-corpse
virti	esteem, esteemed, esteeming, value, valued, valuing
virtist	seeming
virtr	ale
vís	aware
vísa	direct, directed, directing
vísað	turn
vísar	refer, saw
vísat	turn
vísendakona	fore-knowing-woman
vísendakonunni	wise-woman
vísi	certainly, intend, intended, intending
vísindakona	fore-knowing-woman
vísindakonunni	prophetess, wise-woman
vissa	knew
vissak	know
vissan	knowledge
vissi	knew, know
vissu	knew
vist	hospitality, provisions, staying, staying-with
víst	certain, certainly, knew, know, known, made, surely, wise
vista	provisions
vistar	lodge, lodging, stay, surely
vistir	food, lodging, lodgings, provisions, supplies
vistlaus	homeless
vistlauss	homeless
vistuðu	save, saved, saving
vistuðust	found-a-place
vísu	a-verse, certain, certainly, know, verse
vísum	knowing
vísuna	verse
vit	into, knew, know, known, sense, to, we, wit, with
vita	certainly, he-knew, knew, know, knowing, known, knows, to-know
vitað	known
vitaðr	known
vitaður	known
vitandi	known
viti	knew, knowing
víti	lesson, misfortune, penalty
vitir	know
vitja	visit
vitjaði	visit, visited, visiting
vítka	blame
vitr	wise
vitrastir	wisest
vitrastr	the-wisest, wisest

Word List (Norse to English)

Norse	English
vitrastur	the-wisest, wisest
vitrir	wise
vitrliga	wise-like
vitrust	wise
vitrustu	wisest
vits	wits
vítt	charms, wide
vitu	know
vitum	know, knowing, we-know
vitur	wise
vó	slew
voðaverk	accident, accidents
vog	inlet
vöggu	cradle
vogr	open, opened, opening
Vogs	Vogs (place)
vogskorið	creek-indent, creek-indented, creek-indenting
vogunum	inlets
vogur	open, opened, opening
vöknuðu	awoke
vöktu	woke
vöku	awake
völ	choice
völd	powerful
völdum	doing
völl	field, ground, the-field
völlinn	field, the-field
völlum	fields
völluna	plains
völlunum	fields, the-fields
Völnir	Volnir (name)
völu	witch
von	expect, expected, expecting, hope, look, looked, looking, wish, wished, wishing
vöndr	wand
vonir	hopes, the-hopes
vonum	hop, hope, hoped, hoping
vooru	were
vopn	weapon, weapons
vopna	weapons
Vopnafjörð	Vopnafjord (place)
vopnaskipti	weapons-exchange
vopnið	weapon
vopnin	weapons
vopnum	weapons
vor	been, gone, our, provide, provided, providing, spring, sprung, what-was, will
vora	going, spring
vorar	spring
vörðr	guardian
vörður	guardian
vörðust	guard, guarded, guarding
vörgum	wolves
vori	spring
vorið	spring
vorir	our
vorkunn	pity
vorn	ours
vorra	talking-loudly
vorri	provisions
vort	our, ours
vorþings	local-assembly
voru	are, ours, there, wares, was, were
voruð	were
vorum	our, ours
vörum	the-wary, to-the-wary
vörusekkar	sacks, ware-sacks
vörusekkunum	ware-sacks
vos	toil
vosi	cold-and-wet
vot	wet
vötn	waters
votta	testimony, witness
vottar	witnesses

Word List (Norse to English)

Norse	English
vottnefna	witnesses
völt	growth
vöxtr	grown
vrekask	quarrel
vrótum	roots

Y, y

Norse	English
yðar	you, yours
yðarn	you, yours
yðarra	your, yours
yðarrar	yours
yðarri	yours
yðr	to-you, you, your, yours
yðra	depart, yours
yðrar	your, yours
yðru	your, yours
yðrum	your, yours
yður	of-you, to-you, you, your, yours
yðvar	you, your, yours
yðvarn	your, yours
yðvarr	your, yours
yfir	about, across, over, up
yfirbætr	compensate
yfirbátr	above
yfirbót	redress
yfirbragð	complexion
yfirbragðslítið	little-appearance
yfirbragðslítit	little-appearance
yfirlæti	favour, respectable
yfirlit	appearance
yfirlits	look-at, to-look-at
yfirlitum	looks
yfirsöngva	burial-service
yfirsöngvar	burial-service
yfirstigna	surpass, surpassed, surpassing
ygli	awful
yill	like
ykkar	you
ykkr	to-you, you, your
ykkrar	you
ykkur	you, your
ylgr	she-wolf's
yminn	sound, the-sound
ynði	happiness
yngri	younger
yngrum	younger
yngstr	young
yngstur	young
Yngvarr	Yngvarr (name)
Yngveldar	Yngvild (name)
Yngvildar	Yngvild (name), Yngvild's (name, genitive)
Yngvildr	Yngvild (name)
Yngvildur	Yngvild (name), Yngvild (name)
ynni	won
yppa	up
yrði	became, becomes, could, should, should-be, would
yrðið	had-been
yrðir	become
yrðu	be
yrkjendr	workers
yrmling	little-snake
yst	outer, outermost
ystr	outer
ystur	outer
Yxna-Þórissonar	Son-of-Ox-Thorir (name)
Yxney	Oxney (place)
yztu	outermost, the-outermost

Ý, ý

Norse	English
ý	be
ýfast	ruffle, ruffled, ruffling
ýla	howling

Word List (Norse to English)

Norse	English
ýmissa	various
ýmisst	either
ýmist	either
ýmsa	various
ýmsi	various
ýmsum	various
ýta	launch, launched, launching, out-to, press, pressed, pressing, push, pushed, pushing, towards
ýti	out
ýtik	out

Word List (English to Norse)

English	Norse	English	Norse
		accept	*játar, págu, pigg, piggið, piggja, piggr, piggur*

A, a

English	Norse	English	Norse
a	*á, að, at, ein, eina, einn, eins, einu, einum, eitt, er, hinn, í, inn*	accepted	*játar, págu, piggið, piggja, piggr, piggur*
		accepting	*játar, págu, piggið, piggja, piggr, piggur*
a-baby-boy	*sveinbarn*	accident	*voðaverk*
a-bad	*illa*	accidents	*voðaverk*
abandon	*hafnat*	accompany	*annan*
abandoned	*hafnat*	accomplish	*afreksmaðr, afreksmaður, atgervimaðr, atgervimaður, fær, íþróttum*
abandoning	*hafnat*		
a-bear	*bjarndýr, bjarndýri*		
a-beast	*dýrit*		
a-bed-closet	*hvílugólfinu*	accomplished	*afreksmaðr, afreksmaður, atgervimaðr, atgervimaður, fær, íþróttum*
a-bench	*seti*		
abide	*bíða*		
abides	*bíðr, biður, bíður*		
abjectly	*aumlega*		
able	*færim, færum, mega*	accomplished-man	*atgervimaðr, atgervimaður*
able-to	*mega*		
abode	*bústað*	accomplishing	*afreksmaðr, afreksmaður, atgervimaðr, atgervimaður, fær, íþróttum*
about	*á, áðr, áður, at, en, í, með, of, til, um, uppi, úti, við, yfir*		
about-a	*um*	according	*því*
about-from	*umfram*	accordingly	*því*
about-further	*umbóta, umbótar*	according-to	*því*
about-guidance	*umstilli*	account	*frásögnum*
about-it	*um*	accuse	*kæra, sakaði*
about-see	*umsjá*	accused	*sakaði*
above	*framar, ofan, ofanverðan, upp, yfirbátr*	accusing	*sakaði*
		accustom	*vanda, vanða, vanr*
a-bull	*griðungr, griðungur, naut*	accustomed	*vanda, vanða, vanr*
		accustoming	*vanda, vanða, vanr*
abundance	*gnóga, gnótt, gnóttir*	a-child	*barni*
a-bundle	*byrði*	a-company	*lið, liðin*
abusive	*níðskár*	a-cow	*kúna*
a-case	*mál*	a-crash	*brest*
		a-crew	*lið, liði*
		a-crime	*glæp*

166

Word List (English to Norse)

English	Norse	English	Norse
across	*ofan, þvers, yfir*	affected	*fær*
act	*lætr*	affecting	*fær*
acted	*lætr*	affection	*ást, ástúð*
acting	*lætr*	affectionate	*ástsamlega*
action	*skríða*	affections	*hugða*
actions	*verkum*	affinity	*sifjum*
a-cushion	*hægendi*	affliction	*böl, böls, bölvi*
a-custom	*siðr, siður*	afflictions	*forbæna*
a-day	*dag*	a-fiend	*fjandi*
a-demon	*púki*	a-fire	*eld, eldinn*
Adganes (place)	*Agðanesi*	a-foreman	*verkstjóri*
a-din	*gnýr*	a-forest	*skógr*
a-disgrace	*svívirðing*	afraid	*hræðist, hræðslan, hræðumst*
admire	*dáðust*		
admired	*dáðust*	a-freed-man	*leysingi*
admiring	*dáðust*	a-friend	*vin*
a-dog	*hundr, hundur*	after	*áðr, áður, aftr, aftur, aptni, eftir, eptir, síðan, síðar*
advance	*flytr, heldr, heldur*		
advanced	*flytr, heldr, heldur*		
advancing	*flytr, heldr, heldur*	aftermath	*eftirbátr, eftirbátur*
advantage	*hagvirki, kost*	after-seeking	*eftirleituna*
advice	*ráð, ráða, ráði, ráðið, ráðit, ráðum, ræðr, ræður, reiða*	after-travelling	*eftirförina*
		afterwards	*eftir, eptir, síðan, síðar*
advice-lies	*ráðlegast, ráðligast*	again	*aftr, aftur, nýju*
advice-wise	*ráðsnotra*	against	*gegn, mót, móti, mótrunnr, rönd, við*
advisable	*ráðlegra*		
advise	*ráð, ráða, ráði, ráðið, ráðit, ráðlegt, ráðligt, ráðs, ræð, ræddi, ræddu, réð, tilræði*	against-headland	*andness*
		against-running	*mótrunnr*
		a-game	*gaman*
		a-game-piece	*töfl*
		a-gaming-table	*hneftafli*
advised	*ráð, ráða, ráði, ráðit, ráðlegt, ráðligt, ræddi, ræddu, réð, tilræði*	agape	*gapti, kópir*
		Agder (name)	*Agðir*
		age	*aldr, aldri, aldur, elli, fyrnast, öld, öldrum, öldum*
advising	*ráð, ráða, ráði, ráðit, ráðlegt, ráðligt, ræddi, ræddu, réð, tilræði*		
		age-hurt	*aldrtrega*
		age-laying	*aldrlagi*
		aggravating	*hríðgervandi, hríðgjörvandi*
Aesir (name)	*ásum*		
a-fair	*vænn*		
a-farm	*bæ, bú*	a-girdle	*hnjóskulinda*
a-feast	*veislu, veizlu*	Agnar (name)	*Agnar, Agnarr, Agnars*
a-few	*nokkurra*		
affect	*fær*		

Word List (English to Norse)

English	Norse	English	Norse
Agnar's (name,-genitive)	Agnars	a-large	stórt
		Alasund (place)	Álasundi
a-good	góðr, góður, gott	ale	mungát, mungátin, öl, ölðr, ölður, öls, virtr
a-great	mikil, mikill, mikinn, miklu, mjök	ale-hood	ölkofra, ölkofri
agree	ákveðin, játaði, játtar, játtu, ráða, ráðin, sætti, samdist, samðist, sáttir	Ale-hood's (name,-genitive)	Ölkofra
		ale-party	ölðrum
		ale-staff	ölstafns
agreeable	geðjaðir, skapfelld, skapfelldir	Alftafjord (place)	Álftafirði, Álftafjörð
agreed	ákveðin, játaði, játtar, játtu, ráða, ráðin, sætti, samdist, samðist, sáttir	a-lie	logit
		alike	glíkir, líkar
		a-little	lítinn, lítit, litlu, lítt
		alive	kvikt, lifir
agreeing	ákveðin, játaði, játtar, játtu, ráða, ráðin, sætti, samdist, samðist, sáttir	all	á, alla, allan, allar, allir, allr, allra, allrar, allri, alls, allt, allur, gervallir, í, öll, öllu, öllum
agreement	handlagi, handsalsvætti, máldaga, samið, samit, stefna	all-among	öllum
		all-bloodied	alblóðugr, alblóðugur
		all-bloody	alblóðugr, alblóðugur
a-greeting	kveðja	all-bloodying	alblóðugr, alblóðugur
a-group	lið	all-contend	allstrítt
ahead	fram, fyrir, undan	all-contended	allstrítt
ahead-of	fyrir	all-contending	allstrítt
a-high-seat	hásæti	allegiance	kné
a-hood	hött	all-full	ávallt
a-howl	gaul	all-good	allgóð, allgóðar, allgóðir, allgóðr, allgóður, allgott
a-human	mennskr		
ai (interjection)	ái		
aid	björg, duga	all-greatly	allmjög
aided	duga	all-happy	allfús
aiding	duga	all-heathen	alheiðið, alheiðit
aim	mynda, reiddi	all-kinds	allskonar, konar
aimed	reiddi	all-longer	álengðar
aiming	reiddi	all-many	allmarga
air	lofti	all-men	almenning
a-journey	leið	all-mind	alhugi
a-keel	kjöl	all-much	allmikið, allmikit, allmjög
Aki (name)	Áka, Áki		
a-king	konung, konungr	all-near	allnær
a-king's	konungs	all-need	allþörf
a-knob	hnappr, hnappur, knappr	all-needed	allþörf
		all-needing	allþörf

Word List (English to Norse)

English	Norse	English	Norse
all-not-expect	allóvænt	although	þó
all-not-expected	allóvænt	altogether	allra, allt, gersamliga
all-not-expecting	allóvænt	always	ávallt, hversdaglega, jafnan
allow	heimilt, lætr, láta, leggja, lét, létu, leyfa	am	á, eg, em, er
allowed	lætr, láta, lét, létu	a-maiden	mey
allowing	lætr, láta, lét, létu	a-man	karl, maðr, maðrinn, maður, mann, manna, manni
all-prepare	albúið, albúit		
all-prepared	albúið, albúit		
all-preparing	albúið, albúit	a-mark	mörk
all-promising	allvænlegir, allvænligir	amass	þrotna
		amassed	þrotna
all-prying	allnýs	amassing	þrotna
all-ready	albúinn	ambassadors	erindreka
all-ruling	allráðr, allráður	amber	röf
all-swift	alskjótum	ambitious	framgjarn, stórráðu
all-ugly	allóvæn	ambitious-man	metnaðarmaðr, metnaðarmaður
all-un-likely	allólíkligt		
all-very	allmjök	a-meal	mál
all-weapon	alvápnaðir, alvápnaðra, alvopnaðir	am-I	eg, emk, er
		am-name	heiti
		am-named	heiti
all-weaponed	alvápnaðir, alvápnaðra, alvopnaðir	am-naming	heiti
		among	í, með, milli, öllum, um
all-well	allvel	among-advice	meðalráð
all-who	allir	among-people	fyrða
all-wielding	allvaldr, allvaldur	a-month-from	mánaðarfró
all-wise	alsnotr, alsnotur	a-more	meira
almost	flest	a-mound	haug
a-local-chief	hersir	a-mountain	fjallinu
alone	eigi, ein, einir, einn, einni, eins, einum, eitt	ample	ærna, drjúgari
		Amundi (name)	Ámundi, Ámundi
along	eftir, ein, eitt, fyrir, lengi, með	Amundi's (name, genitive)	Ámunda
a-long	langri	Amundi's (name,- genitive)	Ámunda
a-loud-man	hávaðamaðr, hávaðamaður		
		amuse	skemmta, skemmtir
already	þegar	amusement	skemmtan, skemmtun
Alreksstead (place)	Alreksstöðum	an	á, ein, einn, eitt
also	annars, og, ok, önnr, önnur, þó	a-name	nafn, nafnfesti
		an-army	her
altar	stalli	an-axe	öx
alternative	liggja	ancestors	forellrismenn

169

Word List (English to Norse)

English	Norse	English	Norse
ancestry	ætt	answering	segir, svara, svarað, svaraði, svarar, svarat, svöruðu
anchor	akkeri, akkerum		
ancient	fornum		
and	á, að, eða, en, én, enda, er, fyrir, og, ok, ök, und	answers	andsvör, svörum
		anti-sun-wise	andsælis, rangsælis
		a-nun	nunna
an-earl	jarl	an-unconquerable	óvígan
an-earthquake	landskjálfti	an-unknown	ókunnr
an-end	enda	any	eigum, einhverju, einum, enga, hver, hverjum, hvert, nokkr, nokkuð, nokkur, nokkura, nokkurr, nokkurum, nökkut, nokkverja, öngva
an-excellent	ágæts		
angel	engil, þengil		
anger	ákafa, reiði		
Anglesey (place)	Önguls-eyju		
angry	reiðir, reiðr, reiður		
animal	dýrit	any-at-all	nokkuð
animal-hunting	dýraveiðr, dýraveiður	any-of	einnhver, einnhverr
animal-marrow	dýramerg	anyone	nokkr, nokkur, nökkurr
animals	dýra, eyki		
an-island	ey	any-other	annars, annat
ankle-fire	öklaeld	anything	nokkurr, nokkurum, nokkut
announce	boði		
announced	boði	a-one-footer	einfætingr, einfætingur
announcing	boði		
an-old	gömul	apart	sundr, sundur
an-old-woman	kerling	a-part	skilja
another	aðra, annað, annan, annar, annarr, annarra, annarrar, annarri, annars, annat, öðru, öðrum, önnr, önnur	apart-from	frá
		a-peasant's-daughter	karlsdóttr, karlsdóttur
		apes	api
		A-poem-for-Canute (name)	Knútsdrápu
another's	annars	a-pole-axe	bolöxi
an-overwhelming	óvígan	appear	brugðit, sýnast, sýnum
an-ox	oxa, uxa		
an-ox-hide	uxahúð	appearance	sýndum, tilsýndar, yfirlit
answer	andsvör, segir, segja, svara, svára, svarað, svaraði, svarar, svarat, svarra, svör, svöruðu, svörum	appeared	brugðit, sýnum
		appearing	brugðit, sýnum
		appears	líst, lízt, þykkisk
		applied	beita, beittu
answered	segir, svara, svarað, svaraði, svarar, svarat, svöruðu	apply	beita, beitim, beittu, beitum
		applying	beita, beittu
		appoint	ráðnir, réð, réðst, réðust

Word List (English to Norse)

English	Norse	English	Norse
appointed	ráðnir, réð, réðst, réðust	around	áðr, áður, lit, snemmendis, stundar, um, umhverfis
appointing	ráðnir, réð, réðst, réðust	arrange	ráðast, skipuð, törruðu
appreciate	meta, metinn, njóti	arranged	ráðast, skipuð, törruðu
appreciated	meta, metinn	arranging	ráðast, skipuð, törruðu
appreciating	meta, metinn	arrive	komust, kómust
approach	nálgast, nálguðust	arrived	komust, kómust
approached	nálgast, nálguðust	arriving	komust, kómust
approaching	nálgast, nálguðust	arrogance	drambi
a-pyre	bál	arrow	ór, ör, örin, örina, öru, örvar
arch	spöng		
are	búnu, er, ert, eru, eruð, erum, erusk, ro, sért, séu, voru	arrow-messages	örvarboð
		arrows	fleini, örvar, skeyti
areas	sveitir	arrow-summons	örvarboð
are-given	gefr	as	á, að, ás, ási, at, ef, eins, en, enn, er, es, í, ok, sé, sem, ssem, svá, því, var, verða, við
are-there	eru		
are-they	þeira		
are-we	eru, erum		
are-you	ertu, eru, þú		
Ari (name)	Ari		
a-rich	ríkr	as-a	að
a-ring	hring, kring	a-sacrificing-man	blótmaðr, blótmaður
a-river	á	as-a-woman	kona
arm	arm, hendi, hönd	as-big	mikinn
arm-good	armgóða	Asbjarnar (name)	Ásbjarnar
armour	brynjr, brynju, brynjur	as-chosen	valnum
arms	armi, arms, faðmi, fang, hendi	a-season	missari, misseri
		a-seat	atsetu
army	her, herja, herr, hers	a-seer	spámaðr, spámaður
army-theirs	hersins	a-serpent	ormr
Arnarstapa (place)	Arnarstapa	a-settlement	sætt
Arnarstapi (place)	Arnarstapa	as-far-as	um
Arnbjorg (name)	Arnbjargar, Arnbjargar	Asgerd (name)	Ásgerðr, Ásgerður
Arnfrid (name)	Arnfríðar, Arnfríðar	a-shame	skömm
Arnlaug (name)	Arnlaugr, Arnlaugur	as-he	er'hann, sér
Arnlaugsfjord (place)	Arnlaugsfjörð	a-ship	knörr, skip, skipi
		a-short-distance	skammt
Arnora (name)	Arnóru	as-if	sem
Arnulf (name)	Örnúlfr	a-silk-tunic	silkihjúp
a-room	herbergi	as-in	sem

Word List (English to Norse)

English	Norse	English	Norse
ask	bað, báðu, bæði, beðinn, beiðast, beiddi, beiddist, beiddu, beiðir, beiðst, bið, biðið, biðja, biðr, biður, boð, boði, fregna, kvað, kvæði, kveð, leita, leitaði, leitar, spurði, spurðr, spurðu, spurður, spurðust, spurt, spyr, spyrja, spyrr	a-snake	ormr
		as-need	þarft
		as-needed	þarft
		as-needing	þarft
		a-son	son
		as-one	eina
		a-spear	spjót
		a-spear-shaft	spjótskepti
		a-speck	flekk
		assault	tilræði
		as-seem	þótti
asked	bað, báðu, bæði, beðinn, beiddi, beiddist, beiddu, beiðir, beiðst, biðr, biður, boði, kvað, kvæði, leitað, leitaðir, leitat, leituðu, spurði, spurðr, spurðu, spurður, spurðust, spurt, spyr, spyrja, spyrr	as-seemed	þótti
		as-seeming	þótti
		assemble	þingið, þingit
		assembled	þingið, þingit
		assembling	þingið, þingit
		assembly	alþingi, þing, þingi, þingið, þinginu, þingit, þingmenn, þings, þingsins, þingstefnu, þingum
asked-for	biðr, biður	assembly-ending	þinglausnir
askew	skæ	assembly-men	þingmenn, þingmönnum
asking	bað, báðu, bæði, beðinn, beiddi, beiddist, beiddu, beiðir, beiðst, biðr, biður, boði, kvað, kvæði, leita, leitaði, leitar, spurði, spurðr, spurðu, spurður, spurðust, spurt, spyr, spyrja, spyrr	assembly-post	þingstöð
		as-should-be	skyldi
		assist	atbeina, beina
		assistance	ásjá, atbeina, dugnað, fullting, greiða, lið, liðsinni
		assisting	beina
		as-small	jafnlítill
		as-soon	þegar
asking-for	leitað, leitaðir, leitat, leituðu	as-soon-as	þegar
		as-sweet	jafnsætt
a-skin-purse	skjóðupungr, skjóðupungur	as-though	sem
asks	spyr, spyrr	as-to	at
a-slab-stone	hellusteinn	astonish	undruðust
Aslak (name)	Áslákr, Áslákur	astonished	undruðust
Aslaug (name)	Áslaug, Áslaugar, Áslaugu	astonishing	undruðust
		a-storm	veðrit
as-long-as	meðan	a-strait	sund
as-may	mátti	astray	flærðir
as-much-as	margar		

Word List (English to Norse)

English	Norse	English	Norse
a-stream	straumar, straumr, straumur	at-the-front	öndverðri
a-strike	högg	at-this	þetta
asunder	sundr, sundruðum, sundur	attract	fýsa
asunder-mix	sundurgreinilegt	attractive	snótu
asunder-mixed	sundurgreinilegt	Aud (name)	Auðar, Auðr, Auður
asunder-mixing	sundurgreinilegt	Audun (name)	auðun, Auðunar, Auðuni, Auðunn
Asvald (name)	Ásvalds	Audun's (name,-genitive)	Auðuni
Asvald's (name,-genitive)	Ásvalds	aunt	hímu
Asvid (name)	Ásviðr, Ásviður	Auslag (name)	Áslaug, Áslaugar, Áslaugu
as-vigorous	íþróttar	Auslag's (name,-genitive)	Áslaugar
as-well	með		
a-sword	sverð	Austfjord (place)	Austfjörðum
at	á, að, at, er, í, til, um, við	authority	forræði, ráð, ríki
a-table	borð	autumn	haust, hausti, haustið, haustit
ate	át, átu, mataðist	autumn-feast	haustboði, haustboðinu
at-hand	fyrir		
a-third-of	þriðjungr	autumn-harvest	haustboðs
athletic-man	fimleikamaðr, fimleikamaður	autumn-nights	haustgríma
		avail	stoðar, tjóa
at-home	heima	available	tiltækilegra
a-time	tíðir	Avaldamon (name)	Avaldamon
at-least	minst, síst	Avaldidida (name)	Valdidida
Atli (name)	Atla, Atli	avenge	hefna, hefnir
at-once	sennu	average-head	meðalkafla
at-risk	hætt	a-verse	vísu
a-trout-net	aurriðanet	avoid	forðað, forðast, hopa, opa, varast
at-sea	hafa		
attach	þýðask, þýðast	avoided	forðað
attack	atsókn, elnaði	avoiding	forðað
attacked	elnaði	avoids	varask
attacking	elnaði	aw	ær
attempt	reyna	awaiting	bíðr, biður, bíður
attend	mannaðr, mannaður, sák, sótt, sótti, sóttust	awake	vaka, vaki, vakin, vakir, vakna, vekja, vöku
attended	mannaðr, mannaður, sák, sótt, sótti, sóttust	awaken	vekja
		a-war-band	her, herliðs, herr
attending	hlýða, mannaðr, mannaður, sák, sótt, sótti, sóttust	aware	varir, varr, várr, vís
		a-warrior-king	herkonungr, herkonungur
at-the	á		
at-the-door	dura	a-warship	herskipa

Word List (English to Norse)

English	Norse	English	Norse
a-watch	varðhöld	Ælla (name)	Ella, Ellu
away	braut, brautu, brot, brott, brottu, burt, ferr, fjarri, frá, skjótt, undan, veginn, villar	Ælla's (name,- genitive)	Ellu
		Æsir (place)	Æsir, Ása
		Æthelberht (name)	Aðalbrigt
away-from	aftr, frá, undan	Æthelmund (name)	Aðalmundr, Aðalmundur
away-travel	brottferðar		
awed	ær		
a-wedding	brúðkaup, brúðkaupið, brúðlaup, brúðlaupi, brúðlaupinu		

B, b

English	Norse
b	beð, beðjum, hvílu, rekkju
baby-boy	sveinbarn
baby-girl	meybarn
back	áðr, áður, aftaninn, aftr, aftur, aptr, bak, baki, eptir, hryggja, út
back-came	útkoma
back-from	út
bacon	flesk
bad	illa
badly	illa, illilega, illiliga
bags	bagga, böggunum
bake	baka
bald	kollóttr
Baldr (name,- genitive)	Baldr
Baldr's (name,- genitive)	Baldrs
Baldur (name,- genitive)	Baldur
ball	knáttu
balls	knött
balm	lasta
ban	bann, bannaði, bannat, bönnuðu
band	flokka, flokkr, flokkur, herr
bane	bana, bani
bane-herrings	bensildr
bank	bakkann
banned	bannaði, bannat, bönnuðu
banner	merki
banners	flíkr, flíkur

English	Norse
a-wedding-feast	brúðkaup, brúðkaupið, brúðlaup, brúðlaupi, brúðlaupinu
awful	firn, ygli
a-whale	hvalr
awhile	hríð, meðan, stund, stundar, stundir, stundu, stundum
a-whole	heill
a-wife	konu, konuna
awing	ær
a-wise	fróðr, fróður
awoke	vakði, vaknaði, vaknar, vakti, vekr, vekti, vekur, vöknuðu
awoken	vakið, vakit, vaknaði
a-woman	kona, konu
a-wonder	furða
axe	exar, öx, öxar, öxi, öxin, öxina, öxinni
axe-cuts	skýlihöggum
a-young	ungr

Á, á

English	Norse
ái (interjection)	ái

Æ, æ

English	Norse
Ægir's (name,- genitive)	Ægis

Word List (English to Norse)

English	Norse	English	Norse
banning	*bannaði, bannat, bönnuðu*	be	*á, að, at, er, fá, gera, gerast, gerði, gert, gerum, gört, mega, sé, værir, vár, ver, vera, verða, verði, verðir, verir, vert, vertu, vesa, ý, yrðu*
banquet	*sumblum*		
baptise	*skírð, skírðir*		
baptised	*skírð, skírðir*		
baptising	*skírð, skírðir*		
baptism	*skírn*		
Bardafjord (place)	*Barðafirði*	be-able	*mega*
bare	*ber, beran, bert*	beach	*vatnsströndu*
barely	*varla*	beaches	*strandir, strandirnar, ströndunum*
bargain	*fala*		
bargained-for	*falar*	beam	*tré*
bark	*bark, börkr, næfra*	beams	*geisli, tré*
bark-at	*geyja*	bear	*bar, bera, berast, beri, berið, berja, berum, birni, bjarndýr, bjarndýri, bjarndýrit, björn, fæða*
barley-barn	*bygghlaða*		
basins	*vatnskarl*		
bastard	*bastarðr, bastarður*		
bastard-born	*frilluborna*		
bath	*laug, laugat*		
bathed	*laugat*	beard	*skeggjaðr, skeggjaður*
bathing	*laugat*	Beard-Broddi (name)	*Skegg-Broddi*
bathing-moon	*böðmána*		
battle	*bardaga, bardagann, bardagar, bardagi, bardaginn, barðist, berjast, börðust, fundr, fundur, hildar, hildi, hildr, hjaldri, orrosta, orrostan, orrostu, orrostunni, orrustu, orustu, rómu, vígfleka*	bearded	*skeggjaðr, skeggjaður*
		Bearded-Broddi (name)	*Skegg-Broddi*
		bearding	*skeggjaðr, skeggjaður*
		bearer-men	*burðarmenn*
		bearing	*bærist, báru, bárum, bornum*
		bear-island	*Bjarney, Bjarneyja, Bjarneyjar, Bjarneyjum*
battle-cry	*ópi*		
battle-cunning	*vígkænn*	bears	*ber, berr*
battled	*barðist, börðust*	Bear's (name)	*Bjarnar*
battle-hoe	*bengrefill*	Bear's (name,-genitive)	*Bjarnar*
battles	*orrostr, orrostu, orrostur, orustr, orustur*	bears-not	*berr-at*
		bear-to	*berja*
battle-shirts	*skyrtr, skyrtur*	beast	*dýja, dýrit, dýrsins*
battling	*barðist, börðust*	beasts	*gjalti*
bay	*víkinni*	beat	*barði, börðu*
		beaten	*barðir, barið, barit*

Word List (English to Norse)

English	Norse	English	Norse
beautiful	*fagran, fagrt, fagurt, fegurst, fögr, fögru, fögur, fríðar, fríðr, fríður*	beer	*bjór*
		before	*áðr, áður, en, för, fóru, fyr, fyrir, fyrr, fyrra, fyrri, fyrrum, öndverðan, því*
beautifully	*fagrliga*		
beauty	*fegrð, vænleik*	beforehand	*fyrir*
be-bare	*ber*	before-intentions	*fyriraetlan*
be-brought	*færa*	before-them	*fyrir*
be-call	*heitinn, kvað*	before-us	*fyrir*
be-called	*heitinn, kvað*	befriend	*vingaðist, vinsæll*
be-calling	*heitinn, kvað*	befriended	*vingaðist, vinsæll*
became	*gerðist, gerist, kemr, lagði, orðinn, urðu, varð, varðk, verða, verði, verðr, verður, yrði*	befriending	*vingaðist, vinsæll*
		began	*byrjaði, hófust*
		beggar	*stafkarl*
		beggar's	*stafkarls*
		begging	*bæn, biðja, stafkarlsstíg*
became-a	*gerðist*		
became-not	*urðu-t*	begin	*byrjar, hefja*
because	*fyrir, því*	beginning	*öndverðum, upphafi*
because-of	*fyrir, því*	be-given	*gefin, gefinn*
because-of-a	*fyrir*	be-glad	*glaðr, glaður*
become	*komið, kominn, orðið, orðinn, orðit, oröit, værið, verða, verði, verðið, verðr, verður, verit, yrði*	behave	*lætr, lætur*
		behaved	*lætur*
		behaviour	*athæfi, lætr, lætur*
		be-heard	*heyra, hljóðs*
		beheld	*líst*
become-not	*verði-t*	be-help	*duga, hólpinn*
becomes	*verða, verðr, verður, yrði*	be-helped	*duga, hólpinn*
		be-helping	*duga, hólpinn*
becoming	*gerðist, kominn, verða, verðr, verður*	behind	*eftir, eptir, heldr, heldur, seinni, undir*
bed	*beð, beðjum, bing, hvílu, rekkju, sæng, sængr, stokki*	behold	*heldr, heldur, líst*
		beholding	*líst*
		being	*beð, beðjum, bing, er, gerum, hvílu, rekkju, sæng, sængr, sé, stokki, værim, væru, váru, vera, verða, verit, veru, vesa*
bed-closet	*hvílugólfi, hvílugólfinu, lokhvílu, lokrekkju, rekkjugólfið*		
bed-clothes	*klæðin*		
bedding	*beðr, beður*		
bed-fellow	*rekkjufélaga*		
be-done	*gera*		
beds	*hvílr, hvílur, sængr*	be-it	*vera*
bed-speech	*beðmálum*	be-kill	*drepa*
been	*orðit, vár, verið, verit, vor*	be-killed	*drepa*
		be-killing	*drepa*
been-done	*skipast*	be-known	*kenna*

Word List (English to Norse)

English	Norse	English	Norse
Beli (name)	Beli	be-preparing	búit
belief	átrúnað	Bergfinn (name)	Bergfinn, Bergfinnr, Bergfinnur
believe	trúa, trúðu, trúi, trúið	berries	berjum
believed	trúðu	berserker	berserk, berserkrinn, berserkurinn
believes	trúir		
believing	trúðu	Berufjord (place)	Berufirði
Beli's (name,-genitive)	Beli	be-said	segja
		be-sick	sóttar
bellow	belgði, beljar, gall, gaulat, gellr, lætr, láta	beside	hjá, innar
		besides	annat
bellowed	belgði, beljar, gall, gellr, lætr, láta	be-silent	þegit
		best	basta, bazt, bazta, baztr, best, besta, besti, bestr, bestu, bestum, bestur, bezt, bezta, bezti, beztr, beztu, beztum, flestra, mestir
bellowing	belgði, belja, beljar, gall, gellr, læti, lætr, lát, láta		
belly-fat	ístruna		
beloved-friends	ástmenn	Bestla's (name,-genitive)	Bestlu
below	neðan	be-taken	taka
be-made	gera	betoken	tákna, teikna
be-married	giftist	betray	sveik, svík, svíkja, sviku
be-marry	giftist		
be-marrying	giftist	betrayed	sveik, sviku
be-name	heita	betraying	sveik, sviku
be-named	heita	betroth	fastnaði
be-naming	heita	betrothe	föstnuð
bench	bekk, bekki, bekkinn, bekknum, fleti, seti	betrothed	fastnaði, föstnuð
benches	fletjum	betrothing	fastnaði, föstnuð
bench-mates	sessmögum	better	bæta, batna, batnaði, batni, betr, betra, betri, betur, beutr, meiri
beneath	unda		
benefit	beinabót, gagn, gagns, gott, kost, kostar, kostum, njóti, nýt, nýtr		
		bettered	batnaði
benefited	gott	bettering	batnaði
benefit-happier	gagnsæli, gagnsælli	better-than	batna
benefiting	gott	between	með, meðal, miðr, miður, milli, millim, millum
benefits	hagr, kosti, nýtr		
benefitted	gott		
benefitting	gott	between-faring	meðalfærir
be-not	er-a	be-value	þykja, þykkja
bent-tree	bjúgviðum	be-valued	þykja, þykkja
be-paid	gjaldast	be-valuing	þykja, þykkja
be-prepare	búit	be-victorious	sigrast
be-prepared	búit		

Word List (English to Norse)

English	Norse	English	Norse
beyond	handan	Bjarni's (name, genitive)	Bjarna
bid	bað, bæði, bæðir, bauð, bauðst, bautt, beðit, beiða, beiddi, beiðst, beita, bið, bíða, bíðit, biðja, biðk, biðr, biður, bjóða, boð, boðið, boðit, býðr, býður	Bjarn's (name)	Bjarnar
		Bjorn (name)	Birni, björn
		black	svarta, svartan, svarti, svartr, svört, svörtum
		Black (name)	Svarta, Svarti, Svartr, Svartur
bidding	bæn	black-and-blue	blár
bids	beiddi	black-clothes	svartklæddu
Bids-Tyr (name)	Beiði-Týr	black-eye	svarteygr, svarteygur
bid-they	báðu	black-eyed	svarteygr, svarteygur
big	mikill	black-eyes	svarteygr, svarteygur
biggest	mikilli	black-eying	svarteygr, svarteygur
big-mistake	glámsýni	blade	vetta
Billing's (name,-genitive)	Billings	blades-clash	brandagný
		Blaeja (name)	Blæja, Blæju
bind	binda	blame	firna, lasta, saka, sök, sökum, vítka
binding	abbindi, bönd		
bird	fugl	blamed	lasta
birds	fogli, fugl, fuglar, fuglarnir	blaming	lasta
		Blaserkur (place)	Bláserkr, Bláserkur
bird's	fugls	Blawoods (place)	Bláskógum
birth-mark	frægðarmark	blaze	blása, logaði
bishop	biskup, biskups, byskup, byskups	blazed	logaði
		blazing	logaði
Bishop (name)	Byskups	bled	blæddi
Bishop's (name,-genitive)	Byskups	bleed	blæða
		bleeding	blæða, blæddi, blóðugt
Bishop's-seat (place)	Biskupsstóll	blemish-free	vammlausa
bit	beit, bíta, bitu	blend	blanda, blandat
bite	bíta, bítast, bíti, bítr, bítur	blended	blandat
		blending	blandat
bite-not	bíta-t	bless	blessa
bite-sickness	bitsóttum	blew	blés
bitten	bitu	blind	blinda, blindr
bitter	bitrum	blithe	blíðr, blíður
Bjarn (name)	Bjarnar	blood	blóð, blóði, dreyra
Bjarnarhofn (place)	Bjarnarhöfn	blood-falcons	blóðvali
Bjarney (place)	Bjarney, Bjarneyja, Bjarneyjar, Bjarneyjum	blood-goslings	blóðgögl
		blood-gush	blóðbogi
Bjarni (name)	Bjarna, Bjarna, Bjarni, Bjarni		

Word List (English to Norse)

English	Norse	English	Norse
bloodied	alblóðugr, alblóðugur, blóði, blóðug, blóðugr, blóðugur	boldest	vaskasti
		bold-like	sköruligu
blood-letting	bílds	boldly	djarfliga, skörulega, sköruliga, strengdi, vasklegr, vasklegur
bloody	alblóðugr, alblóðugur, blóði, blóðug, blóðugr, blóðugur, dreyrug		
		boldness	djörfung
		Bolthorn (name)	Bölþorns
		Bolverk (name)	Bölverki
bloodying	alblóðugr, alblóðugur, blóði, blóðug, blóðugr, blóðugur	bond	hlutvöndum
		bonds	hafts
		bondsman	ánauðigr, ánauðigur
blow	högg, höggvið	bondsmen	ánauðir, vílmögum
blown	blásit	bond-woman	man
blows	hnæfilyrðum, höggum, höggunum	bone	bein, beini
		bone-flying	beinflugu, benloga
blue	bláar, blán, blár	boneless	beinlausan, beinlausi
blunt	deyfi, sljóvgast	bone-less	beinlauss
blunts	deyfir	boneless (name)	Beinlausi
boar	bar, galtar	bones	bein
board	borð, borða	bonfires	sviðuelda
board-games	tafli	booth	búðar, búðartóftina, búðina, búðinni
boast	guma		
boastful	hræsinn	booth-ruins	búðartóftanna
boat	bát, báti, bátinn, bátr, bátrinn, bátum, báturinn, beiti, eftirbát, eftirbátr, eftirbátur	booths	búða, búðar, búðinni, búðir, byggðir
		booth-walls	búðarvegginum, búðarveggir
		Bordeyri (place)	Borðeyri
boats	báti, eftirbátr, eftirbátur, skipunum	bore	bæri, bar, barist, barst, báru, bárust, ber, bera, beri, berr, berst, bör, borið, borit, fæddi
bodies	hold, líkin, líkinu, líkum, líkunum		
Bodvarsdale (name)	Böðvarsdal		
		bore-not	berr-at
Bodvarsdale (place)	Böðvarsdal	bore-up	bera
		Borg (place)	Borg, Borg, Borga, Borgar, borgina
body	hold, lík, líki, líkið, líkin, líkinu, líkit		
		Borgafjord	borgarfirði
boil	suðu, sull, sullr, sullur, vella	Borgafjord (place)	Borgarfirði
		Borgafjord-people	borgfirðinga
boiled	suðu, vella	Borghild (name)	Borghildar
boiling	suðu, vella, vellanda	born	alinn, áttar, bera, borinn, fæðist
bold	feitt, vasklegr, vasklegur, vaskligr, vaskr, vaskur		
		borne	bera, borði, bornir
bold-and-brave	þróttarsnjallr	Bornholm (place)	Borgundarholmi
bolder	rakkara		

Word List (English to Norse)

English	Norse	English	Norse
both	báða, báðir, báðum, bæði, beggja, hvorumtveggja	braver	fræknligast
		bravery	fræknleik, hraustleik
		bravest	fræknustu
bother	nenna, nenni, nenntu	bread	brauð, brauðit
bothered	nenna, nenntu	break	boði, bregða, brjóta, bryti, höggva, rjúfast
bothering	nenna, nenntu		
bothers	nenni	breaks	brjótr
bottom-of	botn	breast	brjóst, brjósti, brjóstið, brjóstit, brjóstum
bought	batt, kaup, kaupa, kaupir, keypt, keypti, keyptir, keyptu		
		breasts	brjóstum
boulder	bjarg	breathing	öndurðr, önduröur
bound	bindr, bindur, böndum, bundinn, bundit, bundnir, bundu, strengir	breeches	brækr, bróka, leistbrókum
		Breidabolstad (place)	Breiðabólstað
boundless	ærinn	Breidafjord (place)	Breiðafirði, Breiðafjarðar, Breiðafjörð, Breiðfirskr, Breiðfirskur, Breiðfirzkr
bow	boga, bogi, hlýr, lýtr		
bowl	keri, knættit		
bow-shape	bogamynd		
bow-string	bogastreng, strenghömlr, strenghömlur		
		Bremen (place)	Brimum
box	eski, eskinu, eskit	brew	heitu
boy	svein, sveinbarn, sveini, sveininn, sveininum, sveinn, sveinninn	brewed	heitu
		brewing	heitu
		bribes	mútugjafir
		bride	brigðr, brigður, brúði, brúðinni, brúðrin, brúðurin
boy's	sveininum		
brain	hjarna		
Brand (name)	Brandi, Brandr, Brands	bridegroom's	brúðguma
		bride's	brúðar
Brand's (name)	Brands	bridge	bryggjum, bryggjunum
brass	messingu		
brass-buttons	látúnshnappar	bridle	tauma
brass-spoon	messingarspón	bright	bjart, bjarta, bjartar, bjartari, bjartr, bjartra, bjartur, frálegr, frálegur, ljósum
Brattahlid (place)	Brattahlíð, Brattahlíðar		
brave	frækn, fræknum, harðfengnir, hraustr, hraustur, vígdjarft		
		bright-chestnut	ljósjörp
		brightly	brámáni
brave-deeds	þrekvirki	brim	brims
Bravellir (place)	Brávelli	bring	bera, berim, breyta, færa, færi, færir
bravely	drengilega, drengiliga, fræknlega, fræknliga, ókvíðandi		
		bringer	boði
		brings-about	byrja

Word List (English to Norse)

English	Norse	English	Norse
broad	*breiðara, breiddi, breiðir, breitt*	brow-stones	*brúnstein, brúnsteina, brúnsteinum*
broad-axe	*breiðöxi*	brushwood	*hrísi*
broader	*breiðara*	Brynhild (name)	*Brynhildar, Brynhildi, Brynhildr*
Brodda (name)	*Brodda*		
Brodda's (name,-genitive)	*Brodda*	buckets	*byttu*
		Budli (name)	*Buðla*
Brodd-Helgi (name)	*Brodd-helgi*	build	*vaxtar*
		Bulgar-land (place)	*Bolgaralandi*
Broddi (name)	*Brodda, Broddi*	bull	*graðungr, graðungur, griðung, griðungr, griðungur, naut*
broke	*braut, brjóta, brotna, brotnaði, brugðust, brutu, brýtr*		
		bullocks	*kvígendi, kvígendin*
broke-away	*hvarf*	bulls	*naut*
broken	*brotinn, brotnar, brotnu, brugðið, brugðist, brugðizt, rjúfa, slitnir, slitnu, slitusk*	bullying	*kúgan*
		Buna (name)	*Bunu*
		bundle	*byrði*
		burden	*byrði, lést*
Brokey (place)	*Brokey*	burdens	*byrðar*
bronze	*eiri*	burial-service	*yfirsöngva, yfirsöngvar*
Brooch-Clasp (name)	*Þorn-bil*	buried	*grafnir, heygðr, heygðuR, jarða, jörðuð*
brother	*bróðir, bróðr, bróður, brúðr, brúður*		
brother-in-law	*mág, mágr, mags, mágs, mágur*	burn	*brann, brenna, brenndi, brenndir, brenndr, brenndu, brennr, brennu, brennur, brotit, brunnu, láta*
brother-of	*bróðir*		
brothers	*bræðr, bræðra, bræðrna, bræðrum, bræður*		
		burned	*brann, brenna, brenndi, brenndir, brenndr, brenndu, brotit, brunnu, láta*
Brother's-Slayer (name,-genitive)	*Bróðurbana*		
brother's-son	*bróðurson, bróðursonr*	burning	*brann, brenna, brennanda, brennandum, brenndi, brenndir, brenndr, brenndu, brennr, brennu, brennur, bröndum, brotit, brunnu, fira, láta*
brought	*bæri, báru, borin, borinn, braut, brjóta, brott, brugðit, brugðu, byrjuð, fæða, fæddist, færa, færði, færðr, færður, færi, færir, flutti, nær*		
brought-about	*veldr, veldur*		
brought-out	*brugðið, brugðit*	burns	*brenn, brennr, brennur*
brow	*brúna*		
brown	*brún, brúna*	burns-not	*brennr-at*

Word List (English to Norse)

English	Norse	English	Norse
burnt	brann, brenna, brennd, brennu, brunninn	call	heit, heita, heitinn, heitir, heitit, heitit-, heitum, hét, hétu, kalla, kallað, kallaði, kallaðir, kallaðist, kallaðr, kallaður, kallar, kallat, kallið, kallim, kallit, köllu, kölluð, kölluðu, köllum, krafði, kvað, kvaddi, kvaddr, kveðja
burst	brast, bresta, sprakk		
burst-out-laughing	brosti		
bury	grafnir, heygðr, heygður, jarða, jörðuð		
burying	grafnir, heygðr, heygður, jarða, jörðuð		
business	mæla, ráð, sýslu, viðskiptis	called	heit, heita, heitinn, heitir, heitit, heitit-, heitum, hét, hétu, kalla, kallað, kallaði, kallaðir, kallaðist, kallaðr, kallaður, kallar, kallat, köllu, kölluð, kölluðu, krafði, kvað, kvaddi, kvaddr, kveðja
bustling	vés		
busy	heldu, héldu		
but	an, at, eða, en, enn, er, heldr, heldur, og, ok		
but-for	en		
butter	smjör		
buttocks	þjóa		
buy	kaup, kaupa	called-for	kveðr, kveður
by	á, að, at, fyrir, hjá, í, nær, við	called-one	annarr
		called-out	æptu
Byrdusmjors (name)	Byrðusmjörs	calling	heit, heita, heitinn, heitir, heitit, heitit-, heitum, hét, hétu, kalla, kallað, kallaði, kallaðir, kallaðist, kallaðr, kallaður, kallar, kallat, köllu, kölluð, kölluðu, krafði, kvað, kvaddi, kvaddr, kveðja

C, c

English	Norse	English	Norse
cabin	skála, skálanum, skemman, skemmu, skemmuna, skemmunnar, skemmunni		
		call-upon	kjós
cabins	skálanna, skálarnir, skálavegginum	calm	kyrt, sefa, sefi
		calming	sefa
Caithness (place)	Katanes, Katanesi	came	fór, kæmi, kæmu, kemir, kemr, kemst, kemur, kœmi, kom, koma, komast, komið, kominn, komit, komnir, komst, komu, kómu, komust, kómust, urðu, varð
calf	kalfi		
calf-skin-shoes	kálfskinnsskó, kálfskinnsskúa		
		came-into	tæmdist, tæmðist
		came-to	kemr

182

Word List (English to Norse)

English	Norse	English	Norse
can	fær, get, geta, getr, getur, kann	carving	oddhagastr, oddhagastur, rista, risti
can-it	kann	case	máli, málinu
canoe	keip	cast	kasta, kastaði, kastar, kastat, kasti, kastið, köstuðu, skýtr
Canute (name)	Knút, Knúti, Knútr, Knúts, Knútur		
can-you	kanntu		
capable	færr	castle	kastala
cape	kápa, kápu	castles	kastala
captive	hertekinn, hertekna	catch	fák
capture	handtekinn	catching	henda
captured	handtekinn	cat-skin	kattarskinn
capturing	handtekinn	cat-skin-gloves	kattskinnsglófa
car	hirðir	cattle	fé, fénað, fénaðr, fénaður, graðfé, nautfé
care	gáir, nenni, ræki, rækik		
cared	hirðir	caught	fengið, fengist, fengit, fengjust, fengu, hendr, hendur, náði, veiddu
carelessness	athugaleysi, vanhyggju		
cargo	farmi, farminn, farmr, farmur, fénu	cause	olli, veldr, veldur
caring	hirðir	caused	olli, veldr, veldur
carried	bar, barist, báru, báruð, ber, berr, bör, borið, borinn, borit, færð, færðu, flytja	causing	olli, veldr, veldur
		caved-fish	hrynfiski
		caves	hellum
		celebrate	fagna, fagnað, fagnaði, fegnir
carried-not	berr-at	celebrated	fagna, fagnað, fagnaði, fegnir
carried-out	efna		
carries	berr	celebrated-time	fagnaðartíma
carries-not	berr-at	celebrating	fagna, fagnað, fagnaði, fegnir
carrion-beast	rægagarr		
carry	bar, báru, báruð, ber, bera, berr, berum, bör, borið, borinn, borit, draga, færð, færðu, fættast, flyta, flytja	celebration-day	affangadag, atfangadag
		celebrations	fagnaðaröl
		ceremony	atferli
		certain	nokkr, nokkur, nokkurn, nökkurn, víst, vísu
carrying	bar, báru, báruð, ber, berr, bör, borið, borinn, borit, færð, færðu, flytja	certainly	vísi, víst, vísu, vita
		challenge	skora, skorað, skoraði, skorat
carry-not	vegr-a	challenged	skora, skorað, skoraði, skorat
carry-out	efn, efna		
cartilage	brjósk	challenging	skora, skorað, skoraði, skorat
carve	rista, risti, telgja		
carved	rista, risti		

Word List (English to Norse)

English	Norse	English	Norse
champion	kappi	choice	kjörið, kjörir, kosit, kost, kostar, kostr, kostur, völ
champions	köppum		
change	breyta, breytt, skipast, skipazt, skipta, sný, tiltekju	choices	vals
		choose	bæði, kjósa, kjósi, kýs, váluðum
changed	breytt, skipast, skipazt	choosing	bæði
changing	breytt, skipast, skipazt	chose	biðst, kaus, kjósi, valdi, valði
chant	galdr	chosen	kjörin, körin, veldi
character	geði, skapi	Christ (name)	Kristr, Kristur
character-reward	bragarlaunum	Christian	kristið, Kristin, kristinn, kristit, Kristnað, Kristnat
charm	þokka		
charms	vítt		
chat	spjalla	Christianity	kristnaði, kristni
chatter	klakaði	chronic-illness	krömdust, krömðust
chattered	klakaði	church	kirkja, kirkju
chattering	galandi, klakaði	church-door	kirkjudyra
cheap	glöggr	church-wing	kirkjuskoti
cheat	burst, búst	circle	bauga
cheated	burst	circumstance	kynni, kynnu
cheating	burst	circumstances	hag
cheek	kinn	cities	borgir
cheeks	hváftana, hváftunum, kinnum, kinnunum	citizen	þegns
		city	borg, borga, borgar, borgarinnar, borgin, borgina, borginni, borgir
cheerful	reifr		
chest	bringu, kistil		
chests	kistlar, kistlunum	city-gates	borgarhliðs
chew	tyggja	city-side	borghlið
chief	formaðr, formaður, höfðingi	city-wall	borgarveggi
		city-walls	borgarveggi, borgarveggina, borgarveggir, borgarveggja, borginni
chiefs	höfðingjum		
chieftain	goði, höfðingi, höfðinginn, höfðingja		
chieftaincy	höfðingjabragð		
chieftains	goðana, goðar, góðs, höfðingja, höfðingjar, höfðingjarnir, höfðingjum	city-wide	borgarvídd
		claim	heimti, kallaði
		claimed	heimti, kallaði
		claiming	heimti, kallaði
		clarified	skýrst
child	barn, barni, barnið, barnit, barns, mannsbarn	clarify	skýrst
		clarifying	skýrst
		clash	glami
childhood	barnæsku	clays	leirr, leirur
childishness	bernsku		
children	barn, barna, börn, börnum		

Word List (English to Norse)

English	Norse	English	Norse
clear	allglöggsæ, glöggsæ, ruddi, ryðja, skýrt	clothing	búnaði, föt, klæðast, klædd, klæddi, klæddr, klæði, klæðum, umbúningr, umbúningur
cleared	ruddi, ryðja		
clearing	heiðan, rjóðr, rjóðrið, rjóðrit, rjóður, ruddi, ryðja		
		cloud	skýja
clearly	gerva, görva	clouds	hreggský
cleave	klauf, kljúfa, klýfrat	coal	kol, kola, kolum
cleaved	klauf, klýfrat	coal-black	kolsvörtum
cleaving	klauf, klýfrat	coal-burning	kolbrennu
cleft	klufu	coat	heðin
Cleveland (place)	kliflönd	cock	göndlar
cliffs	kleifar	coffin	kista, kistu
cliff-top	hamargnípu	coffins	kistr, kistur
climb	stigi, stígr, stígur	cohabiting	samvistum
climbed	stigi, stígr, stígur	coil	hringlegnum, lykkju
climbing	stigi, stígr, stígur	coiled	hringlegnum
cloak	feld, feldinn, feldinum, kápuna, kufl, skikkjan, skikkju, skikkjuna, skikkjunni	coiling	hringlegnum
		cold	kalt, köld, köldum
		cold-and-wet	vási, vosi
		coldly	seint
cloaks	rift	collapse	hrunði
clock	klukkan	collapsed	hrunði
clock-sound	klukkuhljóðit	collapsing	hrunði
close	fast, lauk, nánd	collect	safnar
close-by	nánd	collected	safnar
closed	lauk	collecting	safnar
closely	vandliga	collide	lýstr, lýstur
closer	innar	collided	lýstr, lýstur
close-to	nær, nánd	collided-with	lýstr, lýstur
closing	lauk	collide-with	lýstr, lýstur
cloth	klæðast, klædd, klæddi, klæddr, klæði, klæðið, klæðum, skrúð, skrúðit	colliding	lýstr, lýstur
		colour	fáði, lit, litr
		coloured	fáði
		colouring	fáði
clothed	klæðast, klædd, klæddi, klæddr, klæðum	colours	litar, litnar, litum
		columns	súlu
		comb	kemba
clothes	búningi, klæði, klæðið, klæðin, klæðum, klæðunum, váða, váðum		

Word List (English to Norse)

English	Norse	English	Norse
come	gakk, ganga, Gangi, kæmi, kæmir, kem, kemr, kemur, kom, koma, komast, komat, komi, komið, komim, komin, kominn, komir, komist, komit, komk, komnir, komr, komum, komumst, komur, kvámr, kvámur	compelled	nauðigr, nauðigur
		compelling	nauðigr, nauðigur
		compensate	bæta, yfirbætr
		compensation	bæta, bætr, bætur, bæturnar, bóta, fébætr
		complete	enda
		completely	gerla, gjörla
		completion	lokum, lykðum, lyktum
		complexion	yfirbragð
come-in	kominn	compos	stilltr, stilltur
comes	fór, kæmist, kemr, kemur, komast, komi, komið, komit, kømk, komnir, kømr, verða	composed	stilltr, stilltur
		composing	stilltr, stilltur
		composition	hlóð
		comrades	félagar
come-to	komit, til, vera, verða	conceal	leyna, leyndi
come-together	ættist, ættust, samtogi	concealed	leyndi
		concealing	leyna, leyndi
comfort	huggaði, hugganar, huggunar, sældu	concern	varða
		concerned	varða
comforted	huggaði	concerning	varða
comforting	huggaði	conclude	enda, hætta, lauk, lokit, lúkum, lý, lýkr
coming	kemr, kemur, kom, koma, komast, komi, komið, komin, kominn, komit, komizt, komnir	concluded	hætta, lauk, lokit, lý, lýkr
		concludes	lýkr
command	fylkir, ráðir, skipa	concluding	hætta, lauk, lokit, lý, lýkr
commander	formaðr, formaður	conclusion	lykt
commit	framið, framin, unnit	conduct	breytni, heyja
committed	framið, framin, unnit	conducted	heyja
committing	framið, framin, unnit	conducting	heyja
companion	félaga, félagi	confidence	frama
companions	félaga, félögum, förunauta, förunautar, förunautum, föruneyti, föruneytinu, lið	confirm	handsala, staðfest
		confirmed	staðfest
		confirming	staðfest
		conquer	sigrast
companionship	förunaut	conquered	sigrast
company	félögum, lið, líð, liði, liðin, liðinn, liðit, liðs, liðu, líta, sveit	conquering	sigrast
		consider	hirða, hyggr, íhugaði, kallast, leita, leitaði, leitar, litið, litit, rifja, þykir, þykjast, þykkir
company-men	liðsmenn		
company-of	lið		
compel	nauðigr, nauðigur		

Word List (English to Norse)

English	Norse	English	Norse
considered	hyggr, íhugaði, kallast, leitað, leitaðir, leitat, leituðu, litit, þykjast	countless	hundmörgum, ótal
		country	landinu
		countrymen	landsmanna
		couple	hjón, hjónum, hjónunum
considering	hyggr, íhugaði, kallast, leita, leitaði, leitar, litit	courage	hugrekki, ofrhuga
		course	ráð
console	fróa	court	hirðar
contemptible-man	fretkarla	courteous	kurteisi
contend	allstrítt	courtiers	hirðin, hirðmenninir
contended	allstrítt	court-man	hirðmaðr, hirðmaður, hirðmann
contending	allstrítt		
content	una	court-men	hirðmönnum
contest	kappmæli	cousins	systrasynir
contrary-to	um	cover	hlífar, hylja, tjaldaðan
control	valdi	covered	tjaldaðan
conversations	mál	covering	hjúpu, hlýr, tjaldaðan
conversion	siðaskipti, siðaskiptið	coverings	þakinna
conviction	sakar, sakir	covers	rekkja
cooking-hut	eldaskála	cow	kú, kúna, kúnni, kýr, kýrin
cooks	matsveinar		
corn	ax, korn	coward	ragan
corn-shed	kornhjálm	cowardice	hugleysis
corn-shining	kornhjálm	cowardly	argaskatt, ragan
corpse	nár, nás	cower	feigri
corpse-birds	valfugla	cradle	vöggu
corpse-candle	rækyndill	craft	iðn, skapaðr, skapaður, sköp
corpse-fish	hræsíldar		
corpses	hræ	crafted	skapaðr, skapaður
corpse-scorer	hræskæri, hræskærri	craftily	flátt
costs	kost	crafting	skapaðr, skapaður
could	dugi, fær, gat, geta, geti, knætti, kunna, kunni, mætti, mátti, máttu, mun, mundi, yrði	crags	hamra
		crash	brest, bresti
		craves	krefr
		crawl	skríða
		crazy	óðir
could-be	mundi	creak	brakaði
council	málstefnu, ráðsins	creaked	brakaði
counsel	ráð, ráði, ráðs, ráðum, ráðumk, reiðst, umráði	creaking	brakaði, brestanda
		create	skapa, sköpuð
		created	sköpuð
counsel-wise	ráðspaka	creating	sköpuð
count	talit, tölu	creature	kvikvendi, kykvendis
counted	talit		
counting	talit		

Word List (English to Norse)

English	Norse	English	Norse
creatures	kvikindum, kykvendum	curse	bölvi
		cursed	bölvaðra
creek-indent	vágskorit, vogskorið	cursed-man-this	heljarmannsins
creek-indented	vágskorit, vogskorið	cursing	bölvaðra
creek-indenting	vágskorit, vogskorið	cushion	hægendi
creep	krýp, krýpk	custody	varðveislu, varðveizlu
crew	lið, liði, skipverja	custom	brugðit, siðr, siður, siðvandi, siðvanði, siðvenju, vana, vanda, vandi, vanr, venr
cri	kvað		
cried	kvað		
cried-out	kvað		
cries	gelr		
cries-out	æpir, óp	customs	hattar, siðu, siðum
crime	glæp	cut	bíta, skáru
cringe	lúðrar	cut-down	hogginn, höggvinn
cringed	lúðrar	cut-up	brytja
cringing	lúðrar		

D, d

English	Norse
cripple	örkumlaðan
crippled	örkumlaðan
crippling	örkumlaðan
cross	krossa
crosses	krossa
crow	gel, kráku
Crow (name)	Kráku
crowd	fjölmennir, fjölmennis, fjölmenns
crowded	fjölmennir
crowding	fjölmennir
cruelty	grimmd
cruelty-full	grimmdarfulla
crush	kreisti
crushed	kreisti
crushing	kreisti
crying	grét, kvað
cry-thrown	gollhroðinn
cubits	álna
cuckoo	gaukr
culture	menning
cunning	spekt
cup-bearer	skutilsvein, skutilsveinn
curiosity	forvitni
curious	forvitni
currents	rastar, straums
curs	bölvaðra

English	Norse
dag's	dags
Dale-Land (place)	Dalalönd
damage	skaða, sköðum
damages	skaða
damn	fjandans
damned	fjandans
damning	fjandans
Dane	danski
Danes	dana, danir, dönum
Danes'-Beloved (name)	Danaást
danger	hætta
Danish	danir, danskra, danskri
Danish-army	danaherr
Danish-realm	danaveldi
Danube (place)	Dínu
dare	hætta, þorði, þorðu, þori, þorir, þyrði
dared	hætta, þorði, þorðu, þorir, þyrði
daring	áræði, hætta, þorði, þorðu, þorir, þyrði
dark	bleika, ófölvan, svartir, svartr, svartur, svörtum

Word List (English to Norse)

English	Norse	English	Norse
darken	røkkva	dead	andaðr, andaður, dæið, dauð, dauða, dauðan, dauðir, dauðr, dauðs, dauðum, dauður, deyja, látin, nár, önduð, örend
dark-forests	myrkviðar		
darkness	dimma, myrkri		
dashing	þeys		
daughter	dóttir, dóttr, dóttur, mey		
daughter-of	dóttir, dóttr, dóttur	deaf	daufr
Daughter-of-Amundi (name)	Ámundadóttir, Ámundadóttir	dealings	viðskiptum
		dealt	deildi
Daughter-of-Bjorn (name)	Bjarnardóttir	dealt-with	viðreignar
Daughter-of-Bodvar (name)	Böðvarsdóttr, Böðvarsdóttur, Böðvarsdóttur	dear	dýra, dýri, dýrlig, dýrligan, dýrligu, dýrs
		dearer	dýrra
Daughter-of-Budla (name)	Buðladóttr, Buðladóttur	dearly	dýrlegu
		death	andláti, bana, bani, dauða, dauðan, dauði, dauðr, dauður, fráfall, líflát
Daughter-of-Egil (name)	Egilsdóttr, Egilsdóttur		
Daughter-of-Erik (name)	Eiríksdóttir		
		death-blow	banahögg
Daughter-of-Gnup (name)	Gnúpsdóttir	death-day	dauðadags, dauðdaga
Daughter-of-Gudmund (name)	Guðmundardóttir	death-of	dauða
		death-sickness	banasótt
Daughter-of-Gunnar (name)	Gunnarsdóttr, Gunnarsdóttur	death-throes	fjörbrotum
		death-wound	banasári
Daughter-of-Thorodd (name)	Þóroddsdóttr, Þóroddsdóttur	decease	látinn
		deceased	látinn
daughters	dætr, dætur	deceasing	látinn
day	dægri, dag, daga, dagan, daginn, dagr, dags, degi	deceit	tælir
		deceitful	prettóttr
daybreak	lýsing	decide	ákveðit, ráða, ráði, ráðið, ráðinn, ræða, ræddi, ræddu, ræðst, réð, réðst, reiða, tilskipan
day-diminishing	dagrýrir		
days	dægr, dægrum, dægur, daga, dagar, daginn, dœgr, dögum		
		decided	ákveðit, ráði, ráðið, ráðinn, ræða, ræddi, ræddu, ræðst, réð, réðst, reiða, tilskipan
day's	dags		
day-setting	dagsetri		
day's-meal	dögurðar		
days-of	dögum	deciding	ákveðit, ráði, ráðið, ráðinn, ræða, ræddi, ræddu, ræðst, réð, réðst, reiða, tilskipan
		decision	ráð, ráða
		deck	lypting

Word List (English to Norse)

English	Norse	English	Norse
declaration	bragarfulli	demand	rífastr, rífastur
declare	kveðit, lýsir	demanded	rífastr, rífastur
declared	kveðit, lýsir	demanding	rífastr, rífastur
declaring	kveðið, kveðit, lýsir	demon	dólgrinn, draugr, draugrinn, púkanum, púki, púkinn, skelmirinn
decline	hniginn		
declined	hniginn		
declining	hniginn		
decoration	skraut	Denmark (place)	Danaveldi, Danmarkar, Danmerkr, Danmörk, Danmörku
decrease	minnka		
decreased	minnka		
decreases	þverr	Denmark's-Benefit (name)	Danmarkarbót
decreasing	minnka		
deeds	atgervi, athöfn	dense	þéttan
deem	dæma, dæmdir, dæmi	deny	þorik
		depart	afhvarf, yðra
deemed	dæma	departed	afhvarf
deeming	dæma	departing	afhvarf
deepest	inniligast	depend	undir, veltr, veltur
deep-mind	djúpúðgu	depended	undir
deep-minded	djúpúðgu	depended-on	heyrir
Deep-Minded (name)	Djúpúðgu	depending	háðum, undir
		depress	dapr, dapur
deep-minding	djúpúðgu	depressed	dapr, dapur
defeat	ósigr, ósigur, sigraðr, sigraður, vannst	depressing	dapr, dapur
		descend	ættaðr, ættaður, kominn
defeated	ósigr, sigraðr, sigraður, vannst	descendant	niðr, niður
		descendants	niðja, niðjar
defeating	ósigr, sigraðr, sigraður, vannst	descended	ættaðr, ættaður, kominn
		descendents	ætt, ættbogi, átt
defence	landvarnar	descending	ættaðr, ættaður, kominn
defend	varðist, varið, verjast		
defendant	sökunautr, sökunautur	deserted-forest	eyðimerkr, eyðimerkur
defended	varðist	deserve	unnið, unnit, verð, vinna
defending	varðist		
degree	málgráðr, málgráður	deserved	unnið, unnit
deject	hnipin	deserving	unnið, unnit
dejected	hnipin	desirable	æskilegra
dejecting	hnipin	desire	fýsa, fýsir, fýsist, fýsti, fýstist, þrá
delay	dvaldi, löng, seinka		
delayed	dvaldi	desired	fýsist, fýsti, fýstist
delaying	dvaldi	desire-fair	lostfagrir
delight	gaman, munar	desiring	fýsist, fýsti, fýstist
Dellingr's (name,-genitive)	Dellings		

190

Word List (English to Norse)

English	Norse	English	Norse
destroy	sóit, týna	difficult-of-words	illorðr, illorður
destroyed	sóit	difficulty	erfiðinu, ilt, þungt, vá, vant
destroyer	eyðanda		
destroyers	herjar	dignified	tígnum
destroying	sóit	dignify	tígnum
determination	einurð	dignifying	tígnum
determine	einarðr, einarður, einurð, ráðinn	Digur-Helgi (name)	Digur-Helgi, Digur-Helgi
determined	einarðr, einarður, einurð, ráðinn	Dimunarvog (place)	Dímunarvági, Dímunarvogi
determining	einarðr, einarður, einurð, ráðinn	din	gnýinn, gnýr
		Dinge (place)	Dinga
devastate	eyða, eyddi, eyddist, eyddu, eytt	Dingenes (place)	Dinganes
		direct	áttum, skipað, skipaði, skipat, stefna, vísa
devastated	eyða, eyddi, eyddist, eyddu, eytt		
devastating	eyða, eyddi, eyddist, eyddu, eytt	directed	áttum, skipað, skipaði, skipat, vísa
develop	þroskasamt	directing	áttum, skipað, skipaði, skipat, vísa
developed	þroskasamt		
developing	þroskasamt	direction	ætt, ættir, átt, áttir
deviation	afbrigði	directions	ættum, áttu, áttum, tilskipun
devil	fjöndunum		
Devil's (name,-genitive)	Djöfuls	directly	gegn
		dirty	smáskitlegr, smáskitlegur
dew	dögg, döggina, döggvar	disappear	horfin, horfinn, hurfu, hvarf, hverfa, hyrfi
did	fær, gera, gerði, gerðist, gerðu, gerðust, gerir, hefir	disappeared	horfin, horfinn, hurfu, hvarf, hyrfi
did-not	eigi	disappearing	horfin, horfinn, hurfu, hvarf, hverf, hyrfi
die	andast, deyja, deyr, dó, eptir, látast, lézt, önduðust	discord	sundrþykki, sundurþykki, þústr, þústur
died	andaðist, andast, andazt, andist, dauðir, dó, eptir, látizt, lézt, önduðust	discourage	letja
		discredit	ósæmd
		discuss	fjölrætt, ráða, ráðit, ræða, ræddi, ræddu, ræðir, rætt, réðst, réðu, umræða
dies	deyr		
difference	munr, munur		
difficult	erfitt, illr, þunglegar, torveldi, torveldlegr, torveldlegur, torvelligr, vandast	discussed	fjölrætt, ráða, ráðit, ræða, ræddi, ræddu, ræðir, rætt, réðst, réðu, umræða
difficult-be	torflutt	discussed-with	ræddi
difficulties	torveldi		

Word List (English to Norse)

English	Norse	English	Norse
discussing	*fjölrætt, ráða, ráðit, ræða, ræddi, ræddu, ræðir, rætt, réðst, réðu, umræða*	dived	*skilt*
		divide	*braut, brýtr, brýtur, skipa, skipta, skiptu*
discussion	*umræða, umræði, umræðr, umræður*	divided	*braut, brýtr, brýtur, skilið, skilt, skipta, skiptu*
disease	*mein*	dividing	*braut, brýtr, brýtur, skilið, skilt, skipta, skiptu*
disgrace	*svívirðing*		
disguise	*dylja*		
dishonour	*ódáðum*	diving	*skilt*
Disir (name)	*Dísir*	dizzy	*svíma*
dislike	*leiðum*	do	*færa, fór, ger, gera, gerðar, gerðu, gerið, gerr, gerst, gert, get, láta*
disliked	*leiðum*		
disliking	*leiðum*		
dismiss	*leystu*		
dismissed	*leystu*	do-business	*sýslu*
dismissing	*leystu*	does	*gerir*
disorderly	*illt*	dog	*grey, hund, hundinn, hundr, hundrinn, hundur*
disperse	*dreifðist*		
dispersed	*dreifðist*	Döglings (name)	*Döglinga*
dispersing	*dreifðist*	Dogurdara (place)	*Dögurðarár*
displease	*ókátr, ókátur*	doing	*gerum, görla, völdum*
displeased	*ókátr, ókátur*	dominate	*réð*
displeasing	*ókátr, ókátur*	dominated	*réð*
dispose	*ráðlausir, ráðstafalausir*	dominating	*réð*
		done	*búin, gera, gerði, gerr, gerst, gert, láta*
disposed	*ráðlausir, ráðstafalausir*		
		donkey	*asni*
disposing	*ráðlausir, ráðstafalausir*	doom	*feigum*
		doomed	*feigum*
disputes	*deilr, deilur*	dooming	*feigum*
disrespect	*vanvirða*	door	*dura, durunum, dyra, dyrunum, hurð, hurðinni*
dissolve	*slitu*		
dissolved	*slitu*		
dissolving	*slitu*	doors	*durum, dyrnar, dyrr, dyrrnar*
distinguish	*mætri*		
distinguished	*mætri*	doorway	*durum, dyrin, dyrnar, dyrrin, dyrum, gáttum*
distinguishing	*mætri*		
distressing	*nauð*	doubt	*ifi*
distribute	*sundr*	Dovrefjell (place)	*Dofrafjalls*
district	*héraði, héraðinu, héruð*	down	*bilar, hræpa, náliga, niðr, niðri, niður, ofan, sundr, unnviggs*
districts	*héraða, héruð, hverfka, hverfkak*		
		downed	*bilar, niður, ofan*
dive	*skilið*	downing	*bilar, ofan*

Word List (English to Norse)

English	Norse	English	Norse
do-work	vinna	drinking-horn	hornigi
drag	drag, draga, dró, kippði, kippti	drinking-man	drykkjumaðr, drykkjumaður
dragged	dró, kippði, kippti	drinking-tables	drykkjuborð, drykkjuborðum
dragging	dró, kippði, kippti	drinks	drekkr, drykkinum
dragon's-head	drekahöfuð	drink-to	drekka
dragon's-neck	drekahálsinum	drive	aki, drifna, hrekir, keyrðak, reka, rekum
Drangar (place)	Dröngum		
drank	drakk, drekka, drykk, drykki	driven	drifinn, rak, reiddi, rekin, reknar
drank-to	drukkit	drives	rekr
drapa	drápu, drápuna, drápunnar, drápunni	dropping	niðurfall
		drove	drífa, drifu, óku, rækir, rak, ráku, reka, stökkða, stökkti, velkði, velkti
drapa-layer	drápulag		
drape-oneself	lautsíkjar		
draught	drykk		
draw	drægi, dró	drunk	drukkinn, drukkit, ölr
draw-back	hrøkkvit	dry	þurra, þurrkanar, þurrkunar
drawn	brugðið, drægir, draga, dregið, dregin, dregit, dregst, rítar		
		dry-mountain	þurrfjallr
		Dublin (place)	Dyflinnar, Dyflinni
drawn-out	brugðin, drægir	Dublinshire (place)	Dyflinnarskíri
draw-out	drægi	duel	einvígi, hólm, hólmgöngu, hólminn, hólminum, hólms, hómgöngu
dreadful-voice	ógnarraust		
dreads	uggir		
dream	draum, drauminn, drauminum, draumr, draumur, dreymdi, dreymði		
		duel-his	hólmsins
		duelling	hólmganga, hólmgöngr, hólmgöngur
dreamed	dreymdi, dreymði		
dreaming	dreymdi, dreymði	duelling-man	hólmgöngumaðr, hólmgöngumaður
dreams	drauma, draums, draumum		
		dullness	dælskr
dreamt	dreymt	during	leið
Drepstokk (place)	Drepstokki	dust	mold
dress	búnaði, klæddist	dwarf	dvergr
dressed	klæddist	dwarves	dvergum
dressing	klæddist	dwell	búa, dvaldi, dvalði, dvaldist, dvalðist, dvalinn, dvalizt, dveljast, dvöl, dvöldust, dvölðust
drew	brá, drægi, draga, dregr, dregur, dró, drógu, kippir		
drink	drekk, drekka, drekki, drekkir, drukkit, drykk, drykkja, drykkr	dwelled	dvaldi, dvalði, dvaldist, dvalðist, dvalinn, dvalizt, dvöl, dvöldust, dvölðust
drinking	drekka, drykkjr, drykkju, drykkjur		

Word List (English to Norse)

English	Norse	English	Norse
dwelling	bæ, bú, búi, búinu, bústað, byggilegast, byggiligast, dvaldi, dvalði, dvaldist, dvalðist, dvalinn, dvalizt, dvelr, dvöl, dvöldust, dvölðust, híbýli, hýbýli	eagles	ernirnir
		ear	eyra
		earl	jari, jarl, jarli, jarlinn, jarls
		Earl (name)	Jarl, Jarli
		earldoms	hjarls
		earlier	áðan, áðr, áður
dwellings	bæinn, bæjar, bæjarins, bænum, bær, bær, bústað, bústaði, byggðir, híbýli	earls	jarla
		earl's	jarls, jarlsins
		early	ár, árliga, hrindum, öndverðan, skjótum, snemma, snimma
dwells	býr	early-age	snemmendis
dwelt	bjó, bjuggu, búa, búið, búit	early-sown	ársánum
		earn	unnit
dying	andaðist, andast, andazt, andist, dauðir, dó, eptir, látizt, lézt, önduðust	earned	unnit
		earning	unnit
		ears	eyrum
		ear-secrets	eyrarúnu
		earth	jaðar, jarðaðr, jarðaður, jarðar, jörð, jörðina
Dylla (name)	Dylla		

E, e

English	Norse	English	Norse
		earthed	jarðaðr, jarðaður
		earth's	jarðar
each	annarr, hvár, hvárir, hvárn, hvárr, hvárrtveggi, hvárt, hvárum, hver, hvergi, hverja, hverjan, hverju, hverjum, hvern, hverr, hverrar, hvers, hvert, hvor, hvorir, hvorn, hvortveggi, öðrum	easier	lettara
		east	austan, austr, austri, austur, eystra
		Easter (noun)	Páskum
		eastern	austr, austur, eystri
		easterner	austmaðr, austmaður
		Easterner (name)	Austmanns
		easterners	austmenn
		eastern-journeys	austrfarar, austurfarar
each-of	hver, hverjum	Eastern-lands	Austrveg, austrvegi
each-other	annan, annarra, annars, hvorumtveggja	eastern-man	austmaðr, austmaðrinn, austmaður, austmaðurinn, austmanni, austmanninn
each-way	hvárttveggja, hvárumtveggjum, hvorttveggja		
eager	ákafari, ákafir, frekr, frekt, frekum, frekur	Eastern-Man (name)	Austmanns
eagerly	ákafa	East-Fjords (place)	Austfirskr, Austfirskur, Austfirzkr
eagerness	ákafa, kapp		
eagle	ara, ari, arnar, örn, örninn	east-man	austmaðr, austmaður

194

Word List (English to Norse)

English	Norse	English	Norse
eastwards	austan	either-way	annathvárt, hvárttveggja, hvárumtveggjum, hvorntveggja, hvorstveggja, hvorutveggja
east-wind	austanvindr, austanvindur		
easy	dælt		
eat	eta		
eaten	bergt, etit	Ekkil (name)	Ekkils
eats	etr	elbows	ölnboga
edge	egg, rendi, rendr	elder	ellri
edged	rendr	elders	aldir
edges	eggjar	eldest	elsti
edging	rendr	elegantly	listuliga
Edmund (name)	Játmund, Játmundar	eleven	ellifu
educate	menntr, menntur	eleventh	ellifta
educated	menntr, menntur	elf	álf
educating	menntr, menntur	elm	almr
egg	eggjuðu	elm-twig	álmsveig
egged	eggjuðu	else	aðra, annað, annarra, annars, annat
egg-gathering	eggver		
egging	eggjuðu	elves	alfa, alfum
eggs	eggjanna, eggjum, eggver	embers	glóðspýtis
		embrace	faðmlagsins, fangs
Egil (name)	Egill, Egils, Egli	emperor	keisari
eider-birds	æðr, æður	empire	veldi
eight	átta	employing	beitast
eighteen	átján	enamel	smeltr
eighteenth	átjánda	enamelled	smeltr
eighth	átta, átti	enamelling	smeltr
Einar (name)	Einar, Einari, Einarr, Einars	enchant	heilli
		enchantments	seiðinn, seiðsins
Einar's (name,- genitive)	Einars	encounter	finnast, hitt, sótti
		encountered	finnast, sótti
Einarsfjord (place)	Einarsfjörð	encountering	finnast, sótti
Eindridi (name)	Eindriði	encourage	eggja, eggjar
Eir (name)	Eir	encouraged	eggjar
either	annathvárt, eða, hvárt, hvárttveggja, hvergi, hvort, ýmisst, ýmist	encouragement	eggja, eggjan
		encouraging	eggja, eggjar
		end	andaða, andaðist, enda, endast, endr, hætt, hætta, lauk, lokið, lokinn, lokit, lýkr, lýkur, þrýtr, þrýtur
either-side	hvárirtveggju, hvárntveggja, hvárstveggja, hvárumtveggja, hvorirtveggju, hvorstveggja		
		endearing	vinsælasti

Word List (English to Norse)

English	Norse	English	Norse
ended	andaða, andaðist, enda, endast, hætt, lauk, lokið, lokinn, lokit, lýkr, lýkur, þrýtr, þrýtur	enrich	lagða
		enriched	lagða
		enriching	lagða
		enslave	þjáðir
		enslaved	þjáðir
Endils (name)	Endils	enslaving	þjáðir
Endil's (name,-genitive)	Endils	entertain	skemmt, skemmta, skemmtanar, skemmtu, skemmtuðu
ending	andaða, andaðist, enda, endast, hætt, lauk, lokið, lokinn, lokit, lýkr, lýkur, þrýtr, þrýtur	entertained	skemmt, skemmtu, skemmtuðu
		entertaining	skemmt, skemmtu, skemmtuðu
ends	endunum, lýkr, lýkur	entertainment	skemmtan
endure	þola, þolðu	entrance	dáinn
endured	þolðu	entranced	dáinn
endures	þola, þolir	entrancing	dáinn
enduring	þolðu, þolið	envenom	eitrhvass
enemies	andskota, fangi, heiftmögu, óvinir, óvinr, óvinur	envenomed	eitrhvass
		envenoming	eitrhvass
		equal	jafn, jafna, jafnan, jafnast, jafningi, jafningjar, jafnmikið, jafnmikil, jafnmikit, jafnoka, jafnt, jafnvæna, maka
enemies-of	óvina		
enemy	fjándum		
engage	réð		
engaged	réð		
engaged-woman	festarkona		
engaging	geðsligr, réð	equal-age	jafnaldrar, jafngamlir
England (place)	England, Englandi, Englands, Englanes	equal-aged	jafnaldrar
England's (place,-genitive)	Englands	equal-aging	jafnaldrar
		equal-day	jafndægri
England's-sea (place)	Englandshaf	equal-famous	jafnfrægir
		equal-great	jafnmikill
England-voyage	Englandsfar	equal-length	jafnlengdar
English	enskir, grafa	equal-long	jafndrjúg, jafnlangt
engrave	grafa	equally	jafnan, jafngerla, jafnhátt, jafnilla, jafnræði, jafnræðis, jafnröskr, jafnsaman, jafnt, jafnvæn
enjoy	gaman, naut, njóta		
enjoyed	gaman, naut		
enjoying	gaman, naut		
enjoyment	gaman		
enjoys	njóti	equally-beautiful	jafnfagrt, jafnfagurt
enough	dugðu, dugi, dugið, dugir, dygði, œrit	equally-great	jafnstórlega
		equally-handsome	jafnmannvænn
enrage	allæfr, allæfur	equally-long	jafnlangir
enraged	allæfr, allæfur	equally-wise	jafnspakir
enraging	allæfr, allæfur		

Word List (English to Norse)

English	Norse	English	Norse
equal-man	jafnmenni	esteem	göfgan, virti
equal-many	jafnmargir	esteemed	göfgan, virti
equal-much	jafnmikið	esteeming	göfgan, virti
equal-to	jafnmenni	estimate	getist
equip	skipi, skipuð	eternal	eilífrar
equipped	skipuð	Ethelred (name)	Aðalráð, Aðalráði, Aðalráðr, Aðalráður
equipping	skipuð		
Erik (name)	Eireki, Eirekr, Eireks, Eirík, Eiríki, Eiríkr, Eiríks, Eiríkur	Ethelred-gift	aðalráðsnaut
		Ethelred-given	aðalráðsnaut
		evaluate	met, meta
Erik's (name)	Eiríks	even	jöfnum
Erik's (name,-genitive)	Eireks, Eiríks	evening	aftan, aftaninn, aftni, aptan, aptanninn, kveld, kveldi, kveldið, kveldit, kvelds
Eriksey (place)	Eiríksey, Eiríkseyju		
Eriksfjord (place)	Eiríksfirði, Eiríksfjarðar, Eiríksfjörð, Eríksfjörð	evenly	jafnan, jafnt
		evensong	kveldsöngs
Erik's-fjord (place)	Eiríksfirði, Eiríksfjarðar, Eiríksfjörð, Eríksfjörð	event	atburðr, atburður
		events	atburð, atburði, atburðum
Eriksholmar (place)	Eiríkshólmum	eventually	síðir
Erik's-Island (place)	Eiríksey, Eiríkseyju, Eiríkshólmum	ever	æ, aldregi, efra, ey, jafnan
Eriksson (name)	Eiríksson, Eiríkssyni	every	allan, allra, hver, hverju, hverjum, hvern, hverr, hvert
Eriksstadir (place)	Eiríksstöðum		
Eriksvog (place)	Eiríksvági, Eiríksvogi		
errand	erendi, erendis, erendum, erindi, erindum	every-man	hverr
		everyone	hverjum
		everyone's	allra
errands	erendi, erendis, erendum	everything	hotvetna, hvívetna
		everywhere	allir, hvar, hvarvetna, hvervetna
errand-without	erindlaust		
escape	flóttann, slyppr, slyppur	evil	allill, illa, illan, illu, illum
escaped	slyppr, slyppur	exaggerate	ofmælt
escapes	slyppr	exaggerated	ofmælt
escaping	slyppr, slyppur	exaggerating	ofmælt
especially	einkar	examples	dæmi
establish	staðfestu, stofnuð	exceed	keyra
established	staðfestu, stofnuð	exceeded	keyra
establishing	staðfestu, stofnuð	exceeding	keyra
estate	bæ, bæinn, bæjar, bæjarins, bænum, bær, bær, búi, býjar, föðurleifð	excellent	ágæti, ágæts, íþróttamaðr, íþróttamaður
		excellent-man	afbragðsmaðr, afbragðsmaður
estates	búum		

Word List (English to Norse)

English	Norse	English	Norse
except	en, nema, sá	explore	kanna, kannað, kannat, könnuðu
except-for	utan, útan		
exchange	köstuðust, skipta, skipti, skiptum, skiptumst, skiptust, viðskipti	explored	kannað, kannat, könnuðu
		exploring	kanna, kannað, kannat, könnuðu
exchanged	köstuðust, skipti, skiptust, viðskipti	express	lesi, tjá
		expressed	tjá
exchanges	skipti	expressing	tjá
exchanging	köstuðust, skipti, skiptust, viðskipti	extend	rétti, tognum
		extended	rétti
excitement	örva	extending	rétti
exert	kostaði	extra	auka
exerted	kostaði	extraordinary	kynjalaust, kynlegt
exerting	kostaði	extravagant	flótta
exhaust	þrekaðir, þrjóta	extreme	býsna
exhausted	þrekaðir, þrjóta	extremely	ákafa, ákaflega, ákafliga
exhausting	þrekaðir, þrjóta		
expect	allvænt, vænst, vænstir, vænt, vænta, vænti, væntir, væntu, ván, varði, von	eye	auga, augað, eygð, eygðir
		eyebrow	brúnina
		eyed	eygð, eygðir
		eyelids	hvarma
expectation	væni, varði	eyelids-enclosure	hvarmatúni
expected	allvænt, vænst, vænstir, vænt, vænta, væntu, ván, varði, von	eye-mockery	augabragði
		eyes	auga, augna, augu, augum, augun, augunum, eygðir, eygr, eygur
expecting	allvænt, vænst, vænstir, vænt, vænta, væntu, ván, varði, von	eyesight	augsýn
		eye-twinkling	augabragð
expedition	leiðangri	Eygotaland (place)	Eygotaland
expel	reka	eying	eygð, eygðir
expelled	reka	Eyjafjord (place)	Eyjafjarðar
expelling	reka	Eyjolf (name)	Eyjólf, Eyjólfr, Eyjólfur
expenses	gjalda, gjalt	Eyjolf's (name)	Eyjólfs
experience	raunir, reynda, reyndi, reyndr, reyndur, reynt	Eyjolfsson (name)	Eyjólfsson
		Eynaefi's (name,-genitive)	Eynæfis
experienced	reynda, reyndi, reyndr, reyndur, reynt	Eyolf (name)	Eyjólfr, Eyjólfur
experiencing	reynda, reyndi, reyndr, reyndur, reynt	Eyrasundi (place)	Eyrasundi
		Eyri (place)	Eyri
explanation	grein	Eystein (name)	Eystein, Eysteini, Eysteinn, Eysteins

Word List (English to Norse)

English	Norse	English	Norse
Eystein's (name,- genitive)	Eysteins	falls	fellr, fellur
		false	
Eyvind (name)	Eyvindar	falsely	flást
Eyvindson (name)	Eyvindarson	falseness	lausung
		fame	frægð, frægðar, frægt, orðstír, orðstírr
		familiar	þekkjast
		family	ætt, ættar, ættkvíslum, kynkvíslum

F, f

English	Norse	English	Norse
f	áttak	family-good	ættgóðr, ættgóður
face	andliti, fýsumk, hjörþeys	family-line	ætt
		famine	hallæri
faced	hjörþeys	famous	ágæt, ágætr, frægir, frægja, frægr, frægstr, frægstur
facing	hjörþeys		
Fafnisbani (name)	Fáfnisbani		
fail	drepr, drepur		
failed	drepr, drepur	famous-man	sómamaðr, sómamaður
failing	drepr, drepur		
failing-health	vanheilsu	famous-work	frægðarverk
fails	rýfst	far	farit, firr, fjarri, fór
failure	þrjóti	far-and-wide	víðara
fair	fagra, fagrar, fagrt, fegrst, fögr, fögru, óvænni, væn, væna, vænn, vænst	far-away	fjarkominn, fjarri
		fare	fari, farit
		fared	farit, fór
		faring	fara, farit, fór
fair-colour	litfagra, litfögr	farm	bæ, bæinn, bæjar, bæjarins, bænum, bær, bær, bóndi, bú, búi, býjar
fair-coloured	litfögr		
fair-colouring	litfögr		
fairer	vænni		
fairest	fegrst, fegrstr, fegrstur, vænst	farmer	bónda, bóndi, bóndum, búanda
fair-hair	hárfagran	Farmer (name)	Bóndi
fair-haired	hárfagran	farmers	bóndum
fairly	fagrt	farmer's-son	bóndason
fairness	fagra, fegrð, væn	farmer's-sons	bóndasonum
fair-wind	byr, byri, byrina, byrjar	farming	búsvarðveislu, búsvarðveizlu
faith	trú, trúna	farms	bæjum, bóndum
faithful	trúligt	farmstead	bæ
falcon	valr, valrinn, valur, valurinn	farmyard	hlaðið, hlaðinu, hlaðit
fall	fall, falla, falli, fallinn, felldr, felldur	far-sight	framsýnn
		far-sighted	framsýnn
fallen	fall, fallin, fallinn, fallnir, valinn	far-sighting	framsýnn
		fashion	gervar
falling	fall, fallandi, felli	fashioned	gervar

Word List (English to Norse)

English	Norse	English	Norse
fashioning	gervar	favour	ilmað, ilmat, yfirlæti
fast	ákafast, fast, fasta, hratt, snart	favourable	hagstætt
		favoured	ilmað, ilmat
fasted	fasta	favouring	ilmað, ilmat
fasten	fast, fastr, fastur, festast, festi, festist, heimtum, hneppt, kneppt	fear	ótta, óttast, ótti, ugga, uggðu, uggi
		feared	óttast, ugga, uggðu
		fearful	grimmligu, uggligt
fastened	fast, fastr, fastur, festast, festi, festist, heimtum, hneppt, kneppt	fearing	óttast, ugga, uggðu
		fearlessly	öruggum
		feast	fæðsla, sumbli, veisla, veislan, veislu, veisluna, veislunni, veizla, veizlan, veizlu, veizlunni
fastening	fast, fastr, fastur, festast, festi, festist, heimtum, hnappr, hnappur, hneppt, knappi, kneppt		
		feasts	veislr, veislur, veizlum
faster-than	skjótari	feathers	fjöðrum
fastest	hraðast	fed	áttak, fæða, mettr
fasting	fasta	fee	ala, fé, féið, fjár
fast-pace	hraðmælt	fee-costly	fékostnaðr, fékostnaður
fast-paced	hraðmælt		
fast-pacing	hraðmælt	feed	ala, fæða, mettr
fat	auðið, auðit, selfeitan	feeding	ala, áttak, fæða, matar, mettr
fate	örlög		
fated	auðið, auðit	fee-gifts	fégjöfum
father	faðir, fæddr, fæddur, feðr, feður, föðr, föður	fee-little	félítill, félitlir
		fee-loan	fjárlánið, fjárlánit
father's	föðr, föður	feels	þreifar
father-and-son	feðga, feðgar, feðgum	fee-servant	féhirði, féhirðir, féhirslumaðr, féhirslumaður
father-brother	föðurbróðir		
fathered	fæddr, fæddur	feet	fæti, fætr, fætrna, fætur, fæturna, fóta, fótrinn, fótum, fóturinn, iljar
fathering	fæddr, fæddur		
father-of	faðir, föðr, föður		
father-payment	föðurgjöld	feet-gold	fótgulum
fathers	faðir, feðr, feður	fell	falla, falli, fell, féll, fella, felldu, felli, fellr, fellt, fellu, féllu, hnígr, hnígur, höggva, steypðist, veg
father-to	faðir		
fating	auðið, auðit		
fatten	feita, feitaðir		
fattened	feitaðir		
fattening	feitaðir	felled	fella
fault	galli, sök	felling	fella
faults	vamma	fellow	dreng, drengja, drengr, drengur

Word List (English to Norse)

English	Norse	English	Norse
fellows	drengja	fights	vegr
felt	kenndi, þreifaði, þuklaði	fill	fylla, fylldr, fylli, fylltr, fylltur
feminine	kvensamliga	filled	fylla, fylldr, fylltr, fylltur
fence	garð, garðinn, skíðgarð, skíðgarðinn	filling	fylla, fylldr, fylltr, fylltur
fences	garð, garðinn	Fimbulfambi (name)	Fimbulfambi
fens	fen		
Festargarm (name)	Festargram, Festargramr	Fin (name)	Finns, Finns
		finally	loks
Festargram (name)	Festargramr, Festargramur	finances	fjárhagr, fjárhagur
		financial	fjárlægir
fetch	fáa	financial-cost's	fjárkosta
fetter	fjötraðr, fjötraður	find	finn, finna, finni, finnið, finnum, fund, fundna, hitt
fettered	fjötraðr, fjötraður		
fettering	fjötraðr, fjötraður		
fetters	fjöturr	finding	finnr, finnst, finnur
feud	rógi	finds	finnr
few	allfá, fá, fáa, fæst, fáir, fám, fár, fás, fátt, fáu, liðfáir, nokkuð, nokkurra, nökkut	fine	ágætr, ágætt, ágætur
		fine-cloth	guðvefjarpell
		fines	mannsektir
		finest	fegrst
few-words	fámálugr, fámálugur	finger	fingrar
field	akri, alvangs, túni, túninu, vang, velli, völl, völlinn	finger-gold	fingrgull, fingurgull
		fingers	fingrum, fingum
		finish	lúka, luku
field-riders	túnriðr, túnriður	finished	luku
fields	fjörðum, velli, vellir, völlum, völlunum	finishing	luku
		Finnbogi (name)	Finnboga, Finnbogi
fiend	fjandi	Finnmark (place)	Finnmerkr
fiend-ship	fjandskap	fire	bál, báli, eld, eldi, eldinn, eldr, elds, eldur, eldurinn, funa, funi, hyrjar
fiercely	grimmliga, grimt		
fierce-viking	rauðavíkingr, rauðavíkingur		
fiery-r	brandrauðum		
fiery-red	brandrauðum	fire-house-wall	eldahússveggnum
fiery-ring	brandrauðum	firewood	bröndum
fifteen	fimmtán	first	fyrirrúm, fyrra, fyrst, fyrsta, fyrstr, fyrstu, fyrstur
fifteenth	fimmtánda		
fifth	fimmta, fimmti		
fifty	fimm	first-of	fyrstr, fyrstur
fight	berðist, berðust, berimst, berjast, berjumst, berst, heyja, vega	fish	fiska, fiskar, fiski, fiskum
		fishes	hveðnu
fighting	berjast, vígra		

201

Word List (English to Norse)

English	Norse	English	Norse
fishing	fiski, útróðra, veiðarnar, veiðiskap, veiðum	floating	fluttu
		flock	drifu, hjörð
		flocked	drifu
Fitjung's (name,-genitive)	Fitjungs	flocking	drifu
		flokk	flokk, flokkr, flokkur
fits	hæfir	flood	flóða, flóði
fitted-out	skipaðar	flood-deer	flóðhyrs
five	fimm, fimmta	floor	gólfið, gólfinu, gólfit
fix	fastlegra, festar	flown	flaug
fixed	fastlegra, festar	flows	flytist
fixing	fastlegra, festar	flying	fljúga, fljúganda, fló
Fjalar's (name,-genitive)	Fjalars	fodder	fóðr, fóður
		foe	val
Fjolnir's (name,-genitive)	Fjölnis	foes	grömum
		fog	þokr, þokur
fjord	firðinum, fjörð, fjörðinn	folds	foldar
		foliage	limið
Fjord (place)	Firðinum, Fjörðinn	folk	folk, fólk, folka, fólka, folki, fólki
Fjord-Mouth (place)	Fjarðarkjafta	folk-battles	folkorrostr, folkorrostur
fjords	firði		
fjords-carving	fjarðskorið	follow	furða, fylgd, fylgð, fylgdar, fylgdi, fylgði, fylgdu, fylgðu, fylgdum, fylgi, fylgir, fylgja, fylgjum, fylgt, hlýddi
fl	fló		
flame	eldr, flaum, loga		
flames	eldinum, loga		
flanks	fylkingar		
flashing	fránir		
flat	helgir, slétt, sléttan	followed	fylgdi, fylgði, fylgdu, fylgðu, fylgdum, fylgi, fylgir, fylgt, hlýddi
Flat-Nose (name)	Flatnefs		
flat-stones	hella		
flattering	vilmæli	followers	fjölmenni, fjölmennr, fjölmennur, fylgjr, fylgjur, fylgt, hirðmanna
fled	fló, flýðu, flýja, flýr		
flee	flótta, flýðu, flýja, flýr		
fleeing	flóttann, flýja		
Flemings' (name,-plural-possessive)	flæmingja	following	áliðnum, eftir, fylgdi, fylgði, fylgdu, fylgðu, fylgdum, fylgi, fylgir, fylgt, hindra, hlýddi
flesh	hölda, hölds, hölðs		
fleshy-side	holdrosu	follows	fylgi, fylgir
flew	fleygðu, fljúga, fló, flugu, flýgr	folly	dul
		food	fæðslu, krásir, mat, matar, matarins, matr, vistir
flies	flýgr		
flight-dragon	flugdreki		
fling	fló, flýðu, flýja, flýr	food-prepare	matbúið, matbúin, matbúit
float	floti, fluttu		
floated	fluttu		

Word List (English to Norse)

English	Norse	English	Norse
food-prepared	matbúið, matbúin, matbúit	forests	skógana, skógar, skógi, skógr, skógurinn
food-preparing	matbúið, matbúin, matbúit	Forest-Tostig (name)	Sköglar-tósta
fool	afglapi, apa, fól, svíkja	foretold	boðaði
foolish	heimskum	forgetful-heron	óminnishegri
fools	heimska, heimskan	forgive	fyrirgefa
foot	fæti, feti, fótr, fótrinn, fótur	for-good	alfari
foot-around	þverafæti	for-her	hennar
footbridge	brúarsporðinn	for-him	sér
foot's	fótarins	for-intentions	fyrirætlan
foot-striking	fóthöggva	for-knowing	forvitri
for	á, að, af, at, er, for, för, fyr, fyri, fyrir, fyrr, fyrri, í, of, því, til, um	for-knowing (curious)	forvitni
foraging	rekum	for-like	þvílíkum
force	liði, liðs, tjár	for-lodgings	húsa
forcefulness	geysingi	for-long	lengi
forces	her, hér, herinum, hermönnum, lið, liði, liðinu, liðit, liðs	forlorn	forlagðir
		form	lík
foreclose	bregða	for-me	mér
fore-knowing	framvís	forsake	ásaka, hafna
fore-knowing-woman	vísendakona, vísindakona	for-speakers	formælendr
foreman	verkstjóri, verkstjórinn	fort	vígi
		forth	fram
foremost	framast, fremri, fyrir, öndvegi	for-the	fyr, fyrir
		for-the-sake-of	sakir
foremost-seat	öndvegi	Fortress-hart (name)	Borgarhjört, Borgarhjörtr
fore-promise	fyrirheitið	fortune	auðnumann, auðr, auður, forlög, forlögum
fore-promised	fyrirheitið		
fore-promising	fyrirheitið	fortunes	forlög
foreseen	varir	forty	fertugr, fjóra
foresight	forsjá	forward	fram, framm
forest	skóg, skóga, skógi, skóginn, skóginum, skógótt, skógr, skógur	forwards	firr, fór, fram
		for-work	forverk
		foster	fæða, fæddist, fóstra, fóstraði, fóstri, fóstru
forest-burning	skógabrennuna	foster-brother	fóstbróðir
forested	skógótt	foster-child	fóstra
forest-grown	skógvaxit	fostered	fæddist, fóstraði
foresting	skógótt	foster-father	fóstra
		fostering	fæddist, fóstraði

Word List (English to Norse)

English	Norse	English	Norse
fought	barðist, berðist, berjast, berst, börðust, vák	friend-invites	vinaboð
		friendliness	blíðu, vináttu
		friendly-words	vinmælum
Foul	saurs	friend-of	vinr, vinur
Foul (name)	Sar, Saur, Saurr	friends	spjalli, vanir, vina, vini, vinir, vinum
found	fann, fannst, fannt, fengið, fengit, finna, finnast, finnst, fundið, fundinn, fundist, fundit, fundizt, fundu, fundust, fyndi, hitt, hittast, hitti, hittir, hittust	friend's	málvini
		friends-good	vingott
		friendship	vinátta, vináttu, vinfengi, vingan, vinskapr, vinslitum
		friendship-breach	flaumslitum
		friend-whole	vinhollr, vinhollur
		frighten	fælast, hræddist, hræddust
found-a-place	vistuðust	frightened	fælast, hræddist, hræddust
foundations	grundvöll		
found-is	fekkst	frightening	fælast, hræddist, hræddust
found-not	fannk-a		
four	fjögr, fjögur, fjóra, fjórir, fjórum	fringes	skauti, trefr
		Frodi (name)	Fróði
fourteen	fjórtán	from	á, að, af, at, farm, frá, fram, framar, framm, frammi, framúr, fránan, fremr, fyrir, ór, þaðan, um, undan, úr, út, við
fourteenth	fjögurtánda		
fourth	fjóði, fjórða, fjórði		
four-times	fjórum		
fox	skollir		
fragile	skör		
France (place)	Frakkland		
free	frelsti, frítt, frjálsa, vanr	from-beneath	undir
		from-forward	fram
freed	frelsti	from-going	fram, framgengt
freed-man	leysingi	from-here	heðan, héðan, þangat
freeing	frelsti		
free-man	þegn	from-him	hann
frees	fríar	from-home	heiman
free-wealth	lausafé	from-like	framlega, framliga
French	valska	from-now	fresti
frequent	tíðar	from-out-of	ór
Freydis (name)	Freydís, Freydísar, Freydísi	from-saying	frásagnar, frásögn
		from-there	frá, þaðan, þangað, þangat, þegar
Freyr (name)	Freyr		
Frey's (name,-genitive)	Freys	from-the-south	sunnan
		from-under	undan, undir
Fridgerdar (name)	Friðgerðar	from-where	hvaðan
Fridrek (name)	Friðrekr, Friðrekur	frost	frost
friend	vin, vinar, vinir, vinnr, vinnur, vinr, vinur	frosted	frost

Word List (English to Norse)

English	Norse	English	Norse
frost-giants	hrímþursar	Gamlason (name)	Gamlason
frosting	frost	gap	klofa, skarð
frosty	frostviðri	gaping	gapði, gnapir
frown	gretti	Gardar (place)	Garða, Garðar, Görðum
frowned	gretti	garden	garð, garði, garðinn, garðs
frowning	gretti		
frozen	frerin, kalinn	gardens	garð, garðinn
full	ávallt, fulla, fullan, fullar, fullr, fullu, fullur	Gardi (name)	Garðarr, Garði
		gates	gáttir, grind
full-come	fullkomna	gather	fengu, lesa, safnar, safnast
full-good	fullgott		
full-knowing	fjölkunnig, fjölkunnigri	gathered	fengu, safnar, safnast
full-many	fjöld	gathering	fengu, safnar, safnast, samdrátt
full-men-most	fjölmennast		
fully-gelded	fullgoldið	gathering-of	safnaðar
fully-gelding	fullgoldið	Gautland (place)	Gautland
fully-gold	fullgoldið	gave	fekk, fékk, gæfa, gæfi, gaf, gaft, gafta, gáfu, gefa, gefi, gefinn, gefir, gefit, gefr, gefur, gifti, henti, veik, veitir, veittu
fully-golded	fullgoldið		
fully-load	skipaðir		
fully-loaded	skipaðir		
fully-loading	skipaðir		
funds	sjóði		
fur	loðna		
fur-cloak	feldarskautinu	gave-birth-to	elr
Furdustrandir (place)	Furðustrandir, Furðuströndum	gave-up	hættir
		Geatland (place)	Gautland
furry	loðnir	Geatlanders	gautar
furs	skinnavara	Geirny (name)	Geirný
further	firr, lengra, undan	Geitisson (name)	Geitisson, Geitsson
furthest	framast	Geitisson's (name,-genitive)	Geitssonar
fury	furða		
		Gellir (name)	Gellis
		Gellis (name)	Gellis

G, g

English	Norse	English	Norse
		generations	ætt
		generosity	rausn, rausnarveislu
gabbles	glissir	generous	mildan, rausn, stórlyndr
gain	aflim		
gain-victory	sigrumst	genteel	dælt
Galti (name)	Galti	gentle	blíðr, blíðum, blíður
game	gaman, leiki, leiks	gentle-man	dældarmaðr, dældarmaðour
game-piece	töfl		
game-pieces	taflit	gently	blíðlega, blítt
games	leika	German (name)	Þýsku
gaming-table	hneftafli	Gerstein (name)	Geirsteinn

Word List (English to Norse)

English	Norse	English	Norse
get	fá, fæ, fái, fáim, fám, fásktu, fékk, fenga, fengi, fengin, fengir, gatk, gera, get, geta, getit, getr, hlýtr, ná, náir, þangat	give	fá, fæ, fæða, fái, gá, gæfi, gæfið, gæfuð, gef, gefa, gefast, gefi, gefið, gefir, gefit, gefr, gifta, giftu, gjaforð, veit, veita, veitti
get-for	fá	give-birth	fæða
gets	fá, fáa, fær, getr, heimtir, nái	give-birth-to	fæðir
getting	fingi, gettu	give-in	víkja
giant	jötun, þurslegr, þurslegur, þursligr	give-in-marriage	gifta
giantess's	hálu	given	gaf, gefið, gefin, gefinn, gefit, gefnir, gefr, gjaforð, gjalfri, veit, veita, veitk, veitt, veitti, veittr, veittur
giants	jötnum, randgálkn, randgölkn		
giants'	jötna		
giant's	jötna	given-name	nökkvi
gift	gæfa, gæfu, gefa, gifta, gjöf, gjöfina, gjöfinni	give-not	gef-at
		givers	gefendr
gifted	gæfu	gives	gefr
gifted-man	gæfumaðr, gæfumaður, giftumaðr, giftumaður	giving	svági
		Gizurarson (name)	Gissurarson, Gissurarson
gifting	gæfu	glacier	jökli
gifts	feng, gjafar, gjafir, gjalfri, gjálfri, gjöfli, gjöfum	glaciers	jöklar, jöklum, jökull
		glad	glaðr, glaður, gleði, glöddu
gild	gildis	gladden	gleðjask
gilded	gildis	gladdens	lægir
gilding	gildis	gladder	glaðara
Gilsbakka (name)	Gilsbakka, Gilsbakki	gladdest	gladdist
gird	gyrðr, gyrður	gladly	gjarna, glaðr, glaður
girded	gyrðr, gyrður	gladness	gleði
girding	gyrðr, gyrður	glance	litir
girdle	hnjóskulinda	Glasir-Plains (place)	Glæsisvöllum
girl	mær, mærin, man, mans, mey, meyjunni, meyna	glass-beads	glertölr, glertölur
		Glaumbaer (place)	Glaumbæ, Glaumbæjarland, Glaunbæ
girlfriend	vinkonu		
girls	meyjar, meyjarnar, stúlkr, stúlkur	gleam	bliks
		Gleipnisvellir (place)	Gleipnisvellir
gitfless	gjaflaust		
		glide	skriðar
		glistens	glæstrar
		glitter	glitraði

Word List (English to Norse)

English	Norse	English	Norse
glittered	*glitraði*	going	*atgöngu, eg, færi, fara, fari, farið, farit, fer, för, förum, ganga, gangi, gangim, gegna, gekk, gengi, gengið, genginn, gengit, gengr, gengu, gingu, gingum, göngu, göngum, vára, vora*
glittering	*glitraði*		
glorious	*dýrlegra, dýrligra*		
glorious-man	*dýrðarmaðr, dýrðarmaður*		
glory	*ágæti, dýrð*		
glowing	*esat*		
Glumra (name)	*Glumru*		
gnaw	*gnaga*		
Gnipafjord (place)	*Gnípafirði*	going-affectionate	*gagnhollir*
Gnup (name)	*Gnúps*	going-all	*görvöllum*
Gnup's (name,-genitive)	*Gnúps*	going-forward	*fram*
		going-from	*gagnvart*
go	*fær, far, fara, fari, fer, ferð, ferðar, förum, gakk, ganga, gangast, gangi, gangið, gangir, gekk, gengið, gengit, gengr*	going-out	*fært*
		going-way	*gagnvegir*
		Góinn (name)	*Góinn*
		gold	*goldið, goldit, golli, gull, gulli, gullinu, gullit, gulls*
goats	*geitr*	gold-embroider	*gullsaumaðr, gullsaumaður*
go-before	*fyrri*	gold-embroidered	*gullsaumaðr, gullsaumaður*
god	*goð, guð, guðs*		
God (name)	*Guð, Guðs*	gold-embroidering	*gullsaumaðr, gullsaumaður*
Godaskogur (place)	*Goðaskógr, Goðaskógur*		
god-drew	*guðbrá*	golden	*gullmens, gullnum*
godord	*goðorð*	golden-ball	*gullknappr*
gods	*ásum, goð, goðum, rögna, tíva*	gold-inlaid	*gullbúin*
		gold-laid	*gullskotit*
God's (name)	*Guð*	gold-ring	*gollhring, gullhring, gullhringa*
God's (name,-genitive)	*Guðs*	gone	*brottu, fært, farið, farin, farit, förum, gengið, gengin, genginn, gengit, gingum, vor*
gods-known	*reginkunnum*		
Godthorm (name)	*Guðþormr*		
goes	*fær, fari, fer, ferr, gekk, gengr, gengur*		
		good	*allgóð, allgóðar, allgóðir, allgóðr, allgóður, allgott, búnu, dugi, goð, góð, góða, góða, góðan, góðar, góðir, góðr, góðra, góðri, góðs, góðu, góðum, góður, gott, gótt, sæli*
goes-out	*sloknar*		
		good-looks	*vænleiks*

207

Word List (English to Norse)

English	Norse	English	Norse
good-man-like	góðmannlega, góðmannliga	graze	gras
		grazing	beit
goodness	gæsku, góðan	great	ágætar, ágætr, mikið, mikil, mikill, mikilla, mikillar, mikinn, mikit, mikla, miklar, miklir, miklu, mjök, stór, stóra, stórra, stórt, stórum
goods	fémunum, varning, varningr, varningur		
good-will	góðvilja		
good-words-man	goðorðsmaðr, goðorðsmaður		
go-on	vinnast		
gore	stangað, vættr	greater	meira, meiri, meirum, mikinn, miklu
gored	stangað, vættr		
goring	stangað, vættr	greater-force	ofrefli
Gorm (name)	Gormr, Gorms	greater-part	þori, þorik
gossipers	uppaustrarmenn	greatest	ágæst, göfugmenni, mesta, mestir, mestr, mestur, mikla, stærstum
got	fá, fæ, fær, fagnaði, fekk, fékk, fekkst, fengi, fengið, fengit, fengju, fengu, fingum, gæti, gat, gátu, gekk, getr, hlaut, ná-, náði		
		great-estate	rausnarbú, rausnarráð
		great-issue	mikilræði
Götaland (place)	Gautlandi, Gautlands	greatly	ágætliga, allmjög, drjúgum, harðla, mikið, mikit, stæra, stórilla
go-they	ganga		
Gotland (place)	Gautland, Gautlandi, Gautlands		
		greatly-ruled-over	stjórnuðu
Gotlanders	gautar	great-man-like	stórmannligt
got-they	fengust	great-man-ness	stórmannliga, stórmennsku
got-up	upp		
got-we	gátum	great-men	stórmenni
governing	landstjórnar	greatness	ágætis, stórmennsku
go-we	göngum	great-Thyle (name)	fimbulþulr
gown	námkyrtli	greedy	gráðugr
grant	leggja, unna, veit, veita, veitti, veittu	green	grön
		Greenland (place)	Grænland, Grænlandi, Grænlands
granted	leggja, veit, veita, veitti		
granting	leggja, veitti	Greenlander (place)	Grænlenskir, Grænlenskum, Grænlenzkum
grapes	vínber, vínberjum		
grape-vines	vínbejaköngul		
grasp	fang, fingum	Greenland-Sea (place)	Grænlandshaf
grasped	fingum		
grasping	fingum	Greenland-skin	grænlenzkan
grass	gras, grasinu, grös	Greenland-Skin (place)	Grænlenskan
grave	svarri		
gravel	grjót	Greenland-voyage	grænlandsferðar
gravestones	bautarsteinar		

Word List (English to Norse)

English	Norse	English	Norse
greet	heilsar, kveð, kveða, kveðja, kveðjum, kveðr, kveður, kvöddu	gripping	greip, grípa, lesti
		Gro (name)	Gró
		Gróa (name)	Gró
		ground	fold, grundar, mold, moldu, vígðu, völl
greeted	heilsar, kveða, kveðja, kveðr, kveður, kvöddu	ground-wolf	grafvitnis
		group	bekkinum, flokkr, flokkur, hópit, lið, liði, liðit
greeting	heilsar, kveða, kveðja, kveðju, kveðr, kveður, kvöddu		
		grow	vaxa, vexti
greetings	kveðjr, kveðju, kveðjur	growing	vaxið, vaxinn, vaxit
		grown	vaxið, vaxin, vaxinn, vaxit, vaxnir, vexti, vöxtr
greets	kveðr, kveður		
Grelod (name)	Grélaðar		
Grenjar (place)	Grenjum	grows	þróask, vex
Gretti (name)	Gretti	growth	völt
grew	óx, óxu, vaxa, vex	grumble	gnyðja
grey	algrá, grám, grána, gránu, grár	grunting	rýtanda
		guarantee	ábyrgjast
grey-call	grásíma	guard	gæta, gæti, gætti, varðar, verja, vörðust
grey-hair	hæru, hárum		
grey-haired	hárum	guarded	gæta, gætti, varðar, vörðust
grey-shirt	gránserk		
grey-skins	grávara	guardian	vörðr, vörður
grief	harmi, harmr, harms, harmur	guarding	gæta, gætti, varðar, vörðust
grim	grími, grimmr, grimmu, grímr, grímur	guardsmen	hirðina, hirðmenn
		Guddala-Starri (name)	Guðdala-starri
Grim (name)	Gríma, Grímr	Gudmund (name)	Guðmund, Guðmundar, Guðmundi, Guðmundr, Guðmundur
Grima (name)	Gríma, Grímu		
Grimhild (name)	Grímhildr, Grímhildur		
Grimhild's (name,-genitive)	Grímhildar		
Grimolfson (name)	Grímólfsson	Gudmund's (name, genitive)	Guðmundar
Grim-Pass (place)	Grímaskarð		
Grims	grímar, grímum	Gudny (name)	Guðnýjar, Guðnýjar
Grims'	grímar	Gudrid (name)	Guðríðar
Grims (name)	Grímar, Grímum	Gudrod (name)	Guðröðr, Guðuröður
Grims' (name)	Gríma	Gudrod's (name,-genitive)	Guðröðar
Grimstungur (place)	Grímstungum		
		Gudrun (name)	Guðrún, Guðrún, Guðrúnar, Guðrúnar
Grindavik (place)	Grindavík	Gudthorm (name)	Guðþorm
grip	greip, grepp, greppa, greppi, greppr, grípa, lesti	guess	get, geta, getr, getur
gripped	greip, grípa, lesti	guessing	getan

209

Word List (English to Norse)

English	Norse	English	Norse
guest	gest, gestr, gestur, gisti, gisting, gistu	had	á, ætta, at, átt, átti, áttir, áttu, áttum, eiga, er, fengit, hæfir, hafa, hafask, hafða, hafði, hafi, haft, hann, hefða, hefði, hefðu, hefi, hefik, hefir, hefnt, hefr, hefur, höfðu, höfðuð, höfðust, lætr, lagði, lát, láta, látit, lést, lét, létu, létuð, væri, væru, veittu
guested	gisti, gisting, gistu		
guests	boðsmanna, gesti, gestir, gestum		
Gufua (place)	Gufárós, Gufuárósi		
guide	leiðtoga		
guides	leiðtoga, leiðtogana, leiðtogar		
guilt	sektar		
guilty	sekan		
gull	már		
gullets	svíra	had-been	hafði, vera, verið, verit, yrðið
gums	góma		
Gunlaug's (name,-genitive)	Gunnlaugs	had-come	kom
		had-done	ger, gerði
Gunnar (name)	Gunnar	Hadeland (place)	Haðaland
Gunnbjarnarsker (place)	Gunnbjarnarsker	Hadeland-berserker	Haðaberserkr
Gunnbjorn (name)	Gunnbjörn	had-it	hefir
Gunnlaug (name)	Gunniaugr, Gunnlagi, Gunnlaug, Gunnlaugi, Gunnlaugr, Gunnlaugs, Gunnlaugur	had-they	höfðu
		Hafgrim (name)	Hafgrímr, Hafgrímur
		Hafgrimsfjord (place)	Hafgrímsfjörð
		hail	éli, heilir, heill
Gunnlaug's (name,-genitive)	gunnlaugs	hail!	heilir!
		hailstone	haglkorn
Gunnlaug's (name,-genitive)	Gunnlaugi, Gunnlaugs	hair	hár, hárit, loðna
		hair-fair	hárfagra, hárfagri
Gunnlaug's-gift (name,-genitive)	Gunnlaugsnaut	hair-strands	hársíma
		hairy-side	háram, hárham
Gunnlauth's (name,-genitive)	Gunnlaðar	Haiti's (name,-genitive)	Heita
Gunnlod (name)	Gunnlaðar, Gunnlöð, Gunnlöðu	Haki (name)	Haka, Haki
		Hakon (name)	Hákon, Hákonar
gusts	gusti	half	half, hálfa, hálfan, hálfr, hálft, halfum, hálfum, hálfur, helming, helmingr, helmingur
Guthrid (name)	Guðríðar, Guðríði, Guðríðr, Guðríður, Guðuríður		
Gyduson (name)	Gyðuson		
		half-burn	hálfbrunnu
		half-burned	hálfbrunnu

H, h

		half-burning	hálfbrunnu
		Halfdan (name)	Hálfdan
habitable	byggjanda, byggjandi	half-of	hálfr, hálft, hálfur
habitation	mannavistir		

210

Word List (English to Norse)

English	Norse	English	Norse
hall	hallar, höll, höllina, höllu, höllunni, sal	handy	hagr, hagur
		hang	hangir
Hall (name)	Halli, Hallr, Hallur	hanging	hengi
Halla (name)	Halla, Halla	hanging-corpse	virgilná
Halland (place)	Halland, Hallandi	happen	atburðr, atburður, gerðist, snemnma, verða
Halldis (name)	Halldís		
Halldor (name)	Halldóri		
hall-floor	hallargólfinu	happened	atburðr, atburður, gerðist, snemnma
Hallfred (name)	Hallfreðar, Hallfreði, Hallfreðr, Hallfreður	happening	atburðr, atburður, gerðist, snemnma
Hallfrid (name)	Hallfríðr, Hallfríður, Hallfríður	happens	gengr, hendir
hallow	heilagri	happily	blíðliga
hallowed	heilagri	happiness	sælu, ynði
hallowing	heilagri	happy	allfús, blíðr, blíður, sæl, sælir, sæll, teitum
halls	hallir, höllu, sölum		
Hall's (name,-genitive)	Halls		
		Harald (name)	Harald, Haraldi, Haraldr, Haralds
Hallveig (name)	Hallveig	harbour	hafna, hafnar, höfn
Hamdir's (name,-genitive)	Hamðis	hard	harða, harðla, harðliga, harðr, harður, hörð, hörða, ilt
hammer	hamri		
hand	handa, handar, hendi, hendinni, hendr, hendur, höfuð, hönd, höndina, höndum		
		harden	herðir
		hardened	herðir
		hardening	herðir
handed	höndum	hardest	harðasti
handed-over	seldi	hardly	varla, vart
hand-fire	mundelds	hard-melding	harðmeldr
handing	höndum	hardy	harðfengr, harðger, harðlyndr, harðlyndur
handle	höldr, hölðr, hölður		
handled	höldr, hölðr, hölður	hardy-much	herðimikill
handling	höldr, hölðr, hölður	Harek (name)	Hárek
hand-maiden	mans	harm	harmar, harmr, illt, mein, meingerða, meini, meins, sakar, sakast, skaði
hand-print	handastaðinn		
hands	handan, hendr, hendur, höndum		
handshake	handlaginu	harmed	meingerða, sakar
handsome	fríðastr, fríðastur, fríðir, mannvænn, vænn, vænstr, vænstur	harming	meingerða, sakar
		harmlessly	meinalausan
		harp	harpa, hörpu, hörpuna, hörpunnar, hörpunni
hand-taken	handtekinn	harried	herjaði, herjat
hand-washing	handlaugar	harry	herja, herjaði, herjat

Word List (English to Norse)

English	Norse	English	Norse
harrying	herja, herjaði, herjat, hernaðr, hernaður, herrinn	having-like	höfðinglegt, höfðingligt
		hawk-from	haukfránn
harsh	hvassa	hawks	hauka, haukr
hart	hjörtr	hawk-snare	hauksnöru
harvest	árangr, árangur	hay	hey
harvest-feast	haustboð	he	búa, er, gaum, guma, hafði, han, hana, hann, hans, hánum, henni, hinn, honum, hrafn, inn, sá, sé, séi, sér, sik, sinn, sinni, þann, þeims
has	á, er, hæfi, hafa, hafði, hafi, hár, hárr, hefir, hefr, hefur		
has-been	hefir		
has-not	hafi-t		
haste	bráðr, bráður	head	hausum, höfði, höfuð, höfuðit
hastening	bráðrakinn		
hate	hata, hatr, heifta	head-bone	höfuðbeinunum
hates	hatar	headland	andnesi, höfða, höfðann, höfðanum, nes, nesi, nesið, nesin, nesinu, nesit, ness
haughty	rembist, remb-ist, svarri		
Haukadal (place)	Haukadal, Haukdælski		
hauntings	aftrgöngum, afturgöngum, fróðárundr, fróðárundur	headlands	andnesjum
		heads	höfði, höfðu, höfðum, höfuð, höfuðin
have	á, ætta, ætti, átt, áttir, áttu, eiga, er, fá, fáa, fár, gera, haf, hafa, hafast, hafða, hafði, hafðir, hafðu, hafi, hafið, hafim, hafir, haft, halda, hef, hefði, hefðir, hefðu, hefi, hefir, hefja, hefk, hefr, höfð, höfði, höfðu, höfum, lát, láta, látum, leggr, leggur, lét, verðum	head's	höfuðs
		head-tumble	höfuðsteypu
		head-tumbled	höfuðsteypu
		head-tumbling	höfuðsteypu
		head-wound	höfuðsárið, höfuðsárit
		healer	læknar
		healing	heilan
		healing-spells	líknargaldr
		health	hann, heilyndi
		healthy	heill
		heap	hrundit, þverr
		heaped	hrundit, þverr
have-become	orðinn	heaping	hrundit, þverr
have-been	hafa, verið, verit	hear	heyr, heyra, heyrðið, heyrðu, heyrðuð, heyri
have-come	kominn		
have-hit	hjóstu		
have-I	hefik	heard	frétti, heyra, heyrða, heyrði, heyrðu, heyrir, heyrt, hjá, hljóðs, hlýddu, spurðist, spurt, spyrja, spyrr, spyrst
have-you	Áttu, hafðu, hefir		
having	hafa		
having-a-meal	máli		

Word List (English to Norse)

English	Norse	English	Norse
heard-news	frétta	Heimir's (name,-genitive)	Heimis
heard-of	spurði, spurðust, spurt, spyrr, spyrst	heirs	erfingja
hearing	hljóði	he-is	hann
hearing-of	spyrja	Hekja (name)	Hekja
hears	heyri	he-knew	vita
heart	hjarta, hjartat	Hel (place)	Helju
hearth	hjörð, hjú	held	fengu, hafði, halda, haldið, haldit, hann, helda, heldi, heldr, heldu, héldu, heldur, helst, hélst, helt, hélt
hearts	hjörtu		
heat	hitnaði		
heated	hitnaði		
heath	heiði, heiðis		
heathen	alheiðið, alheiðit, heiðið, heiðit, heiðnum	Heldr (name)	Heldr
		Heldr's (name,-genitive)	Heldrs
		held-words	haldinorðir, haldorða
heathenry	heiðni	Helga (name)	Helga, Helgu, Helgu
heathens	síðr, síður	Helga's (name,-genitive)	Helga
heather-lands	lyngs		
heather-snake	lyngorm	Helgason (name)	Helgasonar
Heath's (name,-genitive)	Heiðar	Helgi (name)	Helga, Helgi
		hell	helvíti
heath-slayings	heiðarvíg	Hellisvellir (place)	Hellisvöllum
heating	hitnaði	Helluland (place)	Helluland
heats	heiftum	helm	hilmi
heaven	himni	helmet	hjalm, hjálm, hjalmi, hjálmi, hjálminum
heavier	þunglegar		
heavily	þungs, þungum, þunnum	helmets	hjalma
		helms	hjalma, hjálma, hjalms
heaviness	höfga		
heavy	svarri, þung, þungara, þungr, þyngd, þyngð	helm-staves	hjalmstofn
		help	björg, duga, fullting, hjalp, hjálp, hjalpa, hjálpa, hjálpar, hjálpið, lið, liði, liðs
he-be	sé		
Hedin's (name,-genitive)	Heðins		
heed	gáðu, gaum, guma	helped	duga
heeded	gáðu	helping	duga
heeding	gáðu, gaum, guma	helpless	hlífarlaus, hlífarlauss
Heflir's (name,-genitive)	Heflis	Helsings (name)	Helsingja
		hem	skaut
he-himself	hann	Heming (name)	Hemingr, Hemingur
Heidmark (place)	Heiðmörk	hence	heðan, héðan
height	hæð	hen's-feathers	hænsafiðri
heights	hæðir		
Heimir (name)	Heimi, Heimir		

Word List (English to Norse)

English	Norse	English	Norse
her	hana, hennar, henni, hon, honum, hún, sér, sín, sína, sínu, sínum, sitt	hidden	duldið, duldir, fólgið, fólgit
		hidden-creek	leynivág
		hide	húðina
herd	hjörð, hjú	hiding	leyna
herding	gæsla, gæzla	high	há, hæstr, hæstur, halir, hárar, hárrar, hátt, hávan, hávar, hávu, heiðir, ófár
herds	hjarðir		
here	hann, hér, hingað, hingat, hún, þar		
Herjan's (name,- genitive)	Herjans	higher	æðra, æðru
		highest	efst, ofast
Herjolf (name)	Herjólfi, Herjólfr, Herjólfur, Herjúlfi, Herjúlfr, Herjúlfur	high-family	ættstór, ættstórr
		High-One (Odin) (name)	Háva
Herjolfsfjord (place)	Herjólfsfjörð	high-seat	hásæti, hásætit
Herjolfsnes (place)	Herjólfsnes, Herjólfsnesi	high-seeing	háseymða
		high-sounding	stórorðu
Herjolfsness (place)	Herjúlfsnesi	high-tide	háflæðum
		high-up	ofarlega
Hermund (name)	Hermund, Hermundr, Hermundur	Hildibrand (name)	Hildibrandr
hero	bragna, hildingr, kappa	Hild's (name,- genitive)	Hildar
heroes	bragna, bragnar	hill	hól, hólinn
Herraud (name)	Herrauðr, Herrauður, Herrøðr, Herrøður, Herruðr, Herruður	hills	fjöllin, hóll, holta
		hilt	hjöltunum
		hilt-chew	hjaltugguðum
hers	hana, hennar, henni, sér, sín, sína, sínar, sinn, sinna, sinnar, síns, sínu, sínum, sitt, þau	hilt-chewed	hjaltugguðum
		hilt-chewing	hjaltugguðum
		him	hana, hann, hans, hánum, henni, honum, sér, sig, sik, sín, þann
herself	sér, sig, sik, sjálf		
Herthjof (name)	Herþjófi	him-of	honum
he-saw	sjá	himself	eignask, hann, honum, sem, sér, sig, sik, sín, sína, sjálfan, sjalfr, sjálfr, sjálft, sjálfur
hew	hjó, hjuggust, höggr, höggur		
he-was	hann		
hewed	hjó, hjuggust, höggr, höggur		
		himself-to	sér
		hindered- knowledge	hindrvitni
he-will	vilja		
he-willed	vilja	hire	laun, réð
he-willing	vilja	hired	laun, réð
hewing	hjó, hjuggust, höggr, höggur	hiring	laun, réð
hews	höggr		
hid	fal, fálu, hirðir		

Word List (English to Norse)

English	Norse	English	Norse
his	hann, hans, hánum, hinni, hinns, honum, sé, sér, síðunni, sín, sína, sínar, sinn, sinna, sinnar, sinni, síns, sínu, sínum, sitt, þau, þessa, þessu	hold-fulfil	hallkvæmara
		holding	halda, haldit
		hold-not	haldi-t
		holds	hefir
		holes	holum
		Holm (place)	Hólmum
		Holmlatr (place)	Hólmlátri
		Holtavarda (place)-heath	Holtavörðuheiði
his-hand	hendi, hendinni		
his-life	lífinu	holy	heilug, helga
his-own	sjálfr	homage	hlýðni
hiss	hvast, hvessti	home	búi, bús, heim, heima, heiman, væri
hissed	hvessti		
his-shoes	skóm	home-booth	heimboði
hissing	hvessti	home-drawn	heimdregi
his-way	brautu	home-following	heimanfylgja
Hitardal (place)	Hítardal	home-invitation	heimboða, heimboði, heimboðs
Hitdardal-champion (name)	Hítdælakappi		
		homeless	vistlaus, vistlauss
hits	hittir	homes	búa, heim, heima
Hjadninga (name)	Hjaðninga	home-skin	heimhama
Hjalli (name)	Hjalla	home-spirit	heimhuga
Hjardarholt (place)	Hjarðarholt	homespun-cloth	vaðmál
Hlidarendi (place)	Hlíðarenda	home-travel	heimferðar
Hlínar (name)	Hlínar	home-way	heimleiðis
Hlokk's (name,-genitive)	Lakkar	home-yard	heimisgarða
		honour	drengskap, heiðr, sæmd, sæmð, sæmdar, sæmðinni, sæmdunum, samira, sóma, þegnsköpum, virðing, virðingu
Hlymdal (place)	Hlymdölum		
hoard	hoddum		
hoard-warrior	hoddstríðandi		
hoe	pál		
Hof	hofs		
Hof (place)	Hofi, Hofi, Hofs, Hofs	honourable	sæmilegar, sæmilegast, sæmilegr, sæmilegur, sæmiligar, sæmiligast, sæmiligr, sæmiligsta, sköruleg, sómir, tignum
Hofda (place)	Höfða		
Hofdastrond (place)	Höfðaströnd		
Hofud (place)	höfða		
Hogni (name)	Högna		
hoist	undu	hood	hött, höttr, kofra
hoisted	undu	hoods	höttu, hötturinn
hoisting	undu	hop	vænta, vonum
hold	háði, halda, haldast, haldi, haldit, halds, heldi, heldr, heldur, hölða, hölðar	Hop (place)	Hópi
		hope	ván, vánar, vánu, von, vonum

215

Word List (English to Norse)

English	Norse	English	Norse
hoped	*vænta, vonum*	house-building	*húsgerð*
hopes	*vonir*	housefolk	*saldrótt*
hoping	*vænta, vonum*	house-going	*húsgangs*
Horda-Knut (name)	*Hörða-knút, Hörða-knútr*	households	*heim, heimilis, heimkynna*
Horgsland (place)	*Hörgslandi*	household-strife	*hýrógi*
horn	*horn, horni*	housekeeper	*húskarli*
horns	*horn, hornin, hornum, hornunum*	houseman	*húskarli*
		house-man	*heimamaðr, heimamaður*
Hornstrandir (place)	*Hornströndum*	housemen	*heimamönnum*
horrible	*hörmung*	house-roof-ridge	*húsmæninum*
horse	*hest, hesti, hestr, hests, hestur, hesturinn, hrossi, jó, jór, mar*	houses	*hús, húsa, húsanna, húsin, húss*
		housewife	*húsfreyja, húsfreyju*
horseback	*baki*	hovers	*þrumir*
horse-boy	*hestasvein*	how	*Hvárt, hvat, hve, hvé, hver, hverju, hvern, hvers, hversu, hvort, sem*
horse-fight	*hestaats, hestaþingi, hestaþinginu*		
Horse-Head (name)	*Hesthöfða, Hesthöfði*	howl	*gaul, gól, grenjaði*
		howled	*gól, grenjaði*
horse-house	*hestahúsinu, hrossahúss, hrossahússins*	howler	*gellis*
		how-like	*þvílíkr*
horse-man	*hrossamaðr, hrossamaður*	howling	*gaula, gól, grenjaði, ýla*
horses	*hesta, hestana, hestanna, hestar, hestarnir, hesti, hestinum, hestum, hross, hrossa, hrossin*	how-many	*hversu*
		how-much	*olli*
		how-so	*hverrar, hversu*
		how-to	*hvé*
		Hrafn (name)	*Hrafn, Hrafni*
		Hrafnabjorg (place)	*Hrafnabjörgum*
horse's	*hestrinn, hesturinn*	Hrafn's (name,-genitive)	*Hrafni, hrafns*
horse-staffs	*hestastafnum*		
hospitality	*risnu, þjóðlaðar, vist*	Hrafnsfjord (place)	*Hrafnsfjörð*
host	*lið*	Hraunhafnaros (place)	*Hraunhafnarósi*
hostility	*fjandskapar, ófriðr, ófriður*		
		Hraunhofn (place)	*Hraunhöfn*
hot	*heitr, heitt*	Hraunsdal (place)	*Hraunsdal*
hotter	*heitari*	Hreduvatn (place)	*Hreðuvatns*
house	*bús, haus, heim, hús, húsi, húsin, húsinu, húsit, húss, húsum, húsunum*	Hring (name)	*Hringr, Hrings*
		Hroptatyr (Odin) (name)	*Hroftatý*
house-besom	*húsasnotru, húsasnotruna*	Hroptr (Odin) (name)	*Hroftr*

216

Word List (English to Norse)

English	Norse	English	Norse
Hrutafjord (place)	*Hrútafirði, Hrútafjarðar*	I (a-personal-pronoun)	*eg, ég*
hull	*húf*	I (personal-pronoun)	*ek*
human	*mennskr*		
humble	*hógværr, mjúkr, mjúkur*	I-am	*ek*
		ice	*ís, ísi, ísinn*
Hundergar's (name,-genitive)	*Húngerðar, Húngersar*	Iceland (place)	*Ísland, Íslandi, Íslands*
hundred	*hundrað, hundraðs, hundruð, hundruðum*	Icelander	*íslandi, íslandsmaðr, íslandsmaður, Íslending, íslendingar, íslendingr, íslendingrinn, íslendingur, íslendingurinn, Íslenskr, íslenskra, Íslenskum, Íslenskur, íslenzkr, íslenzkra, Íslenzkum*
hundred-many	*hundmargan*		
hundreds	*hundruðum*		
hung	*hekk, hengu*		
hunger	*gráðr, gráður, hungri*		
Hungerd (name)	*Húngerðar, Húngerðr, Húngerður*		
hungry	*ómett, solginn*		
hunt	*matfanga, veiða*		
hunter	*veiðimaðr, veiðimaður, veiðimanns*	Icelanders	*íslendinga, Íslenskir, Íslenzkir*
		Icelandic	*íslenzkr*
hunting	*veiðar, veiðarnar, veiðiferð, veiðiferðir, veiðiförum, veiðum*	Iceland-journey	*Íslandsferðar*
		I-die	*deyja*
		idols	*skurðgoða*
hurry	*hrapa, skunda*	if	*at, ef, er, hvárt, hvort, sem*
hurt	*grand, meiðar, sárt*		
hurts	*standi*	ill	*ill, illa, illr, illrar, ills, illt, illum, illur*
husband	*bónda, bóndi, manns, mannvönd*		
husband's	*bónda*	ill-doing	*illgjarn*
Husto (name)	*Hústó*	illegitimate	*laungetna*
hut	*skálann*	ill-like	*illilig*
Hvamm (place)	*Hvammi*	ill-looking	*illilegir, illiligir*
Hvammsfjord (place)	*Hvammsfirði*	ill-temper	*illgjarn*
		ill-tempered	*illgjarn*
Hvarfsgnipu (place)	*Hvarfsgnípu*	ill-tempering	*illgjarn*
Hvitabaer (place)	*Hvítabæ, Hvítabær*	Illuga (name)	*Illuga*
Hvitarsida (place)	*Hvítársíðu*	Illuga's (name,-genitive)	*Illuga*
Hvitserk (name)	*Hvítserk, Hvítserki, Hvítserkr*	Illugi (name)	*Illuga, Illugi*
Hyrnings (name)	*Hyrningar*	Illugi's (name,-genitive)	*illuga*
		Illugi's (name,-genitive)	*Illuga*

I, i

I	*eg, er, mér, mig, Mik*	illusions	*sjónhverfingar, þversýningar*

Word List (English to Norse)

English	Norse
ill-will	*illsku, læs*
image	*mynd*
immediately	*fljótast*
important	*ráðabreytni, ráðagerð*
impossible	*ófarar*
impression	*leist*
imprint	*merki*
improve	*bættist, síða*
improved	*bættist, síða*
improving	*bættist, síða*
in	*á, að, at, en, er, hin, hinn, í, in, inn, innan, innar, inni, inum, því, um, við*
in-b	*rekkju*
in-bed	*rekkju*
in-being	*rekkju*
incapable	*ófær, ófærr*
incident	*atburð*
incite	*óttu*
incline	*hallat, hneigði, um*
inclined	*hallat, hneigði, um*
inclining	*hallat, hneigði, um*
increase	*aukin, jók, jóku*
increased	*aukin, jók, jóku*
increasing	*aukin, jók, jóku*
indebt	*skuldalið*
indebted	*skuldalið*
indebted-to	*skuldalið*
indebting	*skuldalið*
indecent	*ógerla, ógjörla*
in-drink	*drukknir*
infancy	*ómegð*
inform	*nýsisk*
informed	*nýsisk*
informing	*nýsisk*
in-front-of	*framan, fyrir*
Ingibjorg (name)	*Ingibjargar, Ingibjörg, Ingibjörgu*
Ingibjorg's (name,-genitive)	*Ingibjargar*
Ingjald's (name)	*Ingjalds*
Ingolf (name)	*Ingólfi, Ingólfr, Ingólfur*
Ingolf's (name)	*Ingólfs*
inhabit	*byggjum*
inhabitants	*bjuggu*
inherit	*erfðar*
inheritance	*ættleifð, arfi, arfr, arfur, erfi, föðurleifð*
inherited	*erfðar*
inheriting	*erfðar*
in-him	*honum*
injure	*granda, lestist, meiðir*
injured	*lestist*
injuring	*lestist*
injury	*grandi, sárunum*
inlet	*mynni, ósinn, vág, vági, vog*
inlets	*vogunum*
Inndyr's-island (place)	*Inndyris-eyju*
in-ne	*þurftugir*
in-need	*þurftugir*
in-needing	*þurftugir*
inner-lands	*innanlands*
innermost	*innstu*
innocent	*saklausan*
inquire	*fregna, frétti*
inquired	*frétti*
inquiring	*frétti*
insane	*ærir*
inside	*inn, innan, innar, inni, innstr, innstur*
instep	*ristinni*
insults	*háðungar*
integrity	*mannamunr, mannamunur*
intend	*aætlaði, ætla, ætlað, ætlaðak, ætlaði, ætlaðr, ætlaður, ætlar, ætlat, ætluðu, settak, vísi*
intended	*aætlaði, ætla, ætlað, ætlaðak, ætlaði, ætlaðr, ætlaður, ætlar, ætlat, ætluðu, settak, vísi*
intended-maiden	*festarmeyjar*

Word List (English to Norse)

English	Norse	English	Norse
intended-woman	heitkona	irritable	úrigt
intending	aætlaði, ætla, ætlað, ætlaðak, ætlaði, ætlaðr, ætlaður, ætlar, ætlat, ætluðu, settak, vísi	is	á, en, er, ér, eru, hvárt, í, sé, sér, væri
		is-being	sé
		is-it	er
intends	ætlað	island	ey, eyjar, eyjarinnar, eyju, eyland, eyna, eynni, eyri
intentions	ætlar, fyrirætlan		
interaction	samfarar	islands	eyjar, eyjarnar, eyjótt, eyjunum, eyland, eyrar
intercourse	samfarar, samræði		
in-the-boy	sveini		
in-the-day	dags	Islands (place)	Eyrar
in-the-end	enda	is-name	heitir
into	á, í, inn´i, vit	is-named	heitir
in-vain	ván	is-naming	heitir
invasion	herskátt	is-not	er-a, er-at
invitation	boð, boðið, boðinu, boðsins	is-she	hún
		it	á, að, at, enn, er, hana, hann, hitt, hon, hún, í, kann, með, það, þar, þat, þetta, vera
invite	bað, báðuð, bauð, bauðk, beiddist, biðja, biðr, biður, bjóða, boð, boðið, boðit, buðu, byði, býðr, býður, láð		
		it-be	vera
		it-conclude	enda
		it-concluded	enda
invited	bað, bauð, bauðk, beiddist, biðr, biður, bjóða, boðið, boðit, buðu, býðr, býður, láð	it-concluding	enda
		it-ends	lýkr
		it-goes	gengr, gengur
		it-is	er
		it-is-said	kveða
invited-men	boðsmanna, boðsmenn	it-might	mætti
		it-seem	sjá, sýndi
inviting	bað, bauð, bauðk, beiddist, biðr, biður, bjóða, boðið, boðit, buðu, býðr, býður, láð	it-seemed	sjá, sýndi
		it-seeming	sjá, sýndi
		itself	sjálfan, sjálfar
		it-was	er, sem, þat, væri, var, vera
Ireland (place)	Írland, Írlandi		
Ireland-King (name)	Írakonungs	it-would-be	væri
		Ivar (name)	Ívar, Ívari, Ivarr, Ívarr, Ívars, Ívu
Irish	Íra		
Irish-Sea (place)	Írlandshaf	Ivar's (name)	Ívari, Ívars
iron	járn	Ivar's (name,- genitive)	Ívars
iron-claws	járnklær		
iron-shoes	járnskó		
iron-side	járnsíða		
Ironside (name)	Járnsíða, Járnsíðu		

Word List (English to Norse)

English	Norse	English	Norse
J, j		**K, k**	
Jaeren (place)	*Jaðri*	Karlsefni (name)	*Karlsefni*
jaw	*skoltinn*	Karlsefni's (name)	*Karlsefnis*
jaws	*gin*	Karlsefnison (name)	*Karlsefnissonar*
jewelled-man	*skartsmaðr, skartsmaður*	keel	*kjöl, kjölinn*
jewels	*gersimum*	keen	*hvassi*
Joansdottir (name)	*Jóansdóttr, Jóansdóttur*	keep	*halda, haldim, helzt, lætr*
Jofrid (name)	*Jófríðar, Jófríði, Jófríðr, Jófríður*	kept	*efndi, heldi, keyptu*
		Ketil (name)	*Ketill, Ketils*
join	*festi, hent, tengdir, tengðir, þýðast*	Ketil's (name)	*Ketils*
		Ketilsfjord (place)	*Ketilsfjörð*
joined	*festi, hent, tengdir, tengðir*	kettle	*katli*
		kid's-milk	*kiðjamjólk*
joining	*festi, hent, tengdir, tengðir*	kill	*bana, dræpi, drap, drápu, drápuð, drep, drepa, drepið, drepin, drepinn, drepit, drepna, drepnir, vegið, veginn*
joints	*fellingum, liðum*		
Jorfi (name)	*Jörva*		
Jorfi (place)	*Jörva*		
Jorund (name)	*Jörundar*		
journey	*færi, fara, ferð, ferðar, ferr, fór, för, leið*	killed	*dræpi, drap, drápu, drápuð, drepa, drepið, drepin, drepinn, drepit, drepna, drepnir, vegið, veginn*
journeyed	*ferr, fór*		
journeying	*ferr, fór, leiðangr*		
journeys	*ferr*		
joy	*fögnuð, gaman*	killer	*bana*
joyed	*gaman*	Killer-Bjarni (name)	*Víga-Bjarna, Víga-Bjarna*
joyful	*feginn*		
joyful-conversation	*gamanrúnum*	killing	*dræpi, drap, drápu, drápuð, drepa, drepið, drepin, drepinn, drepit, drepna, drepnir, vegið, veginn, víg, vígið*
joyfulness	*blíðu*		
joys	*gaman*		
judge	*deildust*		
judged	*deildust*		
judgement	*dómr*		
judging	*deildust*	killing-of	*víg*
jump	*hraut, stökk*	kill-you	*drepa*
jumped	*hraut, stökk*	kin	*kyni, nið, niðr, niður*
jumping	*hraut, stökk*	kin-bless	*kynsæll*
Jutland (place)	*Jótland, Jótlandi, Reiðgotaland*	kin-blessed	*kynsæll*
		kin-blessing	*kynsæll*
		kind	*háttar, væna, vænu*

220

Word List (English to Norse)

English	Norse	English	Norse
kindle	*kveykja*	Kjartan (name)	*Kjartan, Kjartans*
kindled	*kveykja*	Kjarval (name)	*Kjarvals*
kindles	*kyndir*	Klakk-Harald (name)	*Klakkharaldr, Klakkharalds*
kindling	*kveykja, kyndarinn*	Knarrarbringu (name)	*Knarrarbringu*
kindness	*blíðskap*	knee	*hné, hneig, kné*
kind-of	*konar*	kneel	*hníga, kraup*
kinds	*allskonar, konar*	kneeled	*hníga, kraup*
kinds-of	*konar*	kneeling	*hníga, kraup*
king	*buðlungi, fylkingum, kontmgs, konung, konungi, konunginn, konunginum, konungr, konungrinn, konungs, konungur, siklingr*	knees	*hné, kné, knjám*
		knelt	*hné*
		knew	*kenna, kennast, kenndi, kenndu, kennir, kunni, kynni, kynnu, skildu, skilðu, þekkist, veit, vissa, vissi, vissu, víst, vit, vita, viti*
King (name)	*Konungr, Konungs, Konungur*		
king-descendents	*konungmanna*		
kingdom	*konungdóm, ríki, ríkin, ríkinu, ríkis, ríkr, ríkur*	knew-how	*kunnustu*
		knew-of	*kynni*
kingdom-of	*ríki*	knew-they	*kenndust*
kingdoms	*ríki, ríkis*	knife	*hníf, knífi, knífrinn*
kings	*konunga, konungar, lofðunga, lofðungar*	knob	*hnappinn, hnappr, hnappur, knappinn, knappr*
king's	*konunganna, konungi, konungr, konungs*	knorrs	*knarra, knerrir, knörru, knörrum*
king's-assembly	*konungastefnu*	know	*kann, kannt, kenn, kenna, kunna, kunni, kunnig, kunnir, kynni, sé, skilja, váar, veist, veit, veita, veitið, veitti, veizt, vissak, vissi, víst, vísu, vit, vita, vitir, vitu, vitum*
kings-born	*konungbornar*		
king's-gift	*konungsnaut*		
kingship	*konungdóm*		
king's-men	*hirðina*		
king's-sons	*konungssynir*		
kinship	*frændsemi*		
kinsman	*frænda, frændi, frændr, frændum, frændur*	know-choose	*kenni-val*
		know-how	*kunna*
kinsmen	*frænda, frændaafli, frændi, frændr, frændum, frændur, kynnis*	knowing	*kunna, kunnandi, veit, vísum, vita, viti, vitum*
		knowing-not	*veit-a*
kiss	*kossa*	knowledge	*fræði, fróðleiks, vissan*
kissing	*kyssa*		
kjafal	*kjafal*		
Kjalarnes (place)	*Kjalarnes*		

Word List (English to Norse)

English	Norse	English	Norse
known	*kann, kannar, kenna, kennt, kuðr, kuður, kunnig, kunnigt, kunnu, þekk, veit, veita, veitti, við, víst, vit, vita, vitað, vitaðr, vitaður, vitandi*	lair	*böl*
		lake	*vatn, vatnið, vatninu, vatnit*
		lambs-heads	*lambahöfuðin*
		lamb-skin-hood	*lambskinnskofra*
		lament	*sýtira*
		laments	*sýtir*
knows	*kann, veit, vita*	lance-meeting	*fleinþings*
knows-not	*kann-at*	land	*jörð, land, landa, landar, landi, landið, landinu, landit, lands, landsins, lendr, lendur, lönd, löndum, stað*
know-you	*veistu, veiztu*		
Kolbein (name)	*Kolbeinn, Kolbeinn*		
Kollsvein (name)	*Kollsveinn*		
Kormlod (name)	*Kormlaðar*		
Kraka (name)	*Kráka, Kráku*		
Krossanes (place)	*Krossanes*	land-benefits	*landkosta, landkostr, landkostum, landkostur, landskosta, landskosti, landskostir, landskostr, landskostur, landsnytja*
Krossholar (place)	*Krosshólum*		
Kungalf (name)	*Konungahellu*		
Kvaran (name)	*Kvarans*		
Kvaran's (name,-genitive)	*Kvarans, kvárans*		
		land-exploring	*landaleitan*

L, l

English	Norse	English	Norse
		Land-of-the-Franks (place)	*Frakkland*
l	*leiddi, leiddr, leiddur, leiðir*	landowner	*bóndi*
lacking	*vanr*	land-ruling's	*landráða*
lad	*sveinn*	lands	*landa, landi, landið, landinu, landit, lands, landsins, lönd, löndum*
Lade (place)	*hlaðir, hlöðum*		
laden	*hlaðbúinn*		
lads	*sveinar*		
lady	*kona*	landscape	*landsleg*
lady-of-house	*húsfreyja*	lands-folk	*landsfólk*
laid	*búa, lá, lægi, lætr, lætur, lagðak, lagði, lagðir, lagðist, lagðr, lagður, lagið, lagiðr, lagiður, lagit, lagt, lágu, láta, látið, látit, leggja, leggr, legið, legit, leið, leiddr, lét, létta, létu, létum, leyfðu, liggja, liggr, lögð, lögðu, lögðum, lögðumk*	land-sight	*landsýn*
		landslide	*skriðu*
		landsmen	*landsmanna, landsmenn*
		land-snakes	*barðhjarls*
		land-taking-man	*landnámamanns*
		land-tent	*landtjaldinu*
		land-warriors	*landherrinn*
		land-way	*landveg*
		land-ways	*landveg*
		Langadal (place)	*Langadal*
laid-out	*sló*	Langahlid (place)	*Lönguhlíð*

Word List (English to Norse)

English	Norse	English	Norse
language	mál	lawspeaker	lögsögn, lögsögu, lögsögumaðr, lögsögumaður
Langvatnsdal (place)	Langavatnsdal		
lap	skaut	law-speaker	lögmaðr, lögmaður
lap-of-cloak	skikkjuskaut	law-speaker-man	lögsögumaðr, lögsögumaður
larboard-side	bakborða		
large	mikil, mikill, mikit, mikli, miklir, mjög, stórar, stórort, stórt	lawspeaking	lögspeki
		lawsuits	sakferlum
		law-taken	lögtekin
large-family	stórættaðr, stórættaður	Laxdardal (place)	Laxdæla
		lay	lá, lægi, læt, lætr, lagði, lagðist, lágu, láta, legði, legðir, leggi, leggja, leggr, leggur, leið, lét, liggja, liggr, lögðu
large-property-man	stóreignamaðr, stóreignamaður		
larger	stærra		
large-ships	stórskipum		
last	síðast, síðasta		
last-night	gærkveld	layer	lag
last-time	næstunni	laying	lá, lægi, lægis, lagðir, lágu, leggja, lénr, lénur, liggir, liggjandi
late	áliðnu, sein, seinn, seint, síð, síz		
later	eftir, fresti, seinir, seinna, síð, síðan, síðar, síðari	lay-out	láta, liggja
		lead	leiða, leiddu, veita
		leader	höfðingi, réði
later-ready	síðbúnir	leader-less	höfðingjalaust
Laugarbrekka (place)	Laugarbrekku	leaders	formenn
		leaf	laufa
laugh	hlæ, hlæja, hló, hlógu	Lean (name)	Magra
laughed	hló, hlógu	learn	fregna, fróðum, numit, spurði, spurðust, spurt, spyrja, spyrr, spyrst
laughing	brosi, brosir, hló, hlógu, læjandi		
laughs	hlær		
laughter	hlægis, hlátr, hlátri	learned	fróðum, numit, spurði, spurðust, spurt, spyrja, spyrr, spyrst
launch	skaust, skauzt, skjóta, skkutu, skutu, ýta		
		learning	fregna, fróðum, numit, spurði, spurðust, spurt, spyrja, spyrr, spyrst
launched	skaust, skauzt, skjóta, skkutu, skutu, ýta		
		learn-of	spyrja
launching	skaust, skauzt, skjóta, skkutu, skothríð, skutu, ýta	least	minnst
		leather-purse	leðrhosu
lava-fields	hraunið	leave	brottu, hætta, lætur, láta, legði, leyfis, orlof
law	lög, lögum		
law-assembly	lögréttu, lögréttuna		
law-man	lögmaðr, lögmaður	leaving-prepare	brottbúningi
law-rock	lögbergi, lögbergs	leaving-prepared	brottbúningi

223

Word List (English to Norse)

English	Norse	English	Norse
leaving-preparing	brottbúningi	let-us-see	sjám
led	leiddi, leiddr, leiddur, leiðir	let-us-settle	ráðumst
		let-us-think	hyggjum
leek	lauk, lauka, lauks	Levanger (place)	Lifangr, Lifangri, Lifangur
left	eftir, ferst, látið, létu, lokið, lokit, skildu, vinstri	level	stigum
		Leysingastadir (place)	Leysingjastöðum
leg	fótinn, leggi	lie	leggjast, logit, lygi
legal-settlement	lögskil, lögskilum	lies	flátt, liggja, liggr, liggur
Leif (name)	Leif, Leifi, Leifr, Leifs, Leifur	life	ævi, fjör, fjörsins, líf, lifa, lífi, lífs
Leif's (name,-genitive)	Leifs	life-laying	lífláti
Leif's-Camp (place)	Leifsbúða	life-less	líflátnir
Leikskalar (place)	Leikskálum	life-loss	líflát
Leiruvog (place)	Leiruvág, Leiruvágum, Leiruvog, Leiruvogum	lift	lypt
		lifted	lypt
Lejre (place)	Hleiðru	lifting	lypt
lent	léði, lutu	light	létt, léttr, ljósjarpr, ljósjarpur, ljósum
less	færa, hlut, laus, Lauss, laust, miðr, miður, minna, minni, minnr, minnur, síðr, síður	lighten	léttara
		lighter	léttari
		light-mother	ljósa
less-brave	óröskari, öröskvari	lights	ljós, ljósum, login
lesser	minni, minnum	light-warrior-god	lýsi-gunnar
less-fair	óvænni	like	glík, leikr, leikur, leist, líka, líkaði, líkar, líkast, líkr, líkt, líkur, líst, þvílíkir, unað, uni, vilt, yill
less-famous	ófrægri		
lesson	víti		
let	læt, lætr, lætur, lát, láta, látið, látin, látit, láttu, látum, leggja, leggr, leitir, lést, lét, léta, léti, létk, létta, létu, létumk, lézt, lögðis	liked	leist, líka, líkaði, líkar, unað
		likeliest	líklegastir
		likely	líkast, líkendi, líklegast, líklegt, líkligast, líkligt
let-be	er	liken	líkari
let-down	leyst	likened	líkari
lets	lætr, lætur	likeness	líktist, vænleik
letters	bréf	likening	líkari
letting	láta	likewise	eins, þvílíku
let-us	látum	liking	leist, líka, líkaði, líkar, unað
let-us-be	gerum		
let-us-go	hverfum	limbs	boglimum, limum
let-us-lay	leggjum	limp	haltr, haltur

Word List (English to Norse)

English	Norse	English	Norse
limping	haltr, haltur	livestock	búfé, kvikfé
linden	lind	living	bjó, bjuggu, kvikr, lifa, lifað, lifði, lifðu, lifðum, lífi, lifir
Lindesnes (place)	Líðandisness		
Lindiseyri (place)	Lindiseyri		
lineage	ætt, ættar	living-space	híbýlabótar
linen	hörvi, líndúk, líns	Ljosavatnsskard (place)	Ljósavatnsskarð
ling	leiddi, leiddr, leiddur, leiðir		
		load	hlaðbúna
liquidity	lausafé	loaded	hlaðbúna
liquidity's	lausafjár	loading	hlaðbúna
listen	hljóð, hlýða, hlýdda, hlýddið, hlýdduð, hlýðir, hlýtt	loaf	hleif, hleifi
		loan	láni, launa, ljá
		loans	launanna
listened	hlýdda	loath	leiða, leiðr, leiður
listening	hlýdda	loathed	leiðr, leiður
listening-to	hlýða	loathes	leiðisk
lit	kveykt, kveyktr, tendruð	loathing	leiðr, leiður
		local-assembly	vorþings
little	fæðu, fátt, itl, lítið, lítil, lítill, lítilla, lítils, lítinn, lítit, litla, litlu, litlum, lítt	local-chief	hersir
		local-leader	hersis
		locate	stefnt
		located	stefnt
little-advise	lítilræði	locating	stefnt
little-advised	lítilræði	lock	læst, læsti
little-advising	lítilræði	lock-bow	lásboga
little-appearance	yfirbragðslítið, yfirbragðslítit	locked	læst, læsti
		locking	læst, læsti
little-as-possible	síst	locks	lyki
little-be	lítill	Loddfáfnir (name)	Loddfáfnir
little-man	lítilmenni	lodge	vistar
little-ne	lítilþörf	lodging	vistar, vistir
little-need	lítilþörf	lodgings	ranna, vistir
little-needing	lítilþörf	logs	skíða
Little-Prophetess (name)	Lítilvölva	Lombardy (place)	Lúmbardí
		London-city (place)	Lundúnaborg
little-snake	yrmling	London-town (place)	Lundúnaborg, Lúndúnaborg, Lundúnabryggjr, Lundúnabryggjur
little-wide	óvíða		
little-with	lítt		
live	ævi, bjó, bjuggu, búa, bús, fjörsins, líf, lifa, lifað, lifði, lifðu, lífi, lifir		
		long	langa, langá, langæðar, langar, langr, langri, langt, lengi, lengja, lengr, lengst, löng, löngu, löngum, síða, sitt
lived	bjó, bjuggu, lifað, lifði, lifðu, lifir		
lives	ævi, líf, lífi, lifir		

Word List (English to Norse)

English	Norse	English	Norse
long-as	meðan	loose-fee	lausafé
longer	álengðar, lengi, lengr, lengra, lengur	loosen	leystu
		loosened	leystu
longest	lengst	loosening	leystu
long-friends	langvini	loosing	laust
longing	munr	loot	hlut
longships	langskip, langskipum	lord	herra
long-spanning	spannarlangt	lord-of-the-land	landherr
look	bragðið, gáðu, horfði, horfðu, hyggr, leitað, leitaðir, leitat, leituðu, líta, litast, lítast, lítist, lítr, lituðust, sá, sást, sáust, sjá, sjást, skoðar, skoðask, sóttu, títa, ván, von	lose	láta, lauss, lóga, týna, týnda, týnir
		lose-sight-of	firrask
		loss	líflát
		lost	laus, lausan, lauss, laust, lét, týndi, týndist, týndust
		lot	hlaut, hlut, hluta, hlutr, hlutur
look-at	yfirlits		
look-back	eftirsjá	Lothbrok (name)	Loðbrókar
looked	bragðið, gáðu, horfði, horfðu, hyggr, lítast, lítr, lituðust, sá, sást, sáust, sjá, sjást, sóttu, ván, von	Lothbrok's (name,-genitive)	Loðbrókar
		lots	hlotist, hluta, hlutaðir, hlutaðist, hlutuðu
		lot-taking	hlutföllum
looked-after	mannaforráð, varðveitti	loud	hátt
looked-for	leita, leitaði, leitar	loudly	æpandi, hátt, óhljóð
looked-like	leizt	loud-man	hávaðamaðr, hávaðamaður
look-for	leitað, leitaðir, leitat, leituðu	love	ann, ást, ástar, ástir, elskað, elskat, friðr, friður, ljúfr, ljúfum, munuð, ofrást, ofurást, unna, unnandi, unni
looking	bragði, bragðið, gáðu, horfði, horfðu, hyggr, leita, leitaði, leitar, lítast, litit, lítr, lituðust, sá, sást, sáust, sjá, sjást, sóttu, ván, von	loved	ann, elskað, elskat, ljúfr, ljúfum, unnandi, unni
looking-after	sýslu	loved-friend	ástvinr, ástvinur
looking-for	leitað, leitaðir, leitat, leituðu	lovely-eyes	ástaraugum
		love-song-poem	mansöngsdrápu
looks	horfir, yfirlitum	loving	ann, elskað, elskat, ljúfr, ljúfum, unnandi, unni
loop	lykkju		
loose	laus, lausan, laust		
loosed	laust	low	lág, lágt, lágu
loose-eye	lauseygr, lauseygur	lower	lægðu, óæðra
loose-eyed	lauseygr, lauseygur	lowered	lægðu
loose-eying	lauseygr, lauseygur	lowering	lægðu

Word List (English to Norse)

English	Norse	English	Norse
low-ground	*lægðir*	malice	*fár, illyrðum*
loyalty	*tryggðum*	malignance	*meinlætum*
luck	*frama, giftu, happi, happs, heill, lukka*	malt	*malt*
		man	*at, firar, guma, gumi, hal, halr, karl, karla, karlmaðr, karlmaður, karls, kon, maðr, maðrinn, maður, maðurinn, man, mann, manna, manni, mannni, manns, menn, mönnum, og*
lucky	*heppni, sælir*		
lucky-wise	*happfróð*		
Luna (place)	*Lúna*		
lungs	*lungun*		
lure	*lokka*		
lust	*girnd, löst*		
lying	*lá, leggja, liggi, liggja, löginn*		
Lysufjord (place)	*Lýsufirði, Lýsufjörð*	man's	*manna, manni*
		manage	*umbráði*

M, m

English	Norse	English	Norse
		managed	*umbráði*
		managing	*umbráði*
mad	*ærin, óðari*	man-door	*karldurum, karldyrum*
made	*ger, gera, gerð, gerða, gerði, gerðist, gerðr, gerðu, gerður, gerðust, gerir, gerr, gerst, gert, gervir, gerzt, látit, létum, liggr, verið, verit, víst*	mankind	*mannkyns, öld*
		man-like	*mannliga*
		manly	*mannaða, mannskis*
		mann	*mannaðan*
		manned	*mannaðan*
		manner	*hættir, lund*
		mannered	*hættir*
made-he	*gerðist*	manning	*mannaðan*
magic	*töfr, töfur*	man-ring	*mannhringr, mannhringur*
Magnus (name)	*Magnús, Magnús, Magnúss, Magnúss*	man's	*guma, hal, karls, manna, manns*
maid	*mey, meyja*		
maiden	*mær, mey, meyjar, meyjunni*	man's-damage	*mannskæðu*
		man-sense	*mannvit*
maidens	*mær*	man-slayer	*mannsbani*
maiden's	*meyjar*	man's-son	*mannsbarn*
mainland	*meginlandinu*	mantle	*möttul, tuglamöttul, vaðmálsmöttul*
main-room	*stofu*		
maintain	*óhægjast*	man-worthiness	*mannvirðingar*
majority	*þorri*		
make	*ger, gera, gerðina, gerðinni, gerðu, gerið, gerir, gerum, leggja*		
make-like	*maklegan*		
makes	*gerir*		
making	*gera*		

Word List (English to Norse)

English	Norse	English	Norse
many	allmarga, fjölð, fjölda, fjölða, fjöldi, fjölði, fjölmenni, fjórir, fleira, karlmaðr, karlmaður, manna, marga, margan, margar, margir, margr, margs, margt, margur, mart, menn, mikið, mikill, mikinn, mikit, miklu, mjög, mjök, mörg, mörgu, mörgum, ófáir, víða	married	átt, átti, fekk, fékk, gefin, gift, giftist, gjaforð, hafði, kvæntir, kvángaðist, kvángaðr, kvángaður, kvángazt, kvongaðir, kvongaðist, kvongaðr, kvongaður, kvongast
		married-to	átti
		marry	átt, átti, eiga, fá, fáir, fekk, fékk, gefin, gift, giftast, giftist, gjaforð, hafði, kvæntir, kvángaðist, kvángaðr, kvángaður, kvángazt, kvongaðir, kvongaðist, kvongaðr, kvongaður, kvongast
many-knowing	margkunnig		
many-men	fjölmenna, fjölmennr		
many-people	allfjölmennt, fjölmenn		
many's	margs		
maple	mösr, mösur, mösurr		
maple-tree	mösurtré		
mare	merin	marrying	átt, átti, fekk, fékk, gefin, gift, giftist, gjaforð, hafði, kvæntir, kvángaðist, kvángaðr, kvángaður, kvángazt, kvongaðir, kvongaðist, kvongaðr, kvongaður, kvongast
mare-like	merarlíki		
mares	merum		
marital-status	hjúskaparfar		
mark	mark, marka, markaði, merkðan, mörk		
marked	marka, markaði, merkðan		
marking	marka, markaði, merkðan	Marstan (name)	Marstan
		marvel	undruðust
Markland (place)	Markland	marvelled	undruðust
mark-of	merki	marvelling	undruðust
marks	marka, merkr, merkur, mörkum	mass	messu
		master	drottinn, dróttinn, halr
marriage	eiga, kvángast, mægðar	match	maki, öttu
		matched	maki, öttu
marriage-offer	gjaforðs	matched-in-combat	öttu
marriage-proposal	bónorðið, bónorðit, kvánbæna, kvánbænum, kvonbæna, kvonbænum, ráðahag	match-in-combat	öttu
		matching	maki, öttu
		matt	þæfð
		matted	þæfð
		matter	efni, hlut, mæla, mál, mála, máli, málið, málit, máls, málum, ráð

Word List (English to Norse)

English	Norse	English	Norse
matters	hluturinn, mæla, mál, málaefni, máldagi, málin, málum	meet	finna, fund, fundar, fundi, hitt, hitta, hittast, mæta, mætast, meta, mót, móti, móts, öttu
matting	þæfð		
mature	bráðgerr, rosknaðr, rosknaður	meet-in-combat	öttu
matured	bráðgerr	meeting	fund, fundi, fundum, hitt, mót, móti
maturing	bráðgerr		
may	heimilt, má, mætti, mættið, mættist, mættu, mættuð, mættum, mátti, máttir, máttu, mega, megi, megim, megin, megir, megu, meguð, megum, meigu, mun	meet-up	finnast
		meet-we	mættimst, mættumst
		melrakka	melrakka, melrakkar
		Melrakkasletta (place)	Melrakkaslėttu
		melt	bræddak
		memorable	minnisamt
		memory	minnir
maybe	ef	men	almenning, fólk, gotna, gumna, gumnar, háseta, karla, karlar, lið, liði, liðinu, liðit, liðs, maðr, maður, mann, manna, manni, menn, mennina, mönnum
may-be	má, mega		
may-have	mega		
me	meir, mér, mig, mik, mín, minn, mínu, sem		
mead	mjaðar, mjöð		
meadow	garð, garðinn		
meadows	garð, garðinn		
meal	mál, mjöl, verðar, verði, virði		
		menacing-words	ógnarorðum
meals	málungi	men-choice	mannval
meaningful	ráðna	men-choices	mannval
meantime	meðan	men-comparing	mannjöfnuð
meanwhile	meðan	men-equal	menrýris
measure	alin, alnar, atmælasamr, atmælasamur, hófi, mætr, mjöt	men's	alda, guma, gumna, manna
		menservants	karlmaðrinn
		men's-heads	mannahöfðum, mannshausi
measured	alin, alnar, atmælasamr, atmælasamur	men's-work	mannaverk
		mention	geti, nefndi, nefndir
measures	alnar	mentioned	geti, nefndi, nefndir
measuring	alin, alnar, atmælasamr, atmælasamur	mentioning	geti, nefndi, nefndir
		merchant-ship	kaupskipið, kaupskipinu, kaupskipit, knarrar
meat	bráð		
meats	lær	mercifully	miskunnaraugum
medium-narrow	miðmjór	mercy	grið, griðin, miskunn, miskunnar, náðir, þyrma, vægt

Word List (English to Norse)

English	Norse	English	Norse
merrier	kátari	mind-mood	skaplyndi
merry	kátir	minds	geð, hugr
message	orðsending, orðsendingar	mind-sick	hugsjúkr, hugsjúkur
messages	orðsending	mine	mér, mig, mik, mín, mína, mínar, mínir, minn, minna, minnar, minni, míns, mínu, mínum, mitt
messenger	sendiboð		
messengers	sendimenn		
met	fundist, fundit, fundust, hitta, hittast, hitti, hittir, hittist, hittu, hittust, mætast, mæti, mætti, mættust, móti, öttu	miserable	allvesallega, armastr, armastur, aumlegast, vesall
		misery	vesöld, vesölð
		misfortune	ógæfa, víti
		mishap	óhapp
metal	malmr	mislaid	forlagðir, mislagðar
metal-assemblies	malmþings, málmþings	mislike	mislíka, mislíki
metallic	malmi	misplace	mislagðar
metal-missile	malmflaug, málmflaug	misplaced	mislagðar
		misplacing	mislagðar
metals	malma, málma	miss	missa
met-in-combat	öttu	missing	vant
mid	mitt	mistake	missmíð, missýni, missýnist
mid-afternoon	eyktar, eyktarstað		
middle	miðjan, miðri, mundangs	mix	blandast, blandinn
		mixed	blandast, blandinn
middle-wise	meðalsnotr	mixing	blandast, blandinn
Midfjorder-Skeggi (name)	Miðfjarðar-skeggja	Mjosa (place)	Mjörs
		mock	háðum
Midjokul (place)	Miðjökul	mockery	háð
mid-morning	dagmálum	mocking	hæðinn
might	mælti, mætta, mætti, mættir, mátt, mátti, máttu, megin, mörg	moderate	hógvær
		moderate-man	hófsmaðr, hófsmaður
		moderation	hófi
might-be	væi	modest	hófi, hófsmaðr, hófsmaður, lítillátr, lítillátur
mightiest	ríkasti		
mighty	máttki, mikill, mögnuð		
mighty-songs	fimbulljóð	Móði (name)	Móði
mild	mildir, mildum	Moer (place)	Mæri
milk-products	búnyt	molten	bræddum
mind	alhugi, geð, geði, geðs, hug, hugar, hugða, hugi, hugr, hygg, hykk, minni, sinni, skapi	money	aura, fé, fénu
		money-less	félausan, félauss
		money-promising	févænlegt
		monks	munka
mind-fickle	hugbrigð	monsters	óvættum, trölla
mindful	minnigr	monstrous	ferlíki, firn

Word List (English to Norse)

English	Norse	English	Norse
month	mánaði, mánuð, mánuði	most-handsome	fríðastr, fríðastur
month-from	mánaðarfró	mostly	flestir, mest
months	mánuði	most-virtuous	dyggligast
mood	æðis, mislyndi, skap, skapi, skaplyndi	most-visible	sjálegastr, sjálegastur
moon	mána, máni, tungls	mother	móði, móðir, móðr, móður
moonlight	tunglskin	mother-of	móðir, móðr, móður
moors	mýrunum	mother-of-warriors	drengjamóðr, drengjamóður
mope	snópir	mother's	móðernis
Moray (place)	Meræfi	mother's-kin	móðurætt
more	fleira, fleiri, meir, meira, meiri, mér	mother-to	móðir
more-advisable	ráðligra	mound	haug
more-beautiful	fegri	mountain	fell, féll, fjalla, fjallinu
more-effective	hallkvæmri	mountainous	fjöllótt
more-famous	frægri	mountains	fjall, fjalli, fjöll, fjöllunum, jöklanna
more-popular	vinsælli	mourn	sýta
more-powerful	ríkara	moustache	grön
morning	dagmála, dagmálastað, mogun, moguninn, morgin, morgininn, morginn, morgnaði, morgni, morgun, morguninn, morgunn, morguns, myrgin, myrgininn	mouth	munn, munni, mynni
		mouth-basins	munnlaugar
		mouth-of	mynni
		mouths	hvoftana, munn
		move	bregð, færast, fluttist, fluttu, hræra, réðst, þokat
morning-gift	morgingjöf	moved	fluttist, fluttu, réðst, þokat
morning-shear	morginskœru		
morning-while	morginstund	moving	fluttist, fluttu, réðst, þokat
mortal-wound	benstara		
mortar	lím	moving-day	fardaga
Morudale-moor (place)	Möðrudalsheiði	much	allmikið, allmikit, allmjög, mikið, mikil, mikill, mikilli, mikils, mikinn, mikit, mikla, miklar, miklir, miklu, miklum, mjög, mjök
Mosfell (place)	Mosfelli, Mosfells		
moss	mosa		
moss-overgrown	mosavaxinn		
most	flest, flesta, flestir, flestra, flestum, hinn, megin, mest, mesta, mestan, mestar, mesti, mestir, mestri, mestu, mikilsti, mjök	much-wise	margfróðr, margfróður
		muck-encrust	mykiskán
		muck-encrusted	mykiskán
		muck-encrusting	mykiskán
most-angry	reiðasti	Munar-Bay (place)	Munarvági
most-beautiful	fríðust	murder	morði
most-beauty	fegurst	murder-running	morðrunnr

Word List (English to Norse)

English	Norse	English	Norse
murders	*manndráp*	naming	*heita, heiti, heitik, heitinn, heitir, heitit, hét, héti, hétu, nafn, nafndrægr, nafndrægur, nefndi, nefndir, nefndist, nefndr, nefndu, nefndum, nefndur, nefnir*
must	*mun, munt*		
muster	*fylkt*		
mustered	*fylkt*		
mustering	*fylkt*		
must-have	*munduð*		
my	*mér, mig, mik, mín, mína, mínar, mínir, minn, minnar, míns, mínu, mínum, mitt*		
		narrowest	*mjóvasta*
		nation	*þjóð*
my-life	*lífit*	nature	*aðal, náttúra, náttúru*
Myrar	*mýramanna*	naught	*neiss*
Myrar-folk	*mýramanna*	naval-force	*skipaher*
myself	*mér, sjalfr, sjálfr, sjalfum, sjálfur*	ne	*gagns, þarf, þurfa, þurftu, þurfu, þurfuð, þyrfti*
myself-to	*mér*		
Mywater (place)	*Mývatns*	near	*allnær, hjá, ná, næði, nær, nærri, næst, náim, náum, undir*

N, n

		nearby	*hjá*
nail	*nagl, nagli*	neared	*næði*
naked	*nökkviðr, nökkviður*	nearer	*nær*
name	*heita, heiti, heitik, heitinn, heitir, heitit, hét, héti, hétu, kenningarnafn, nafn, nafndrægr, nafndrægur, nafnfesti, nafni, nefndi, nefndir, nefndist, nefndr, nefndu, nefndum, nefndur, nefnir*	nearest	*næst, næstir*
		nearing	*næði*
		near-kin	*náfrændi*
		nearly	*nær, náliga*
		near-lying	*náliga*
		near-the	*nær*
		necessary	*nauðsyn*
		necessity	*nauðsyn*
		neck	*háls, hálsi, halsum, svíra*
named	*heita, heiti, heitik, heitinn, heitir, hét, héti, hétu, nafn, nafndrægr, nafndrægur, nefndi, nefndir, nefndist, nefndr, nefndu, nefndum, nefndur, nefnir*	need	*allþörf, beiddi, gagns, nauðr, nauður, þarf, þörf, þurfa, þurfti, þurftu, þurfu, þurfuð, þyrftak, þyrfti*
		needed	*allþörf, beiddi, þarf, þörf, þurfa, þurfti, þurftu, þyrftak, þyrfti*
name-fastening	*nafnfesti*	needful-matters	*nauðsynjamálum*
names	*nafni*		
namesake	*nafna, nafni*		

Word List (English to Norse)

English	Norse	English	Norse
needing	allþörf, beiddi, gagns, nauðr, nauður, þarf, þörf, þurfa, þurfti, þurftu, þurfu, þurfuð, þyrftak, þyrfti	next	annað, annan, annat, næst, næsta, næstum, naustu, öðrum, síðasti
needles	barr	next-to	næst, næsta, nauztu
needless	þarfleysi	nickname	nafnfesti
		Nidaros (place)	Niðaróss
needs	þörf, þyrfti	night	nætrnar, nætti, næturnar, nátt, náttar, náttina, njóta, nótt, nóttina
needy	válaðs		
negotiate	semja		
neighbour	granni		
neither	hvárigir, hvárigum, hvárki, hvárkis, hvárrgi, hvergi, hvorgi, hvorgis, hvorigir, hvorigum, hvorki	nights	nætr, nætur, nátta, náttum
		night-time	náttina
		nine	níu
		ninth	níunda
		Njal's (name,-genitive)	Njáls
nettle	nesla, nezlu		
never	æva, ævagi, aldregi, aldrei, aldri, aldrigi, aldrlagi	Njörun (name)	Njörun
		no	eigi, einkis, ekki, enga, engan, engar, engi, engin, enginn, engra, engum, nei, öngu, öngvan
nevertheless	þó		
new	nýir, nýjari, nýju, nýnæmi, nýstr, nýstur, nýztr		
		noble	ættar, ættstór, gims, göfgir, göfgum, göfugmenni, kvenskörungr, skörulegast, skörungr, skörungur, stórættaða, tígnum
newcomer	nýlundu		
new-form	einnættum		
new-formed	einnættum		
new-forming	einnættum		
newly-come	nýkominn		
newly-taken	nýtekið, nýtekit	noble-man's	ríkismanns
news	fregit, fregna, frétt, fréttir, fréttum, spurdaga, tíðast, tíðenda, tíðendi, tíðendin, tíðendum, tíðinda, tíðindi, tíðindum	nobler	göfulegri
		no-curiosity	óforvitinn
		no-end	ósköp
		noise	gnýr, hark
		no-man	manngi
		no-more	engrar
new-slain	nýfelldum	none	eigi, einugi, ekki, enga, engan, engar, engi, engir, engis, engra, engu, engum, manngi, öng, öngar, öngra, öngu, öngum, öngva, öngvan, öngvar, öngvir, síst
news-less	tíðendalaust, tíðindalaust		
news-of-war	hersaga		
new-take	nýtak		
		none-of	engi

233

Word List (English to Norse)

English	Norse	English	Norse
non-fighting-men	*óvígr*	not-born	*óbornir*
no-one	*eigi, engi, manngi*	not-done	*óbúit*
nor	*né*	noted	*notit*
Nordic (adjective)	*Norænn, Norrænn*	not-expect	*allóvænt*
Norduradal (place)	*Norðrárdal, Norðurárdal*	not-expected	*allóvænt*
		not-expecting	*allóvænt*
Norns (name)	*Norna*	not-far	*ofarliga*
Norse	*norrænu*	not-fighting	*óvígr, óvígur*
north	*norðan, norðr, norðu, norður, nyrðra*	not-friends	*óvinar*
		nothing	*einkis, einskis, ekki, engi, engu, neitti, öngu, öngvum, vettki*
North-East-Wind (noun)	*Landnyrðingsveðr, Landnyrðingsveður*		
northern	*norrænn*	notice	*þekkði, vart*
northern-lands	*norðrálfu, norðrlönd, norðrlöndum*	noticed	*kenni, þekkði, vart*
		noticing	*þekkði, vart*
north-lands	*norðrlönd, norðrlöndum*	noting	*notit*
		not-lacking	*óvant*
Northman	*norðmaðr, norðmaður*	not-of	*eigi*
		not-popular	*óvinsæll*
Northumberland (place)	*Norðhumbrulandi*	not-sent	*ósent*
		not-spoken	*ómælt*
Northumbria (place)	*Norðhumrulandi, Norðimbralandi*	not-strange	*ókynligt*
		not-to	*eigi, ekki*
northwards	*norðan*	not-used-to	*óvanari*
north-wind	*norrænr, norrænur*	not-without-obstacle	*ógreitt*
Norway (place)	*Noreg, Nóreg, Noregi, Nóregi, Noregs, Nóregs*		
		nourishes	*elr*
Norwegian	*norrænn*	no-use	*ónýtr*
Norwegian-men	*noregsmenn, nóregsmenn, noregsmönnum, nóregsmönnum*	now	*nú, þú*
		nowhere	*hvergi*
		nun	*nunna*
Norwegians	*norðmönnum*	nun's-vows	*nunnuvígslu*
nose	*nefi, nösum*		
noses	*nefi*		
not	*ei, eiga, eigi, ekki, enga, engi, engrar, engu, er-a, eyvitar, hittki, né, notit, önga, vættki*		

O, o

English	Norse
oak	*eik*
oath	*eiða, svardaga*
obedient	*hlýðisamt*
obey	*hlýða, hlýddi*
obeyed	*hlýddi*
obeying	*hlýddi*
objection	*leiða*
obligations	*kvöð*

(continued)

English	Norse
not-any	*nakkvat*
not-ask	*óbeðit*
not-asked	*óbeðit*
not-asking	*óbeðit*
not-be	*eigi*

Word List (English to Norse)

English	Norse	English	Norse
oblige	ráð, skyldir	of-mind	geðs
obliged	ráð, skyldir	of-news	tíðenda
obliging	ráð, skyldir	of-old	aldar
observe	hyggja	of-parts	vanhluta
observed	hyggja	Of-Starkad (name)	Starkaðar
observing	hyggja	of-strong-language	málóði
obstacles	kanntu	often	oft, oftar, oftlega, opt, optar, tíðum
obvious	auðsætt, auðvitat		
occasion	sinn	of-that	þærs
occupation	iðju	of-the	hinni, inni, þeirra
occurrence	atburðr, atburður	of-the-dead	döglinga
ocean	ægir, mar, sollinn	of-the-flame	leygjar
Odd (name)	Oddr, Oddur	of-the-journey	fararinnar
Oddny (name)	Oddnýjar	of-the-kingdom	ríkr
Oddynja (name)	Oddnýju	of-them	þeim, þeira, þeirra
Odin (name)	Óðinn, Óðins, Óðni	of-the-other	annarrar
Odin's (name,-genitive)	Óðinn, Óðins	of-there	þaðan
		of-the-ships	skipanna
of	á, að, af, at, eða, ef, en, er, frá, hinn, í, inn, of, ofan, og, ok, ór, sonr, þanns, þeira, því, til, um, úr, útan, við	of-the-world	heimsins
		of-this	þess, þetta
		of-use	gagn, gagni
		of-wealth	fjárins
		of-which	er
		of-winters	vetra
of-ale	ölðri	of-words	orðið, orðit
of-all	allra	of-you	yður
of-exchange	skipta	Ogmund (name)	Ögmundr
off	af, ofan, við	oh	ó
of-fair	fögr	Olaf (name)	Ólaf, Óláf, Ólafi, Óláfi, Ólafr, Óláfr, Ólafs, Óláfs, Ólafur, Óleifi, Óleifr, Óleifur
offence	meingerð		
offer	bauð, bjóða, bjóði, boðit, buðu, býð, býðr, býður		
		Olaf's (name,-genitive)	Ólafs, Óláfs
offered	bauð, buðu		
offered-tree	böðheggr	old	aldinn, aldna, fornan, fornir, gamall, gamlan, gamli, gamlir, gömul
offering	bauð, buðu		
of-friend	vinar		
offspring	afkvæmi		
of-himself	sjálfr, sjálfur	old-age-die	ellidauðr, ellidauður
of-his	sinna	old-age-died	ellidauðr, ellidauður
of-ill	illr	old-age-dying	ellidauðr, ellidauður
of-me	mér	old-bull	öldungshúð
of-men	manna	old-bull's-hide	öldungshuð
of-men's	alda	older	eldri

Word List (English to Norse)

English	Norse	English	Norse
oldest	ellstr, ellstur, elstr, elstur	Onund's-sons (name,-genitive)	Önundarsynir
old-man	karl, karli, karls	open	beru, opið, ópið, opit, ópit, upp, vágr, vogr, vogur
old-woman	kerling, kerlingar, kerlingu		
Olfus (name)	Ölfusi	opened	opið, opit, vágr, vogr, vogur
omnipotent	allsvaldandi		
on	á, af, at, í, ofan, undi, við	open-hand	örr
		open-handed	örr
once	eitt, eitthvert, forðum, sinni, þegar	open-handing	örr
		opening	gat, opið, opit, vágr, vogr, vogur
one	annað, annar, annarr, annat, eigi, ein, eina, einhverja, einhvern, einir, einn, einnar, einnhvern, einni, eins, einu, einum, eitt, eitthvert, enn, hverr, í, þeirri	open-sea	hafvillr, hafvillur
		opinion	sinni
		Opplands-King (name)	Upplendingakonungs
		opportunity	færi
		opposite	gegnt
		opposition	andvíga
one's	sitt	or	eða, eðr, eður, ella, elligar, né
one-day	sinn		
one-footer	einfæting, einfætingi, einfætingr, einfætingur, einfæturinn	ordeal	raunar
		order	bað
		ordered	bað
		ordering	bað
One-Footer-Land (place)	Einfætingaland	orderly	stilltr, stilltur
one-of	einnhverr	orders	boði
one's	eins, sér	ore	malms
one-such	einhverju	or-else	ella
one-talk	einmæli	origin	rök, uppruna
one-thing	eitt	origin-of	uppruna
on-land	foldar	Orkney (place)	Orkneyja, Orkneyjar
only	eiga, eigi, ein, eina, einar, einir, einna, einskis, einu, eitt, enga	Orkney-Islands (place)	Orkneyjar
		Orkneys (place)	Orkneyjum
		Orm (name)	Orm, Ormi, Ormr, Orms, Ormur
only-spoken	eintalað, eintalat		
on-the	á	Orn (name)	Örn
on-the-way	sinni	Ornolfsdal (place)	Örnólfsdal
onto	á	or-that	eða
Onund (name)	Önund, Önundar, Önundi, Önundr, Önundur	Osvif's (name,-genitive)	Ósvífrs, Ósvífs
Onund's (name,-genitive)	Önundar		

Word List (English to Norse)

English	Norse	English	Norse
other	aðra, aðrar, aðrir, annað, annan, annarr, annarra, annars, annat, ella, fleira, hinir, hinnar, hitt, kostr, kostur, öðru, öðrum, önnr, önnur, órir	outermost	yst, yztu
		out-faring-saga	útferðarsaga
		out-from	ór, undan, út
		outhouse	heimilishúss, náðahúss
		out-house	útibúr
		out-house-door	útibúrsdyrin, útibúrsdyrrin
other-lands	útlöndum	out-houses	útibú
others	aðra, aðrar, aðrir, annan, annarra, annars, hin, hinir, hinum, hitt, öðrum, öndrum, önnr, önnur, órir	out-in	út
		out-journey	útivist
		outlaw	sekir, sekr, sekur, skógarmaðr, skógarmaður, skógarmaðurinn
others'	annars	outlawed	sekir, sekr, sekur, skógarmaðurinn
other's	annars		
other-side	öðrumegin	outlawing	sekir, sekr, sekur, skógarmaðurinn
other-things	annat, öðru		
otherwise	annarr, ella, öðru	outlawry	skógarmanns, skóggang
Othrorir (name)	Óðreri, Óðrerir		
ounces	aura	out-let	útláts
our	okkarrá, okkarri, okkart, okkr, okkra, okkur, vár, várar, várr, várt, vér, vor, vorir, vort, vorum	outlives	lifir
		outnumber	ofrliði, ofurliði
		outnumbered	ofrliði, ofurliði
		outnumbering	ofrliði, ofurliði
		out-of	á, af, ór, úr, út, utan, útan
our-from	úr		
our-lives	ævi	out-of-mind	afhuga
our-own	eigu	out-rowing	útróðra
our-places	rúmunum	outside	út, utan, utar, úti
ours	okkar, okkarr, okkars, okkart, okkr, okkra, okkrir, okkur, oss, ossar, sinni, várar, várn, várr, várra, várs, várt, váru, várum, vorn, vort, voru, vorum	outside-of	útan
		outstanding	afbragð
		outstanding-man	afarmenni, afbragðsmaðr, afbragðsmaður
		out-to	ýta
		out-travel	utan, útan, utanferðar, útanferðar
ourselves	sjálfum	out-travelling	útanferðina
out	á, af, brott, er, í, ór, úr, út, utan, útan, utar, úti, ýti, ýtik	Ovaegi (name)	Óvægi
		oven	ofn
out-coming	útkváma	over	á, af, efra, of, ofan, ór, um, yfir
out-door	dyrunum, útidurum, útidurunum, útidyrum		
outer	yst, ystr, ystur	over-al	ofrölvi

Word List (English to Norse)

English	Norse	English	Norse
over-aled	*ofrölvi*	painted	*fáði*
overcome	*barst*	painting	*fáði*
over-drinking	*ofdrykkja*	pale	*bleikr, fölleit*
overgrown	*vaxinn*	palms	*palmi*
overkill	*ofrkapp*	part	*hlut, hluta, hlutr, hlutur, skildust, skilja, skiljast, skilnaði, þorra, undi*
over-sacrifice	*ofblótit*		
over-sacrificed	*ofblótit*		
over-sacrificing	*ofblótit*		
over-to	*ofan*	partakers	*bellendr*
over-turn	*hnekkði, hnekkti*	parted	*skildust, skiljast, skilnaði*
over-turned	*hnekkði, hnekkti*		
over-turning	*hnekkði, hnekkti*	particularly	*vandr, vandur*
over-us	*ofsóit*	parting	*skildust, skiljast, skilnaði, skilnaðr, skilnaður*
over-used	*ofsóit*		
over-using	*ofsóit*		
overwhelming	*ofrefli*	part-of	*hluti*
overwhelming-force	*ofrefli*	parts	*deili, hluti, staði*
		parts-of	*hluta*
		party	*sveitinni*
own	*átt, áttu, eig, eiga, eigi, eign, eignast, eignum, eigu, eigum, höfðu*	pass	*leið, líða, liðið, liðin, liðinn, liðit, liðnar, liðnir, líðr, liðu, líður, skarðið*
owned	*átt, áttu, eiga, eigi, eign, eignum, eigu, höfðu*	passage	*fari*
		passed	*leið, líða, liðið, liðin, liðinn, liðit, liðnar, liðnir, líðr, liðu, líður*
ownership	*eigr, eigur*		
owning	*átt, áttu, eiga, eigi, eign, eignum, eigu, höfðu*	passes	*líðr, líður*
		passing	*leið, líða, liðið, liðin, liðinn, liðit, liðnar, liðnir, líðr, liðu, líður*
owns	*eiga, eigi*		
ox	*uxa*	pasture	*beiti, grasi*
Oxarar (name)	*Öxarár*	paternity	*faðerni*
Oxararholm (name)	*Öxarárhólmi*	path	*stíg*
oxen	*öxnina, öxnum*	path-assistance	*brautargengi*
Oxnadale-moor (place)	*Öxnadalsheiði*	patron	*fulltrúann*
		paupers	*framfærslumenn*
Oxney (place)	*Öxney, Yxney*	pay	*fá, fé, gjalda, gjaldast*
		payment	*gjöld*

P, p

English	Norse	English	Norse
		peace	*frið, friði, friðr, friður, fritt, kyrrt, rönum*
paid	*galt, gjaldast, goldið, greiddu*	peaceful	*fríð, kyrrðum, spektar*
		peaceful-men	*friðmenn*
painful	*meinn*	peace-land	*friðland*
paint	*fáði*	peace-mark	*friðarmark, friðartákn*

Word List (English to Norse)

English	Norse	English	Norse
peacock	pá	pit	gröfunum
peacock's	pá	pity	vorkunn
peacock's	pá	place	bar, ey, lag, lág, leggja, stað, staðar, staðnum, stæðist
peasant's	karls		
peasant's-daughter	karlsdóttr, karlsdóttur	placed	bar, lág
peer	nýsta, skyggnast	place-names	örnefni
peered	nýsta	places	rúmunum, stað, staðar, staði
peering	nýsta		
pelts	belg	placing	bar, lág
penalty	víti	plains	sléttu, sléttunni, velli, völluna
penny	penningr		
people	alþýðu, fólk, fólkit, liðs, lýð, lýðum, mann, manna, manni, manninn, menn, mönnum, mönnunum, þjóða	plan	ráð, ráða, ráði, ráðs, skefr
		planed	skefr
		planing	skefr
		plank	fjöl
		plank-fence	skíðgarðr, skíðgarður
people's	manna	planned	ráða
peoples	manna	planning	ráða
peoples'	manna	plans	ráð, ráða, ráðs
people's	fira, manna	platform	hjallinn, palli
people's-travels	mannaferðir	play	leiki, leikist, leikizt, léku, lékum
perch	hríslu		
perform	flutt, framðar, fremja, vann	played	leiki, leikist, leikizt, léku, lékum
performed	flutt, framðar, vann	playing	leiki, leikist, leikizt, léku, lékum
performing	flutt, framðar, vann		
perish	létist	playing-tricks	leika
perished	létist	plays	leiki
perishing	létist	play-trickery	leiki
persistent	þrautbestr, þrautbestur	pleas	blíðr, blíður
		pleased	blíðr, blíður
person	maðr, maður, mann, manni	pleasing	blíðr, blíður, geðsligra
		pledge	handsöl, heit, heitið, heitit, hétu
petty-devils	drýsildjöflanna		
pierce	nistir, smjúgi, stungit	pledged	heitið, heitit, hétu
pierced	nistir, stungit	pledging	heitið, heitit, hétu
piercing	nistir, smýgra, stungit	plenty	ærnu, œrna
piglets	grísir	plenty-of	ærit
pillars	súlr, súlur	poem	kvæði, kvæðið, kvæðinu, kvæðit, kvæðum, kveðið
pillows	hægindi		
pinch	klípti		
pinched	klípti	poem-for-Canute (name)	Knútsdrápu
pinching	klípti	poem-repay	bragarlaunum

239

Word List (English to Norse)

English	Norse	English	Norse
poem's-reward	kvæðislaunum	powerful	öflugr, öflugur, ríkr, völd
poet	skáld, skaldi		
Poet-Hrafn (name)	Skáld-hrafn	powers-gods	ginnregin
poetry	brag, skáldskap	praise	hrósið, leyfa, lof, lofa, lofaði, lofi, lofnar, lofuðu, mæra
poets	skáldmenn		
point	hlunns, odd, odda, oddar		
		praised	lofa, lofaði, lofnar, lofuðu
point-given	odd-gefnar		
point-of-sword	blóðrefillinn	praises	lofar
point-reddener	oddrjóð	praising	lofa, lofaði, lofnar, lofuðu
points	líðum		
poison-full	eitrfullir	pray	bað, bæðir
pole	meiði, stöngin	prayed	bað
pole-axe	bolöxi	prayer	bæna
poles	stangir, star, staur, staurinum, staurnum, stöng, stönginni, stöngum, trjám, trjánum	prayer-holdings	bænahald
		prayers	bænir
		praying	bað
		preach	boða, boðaði
		preached	boðaði
policy-days	stefnudagar	preaching	boðaði
polite	kurteisar	precious	gersimar
pools	tjör	precocious	snemmendis
poor	fátæka, fátæku, fátækum, félítill, félitlir	preferably	helst, helzt
		preparations	búið, búit
poor-beggar	stafkarl	prepare	albúið, albúinn, albúit, bjó, bjóst, bjuggu, bjuggust, brá, búa, búast, búið, búin, búinn, búist, búit, búizt, búna, búnar, búnir, búumst, býr, býst, skipat, skipuð
poor-wretch	vesallegr, vesallegur		
popular	alþýða, vinsæll, vinsælli		
popularity	vinsæl, vinsældum, vinsælli		
populous	fjölmenn		
porridge	grautr, grautur		
position	lags, stóðu	prepared	albúið, albúinn, albúit, bjó, bjóst, bjuggu, bjuggust, brá, búa, búast, búið, búin, búinn, búist, búit, búizt, búna, búnar, búnir, býr, býst, skipat, skipuð
possess	eiga		
possessions	föng		
possible	að, hægt		
postpone	frestaðist		
postponed	frestaðist		
postponing	frestaðist		
pouch	skreppu		
pour	ausinn, byrla, hellti	prepared-with	búinn
poured	ausinn, hellti	prepares	býr
pouring	ausinn, hellti		
poverty	fátæki		
power	forræði, ráða, vald		

Word List (English to Norse)

English	Norse	English	Norse
preparing	albúið, albúinn, albúit, bjó, bjóst, bjuggu, bjuggust, brá, búa, búast, búið, búin, búinn, búist, búit, búizt, búna, búnar, búnir, býr, býst, skipat, skipuð	promising	allvænlegir, allvænlegr, allvænlegur, allvænligir, allvænligr, allvænligur, efnilegastr, efnilegastur, efnilegir, efnilegr, efnilegsti, efnilegur, efniligir, efniligsti, heitim, hést, hét, hézt, vænligt
present	fyrir, staddir		
present-to	tjá		
preservation	varðveislr, varðveislur	promisingly	vænligt
preserve	varðveita, varðveitt, varðveitti	proof	mark
		proper	makligt
preserved	varðveita, varðveitt, varðveitti	properly	almennilega, almenniliga, makligr
preserving	varðveita, varðveitt, varðveitti	property	gós
		property-owning	fjáreigandi
press	ýta	prophecy	spá
pressed	ýta	prophetess	spákona, spákonan, spákonu, spákonunni, vísindakonunni
pressing	ýta		
prestige	tign		
prestigious-people	höfðingsmanna		
prevail	ráða	Prophetess (name)	Spákona
prevent	tálma	prophetesses	spákonr, spákonur
prey	bráðir	proposal	bónorð, bónorðið, bónorðit, ráð
pride	metnaðr, metnaður, stórlæti, stórleika	proposals	beðið, beðit
priest	kennimenn, presti, prestr, prests, prestur	propose	beiddi, biðja, fastna, festa, festi, kvánbænar, kvonbænar, ráð
priests	kennimenn, kennimönnum		
prime-grown	frumvaxta	proposed-to	bað, beðit
prince	hilmi, þengill	propose-to	biðja
princes	hildingar	prospect	efni
privately	sér	prospects	efni
problems	vandamálum	protect	hlífa, verja
procedure	atferli	protected	hlífa
proclaims	boðar	protecting	hlífa
profess	játum	protection	hlíf, hlífar, verja
promise	heit, hést, hét, hézt, lofa	prove	ræsis, reynda, sanni
		proved	reynda
promised	hést, hét, hézt	provide	framt, fremi, kost, veita, veitat, vor
promised-for	festum		
promised-woman	heitkona	provided	kost, veitat, vor
promises	heit	provided-for	veitti

Word List (English to Norse)

English	Norse	English	Norse
providing	kost, kveða, veitat, vor	quarrelling	þrættu
		quay	bryggjr, bryggjur
proving	reynda	queen	drottning, drottningar, dróttningar
provisions	fang, föng, föngum, nesti, várri, vist, vista, vistir, vorri	question	freginn
		questioned	freginn
provoke	etja	questioning	freginn
prow	framstafn	quick	bráðger, bráðgerr
prying	allnýs	quickens	kveikisk
publicly	opinberlega	quickest	skjótast
puffins	lunda	quickly	bráðast, bráðlega, fljótast, hratt, hvatra, skjótast, skjótt
pull	dregil, dró, kippa, tekr, tekur, togað		
		quiet	fátalaðr, fátalaður, hljóðlyndr, hljóðlyndur, kyrri
pulled	dregil, dró, kippa, tekr, tekur, togað		
pulling	dregil, dró, kippa, tekr, tekur, togað	quietest	minnsta
		quietly	hljótt
punish	hegningar	quota	kveða
punished	hegningar	quote	kveða
punishing	hegningar	quoted	kveða
punishment	hegning	quoting	kveða
pupil	sjáldrit		
purchase	kaupa, keyptak		
purchased	keyptak		

R, r

English	Norse
purchases	kaupför
purchasing	keyptak
purpose	ætlat, annk
pursue	eltu, sýsla	racket	hark
pursued	eltu	rage	gný
pursuing	eltu	rage-head	æðikolls
pursuits	sýslr, sýslur	Ragnar (name)	Ragnar, Ragnari, Ragnarr, Ragnars
push	ýta		
pushed	stakk, ýta	Ragnar's (name,-genitive)	Ragnari, Ragnars
pushing	ýta		
put	láta, lét, setti	Ragnhild (name)	Ragnhildar, Ragnhildi, Ragnhildr
put-out	slökktu		
pyre	bál, bálinu	rags	tötrum
		raid	herjat, herjuðu, ræna
		raided	herjat, herjuðu, ræna
		raiding	herfangi, herför, herjat, herjuðu, hernað, hernaði, herskildi, ræna

Q, q

English	Norse
quality	gæða, gæði, gæðum	raids	áhlaupum
quarrel	skœru, þœfðar, þrættu, vrekask	rain	regni
quarrelled	þrættu		

Word List (English to Norse)

English	Norse	English	Norse
raise	*elr, fæddi, hafinn, hrundu, reisa, reisi, reisim, reisir, reist, reistu, reisum, ríða, ríst, rista, risti, safna*	rays	*geislar, geisli*
		reach	*náðu, seilist*
		reached	*náðu, seilist*
		reaching	*ná, náðu, seilist*
		react	*bregðr, bregður, brygði*
raised	*elr, fæddi, hafinn, hrundu, reisa, reisir, reist, reistu, rista, risti, safna*	read	*lesit*
		readied	*bjóst, búin*
		ready	*albúinn, bjóst, búin, búinn, búit, búnir*
raising	*elr, fæddi, hafinn, hrundu, reisa, reisir, reist, reistu, rista, risti, safna*	readying	*bjóst, búin, búnir*
		realise	*þykkjast*
rallied	*fylkja*	realised	*þykkjast*
rally	*fylkja*	realising	*þykkjast*
rallying	*fylkja*	realm	*görðum*
ram-heads	*geldingahöfuð*	realms	*væra*
ran	*hlaupa, hleypr, hleypur, hljóp, hljópu, hlupu, rann, rendi, renna, renndi, runnu*	reason	*gegndi, sætti, sök*
		recall	*muni*
		recalled	*muni*
		recalling	*muni*
Randalin (name)	*Randalín*	recede	*rénuðu*
rank	*mannvirðingu, mannvirðingum, nafnbót*	receded	*rénuðu*
		receding	*rénuðu*
		receive	*fagnaði, fangi, fekksk, fékkst, þegit, þiggja, tók*
ranks	*fylking, fylkingar, fylkingu, fylkingum, hergerðandi*		
		received	*fagnaði, fangi, fekksk, fékkst, þegit, tók*
Rannveig (name)	*Rannveig, Rannveig*		
rapid	*sviðr, sviður*		
rarely	*varla*	receivers-of-gifts	*endrgefendr*
rather	*haldendr, heldr, heldur, helst, helzt*	receives	*þægi*
		receiving	*fagnaði, fangi, fekksk, fékkst, þegit, tók*
Rati (name)	*Rata*		
rats	*rottar*		
rattling-off	*þulði*	recently	*skömmu*
Raudaberg (place)	*Rauðabergi*	recite	*kvæðit, kveðin*
Raudamel (name)	*Rauðamel*	recited	*kvæðit, kveðin*
raven	*hrafn, hrafni, rafn*	reciting	*kvæðit, kveðin, þuldi*
ravens	*hrafns, rafnar*	recluse	*einsetukona*
Raven's (name,-genitive)	*Hrafni*	recognise	*kenndi, kenni*
		recognised	*kenndi*
Raven-The-Dueller (name)	*Hólmgöngu-Hrafn, Hólmgöngu-Hrafns*	recognising	*kenndi*
		reconcile	*sættast, sættir*
raw	*hrás*	reconciled	*sættast, sættir*
raw-wet	*hráblauta*	reconciliation	*sættir*

Word List (English to Norse)

English	Norse	English	Norse
reconciling	sættast, sættir	reins	tauma, taumana
recover	raknaði	reject	afhendir, hafnaði
recovered	raknaði	rejected	afhendir, hafnaði
recovering	raknaði	rejecting	afhendir, hafnaði
red	rauð, rauða, rauðan, rauðar, rauði, rauðr, rauðum, rauður, rautt, roðin	rejoice	fagna
		relatives	ættmanna
		release	lausan, leysti, leystr, leystur
Red (name)	Rauða, Rauðan, Rauði, Rauðr, Rauður	released	lausan, leysti, leystr, leystur
		releasing	lausan, leysa, leysti, leystr, leystur
red-beard	rauðskeggjaði	relieve	feginn, létta
Redbeard (name)	Rauðskeggjaði	relieved	feginn, léttu
red-bearded	rauðskeggjaði	relieving	feginn, léttu
red-bearding	rauðskeggjaði	religion	átrúnaði
redden	rjóða, roðið, roðinn, roðit, roðna, ruðum	religious	trúuð
		relive	léttu
reddened	rjóða, roðið, roðinn, roðit, roðna, ruðum	reluctance	seinlega, seinliga
		remain	eftir
reddening	rjóða, roðið, roðinn, roðit, roðna, ruðum	remained	eftir
		remaining	eftir
redeem	keypts, leysa	remarkable	merkilegasti, merkilegt
redeemed	keypts, leysa		
redeeming	keypts, leysa	remember	man, mank, minnast, minntust, munat, mundi, munði, mundið, munk
redress	yfirbót		
Red's (name)	Rauða, Rauðs		
reduce	rýrt		
reduced	rýrt		
reducing	rýrt	remembered	man, minntust, munat, mundi, munði
reeds	reyri		
refer	veik, vísar	remembering	man, minntust, munat, mundi, munði
referred	veik		
referring	veik	remote	fásinni
refusal	neitaði	remove	fjarna
refuse	frýja, neitaði, synja, synjað, synjar	renown	ágætir
		renowned	ágætir
refused	neitaði, synjað, synjar	rent	leigir
refuses	synja	rented	leigir
refusing	neitaði, synjað, synjar	renting	leigir
regard	líknstafi	repaid	gjöld, launað, launar, Launat
regarding	um		
Reidgotaland (place)	Reiðgotaland	repair	bættu
		repaired	bættu
Reim (place)	Reinu	repairing	bættu
reindeer	hrein	repay	launa, selja

Word List (English to Norse)

English	Norse	English	Norse
repayment	laun	reward	gjalda, gjöld, iðgjöld, laun, launa, launaði, launat, launi
repays	launar		
repent	iðrast		
replied	anzaði	rewarded	launa, launaði, launat
reply	anzaði, mót	rewarding	launa, launaði, launat
replying	anzaði	rewards	laun
report	títt	Reykjanes (place)	Reykjaness
reported	títt	Reynines (place)	Reynines, Reyninesi
reporting	títt	Rhine's (a-place,-genitive)	rínar
reproach	ámæli		
reproaching	átölr, átölur	rib	rifin
reserve	fálátr, fálátur	ribs	rif, rifin
reserved	fálátr, fálátur	rich	auðigr, auðigur, auðr, auður, ríka, ríkr
reserving	fálátr, fálátur		
resistance	viðtöku	Rich (name)	Ríka
resolute	einart	richer	auðgara
resolve	ráðið, ráðit, reynd	riches	auði, aurum
resolved	ráðið, ráðit, reynd	rich-man	auðmaðr, auðmaður
resolving	ráðið, ráðit, reynd	ride	ráð, reið, ríð, ríða
respect	virðr, virður	riders	ríða, riddara
respectable	göfgasti, göfgustum, yfirlæti	rides	ríði, ríðr, ríður
		ridge	egg
responds	ansar	ridicule	spott
rest	hvílast, hvíldi, hvíli, hvílir, létta, ro	riding	reið, reiðingr, reiðst, ríða, riðið, riðu
rested	hvíldi, hvílir	riding-clothes	reiðklæðum
resting	hvíldi, hvílir	riding-horses	reiðhesta
resting-place	hvíldarstaða, hvíldastaða	riding-men	riddaralið
		right	hægr, hægri, rétt, réttir
retain	geyma		
retainers	hirð	righter	réttara
return	áðr, áður, aftr, aftur, aptr, fluttist, fór, mót, móti, snúa	righting	rétting
		right-like	réttlátir
		rigidly	stinnt
returned	áðr, áður, aftr, aftur, aptr, fluttist, fór, snúa	ring	baug, baugs, baugum, hring, hringinn, hringinum, kring, rauð, rauða, rauðan, rauðar, rauði, rauðr, rauðum, rauður, rautt, roðin
returning	áðr, áður, aftr, aftur, aptr, fluttist, fór, komnir		
revealing	birtinga		
revenge	hefna, hefnd, hefnda, hefndina, hefnið, hefnt		
		ring-endurance	hringbollr
		Ringerike (place)	Hringaríki
review	rifja	ring-like	hringleginn
		ring-oath	baugeið

245

Word List (English to Norse)

English	Norse	English	Norse
rings	bauga, baugi, hringa	Rome (place)	Róms
rise	reisa, rísa	Rome-city	Rómaborg
risen	risit	Rome-city (place)	Rómaborg
rise-not	rís-at	Rome-city (place)-city	Rómaborgar
rises	örglast		
rising	felli, félli, risnir	Rome-travellers	Rúmferla, Rúmferlum
risk	hætt, hætta	roof-ridge	mæninum
risked	hætt	room	herbergi, herbergis, rúm, rúmi, rúmið, rúmit, stofu, stofunni
risking	hætt		
river	á, ána, ánni, vatni		
river-bank	árbakkann	rootless	rótlausum
river-mouth	árósinn, árósinum, áróssins	roots	rótum, vrótum
		rorqual	reyðr, reyður
Rjupa (name)	Rjúpu	rose	freyddi, reis, reistist, ríss, risu
roam	ratar, reikuðu		
roamed	ratar, reikuðu	Ross (place)	Ross
roaming	ratar, reikuðu	rough	hart, rögguð
roar	glumði, grenjuðu	roughly	harða, hart
roared	glumði, grenjuðu	rough-shoe	óbryddum
roaring	glumði, grenjuðu	round	randir, runna
robber-man	ránsmaðr, ránsmaður	route	leiðar
robbery	rán, ránfengi	routes	slóðir
rock	bjarg, grjót, sker, skerið, skerinu, skerit	row	reru, réru, róa
		rowed	reru, réru
rocks	björg, björgum	rowing	reri, reru, réru
rode	réð, réðst, réðu, reið, reiddi, reiðst, ríða, riðið, riðr, ríðr, riðu, riður, ríður	royal-seal	innsigli
		ruffle	ýfast
		ruffled	ýfast
		ruffling	ýfast
Rognvald	rögnvaldr	rule	ráða, ráðandi, ráðinn, ræðr, ræður, réð, réði, réðu, ríkjum, ríkt
Rognvald (name)	Rögnvaldr		
Rognvald's (name,-genitive)	Rögnvalds	ruled	ráðandi, ráðinn, ræðr, ræður, réð, réði, réðu, ríkt
rogue's	skalk		
roll	vals, veltist		
rolled	vals, veltist	ruler	jöfra, jöfurr
roller	vals	ruler-of	réð
rollers	hlunni	ruler's	þjóðans
rollers-r	hlunnroð	rules	ræðr, ræður
rollers-red	hlunnroð		
rollers-ring	hlunnroð		
roller-warships	hlunnalungum		
rolling	vals, veltist		
roman-world	rómaveldi		

Word List (English to Norse)

English	Norse	English	Norse
ruling	allráðr, allráður, órskurðinn, ráðagerðar, ráðandi, ráðið, ráðinn, ráðit, ræðr, ræður, réð, réði, réðu, regin, ríkt, úrskurðinn, veldi	saddling	söðlaðir
		sadness	fæð, ógleði, ógleðjast
		safe	heilir, höldnu
		safe-conduct	griðum
		safely	heill
		saga	saga, sagan, sögu, söguna, sögunni
ruling-person	órskurðarmanns, úrskurðarmanns	saga-of	sögu
		sage	þul
run	hlaupa, hlaupinn, renn, renna, renni, rennið	said	frásögn, kjeðst, kvað, kvaðst, kváðu, kváðust, kvæði, kveðit, kveðr, kveðst, kveður, lézt, mæl, mælt, mælti, mætli, mál, sagan, sagði, sagðir, sagðr, sagður, sagt, seggir, segi, segir, segist, segja, sögð, sögðu, sögðust, sögn, sögu, talaði
runes	rúnar, rúnum		
rung	hringja		
running	atgangi, hlaupi, hlupu		
Runolf's (name,-genitive)	Runólfs		
Runolfson (name)	Runólfssonar		
runs	rann		
rush	geyst, rásar, vaða		
rushed	geyst, rásar		
rushing	geyst, rásar	said-of	eiga, sögn
ruthless	óvæginn	said-they	kváðust
		said-to	segja
		said-too-much	ofmælt

S, s

English	Norse	English	Norse
		sail	sigla, sigldi, sigldu, sigldum, siglðum, siglir, siglt, sildu, silgdu
sables	safali		
sacks	sekkana, vörusekkar		
sacrifice	blóta, blótim, blótinn, blótum		
		sailboards	snekkjr, snekkjur
sacrificed	blótinn	sailboats	snekkjr, snekkjur
sacrificed-to	blótat, blótin	sailed	sigla, sigldi, sigldu, sigldum, siglðum, siglir, siglt, sildu, silgdu
sacrifices	blót, tafn, tafni		
sacrificial-places	blótstaðr, blótstaður		
sacrificing	blótinn		
sacrificing-man	blótmaðr, blótmaður	sailing	sigla, sigldi, sigldu, sigldum, siglðum, siglingu, siglingum, siglir, siglt, sildu, silgdu
sad	daprlig, dapurleg, döpr, döpur, hryggs, ógleðr, ógleður		
sadden	ógleðja		
saddened	ógleðja	sailors	hásetar, hásetum
saddening	ógleðja	sails	segl, seglið, sigldi
saddle	hnakk, söðlaðir, söðul	sail-yard	rá
saddled	söðlaðir	sake	sák, sakar, sak-ar, sakir, sökum

Word List (English to Norse)

English	Norse	English	Norse
sake-less	saklausa	saw	sá, sæi, ságu, sák, sáu, sáumst, sé, sér, sét, sjá, vísar
salmon	lax		
salt	salta, salti		
same	ein, einu, sama, saman, samir, samira, samt, senn, sömu	saw-you	sástu
		Saxon-lands (place)	Saxland
		Saxons (name)	Saxa
same-district	samhéraðs	Saxony (place)	Saxlandi
same-like	sæmilega, sæmiliga	say	kveðir, mæl, mæla, mælir, mælt, mál, sagna, sé, seg, segðu, segi, segið, segir, segja, segjum, sjá, sögn, sögr, sögur, táðit, tala
same-lying	samlagar		
same-name	samnafna		
same-summer	samsumars		
same-time	jafnlengd		
Sámi (a-people)	finna		
Samso (place)	Sámsey, Sámseyju	saying	kvað, kváðu, kveðst, segið, sogört
sand	eyri, sand, sandinum, sandr		
		saying-too-much	ofmælt
sandbank	eyri	say-of	segja
sand-heaven's	sandhimins	says	segir, segja
sands	sanda, sandar, sandinum	say-to	segja
		say-too-much	ofmælt
sandy	sandar	scar	hræddr, hræddur
sandy-road	sandleið	Scarborough (place)	Skarðaborg
sank	hné, sökk, sukku		
sat	mett, sæti, sat, sátu, sest, setið, setit, setr, setst, settist, settu, settust, sezt, sitja, sitr, situr	scarcely	trautt
		scarcity	óárani
		scared	hræddr, hræddur
		scaring	hræddr, hræddur
		scarlet	skarlati
sated	mett	scarlet-cloak	skarlatsskikkju
sating	mett	scatter	dreif
satisfied	undi, unði, unir	scattered	dreif
satisfy	undi, unði, unir	scattering	dreif
satisfying	undi, unði, unir	scheming	undirförull
saturday-afternoon	laugaraftan	Schlei-River (place)	Slés
saturday-night	laugarkveld		
savage	ólmr	scholar	fræðimaðr, fræðimaður
savagery	grimmleik		
save	bjarga, bjargaði, spara, spari, vistuðu	score	skera, skoråð, skorin, skorit
saved	bjargaði, vistuðu	scored	skera, skoråð, skorin, skorit
save-I-not	bjargig-a-k		
saving	bjargaði, vistuðu	scoring	skera, skoråð, skorin, skorit
		Scotland (place)	Skotland

Word List (English to Norse)

English	Norse	English	Norse
Scotland's (place)	Skotlands	seating	leggr
Scotlands-Firths (place)	Skotlandsfjörðu	seat-posts	setstokka, setstokkana
Scots (name)	Skotar	seats	sætis, setr, setur
Scots (place)	Skotar	sea-worms	sjómaðkr
Scottish (place)	Skoska, Skosku, Skozka, Skozku	seaworthy	sæfært
scrap	skóf	second	annað, annan, annar, annarr, annat, öndri, önnr, önnur
scraped	skóf		
scraping	skóf	second-time	annað, annat
scratch	klóraði, skeindist	secrecy	dul, leynd
scratched	klóraði, skeindist	secret	leyni, leynt
scratching	klóraði, skeindist	secretly	leyniliga
scream	gjalla	see	raun, sá, sé, sék, sér, sérð, sésk, sést, séumk, sjá, sjái, sjáið, sjám, sjást, sjáumk
screaming	hlakkar		
Scull-Cleaver (name)	Hausakljúfr, Hausakljúfur		
sea	ægi, haf, hafa, hafi, hafinu, hafs, sæ, sævar, sjávar, sjó, sjóinn, sjónum, sjór, sjórinn, sjóvar	seeds	frævask
		seeing	sér, sjá
		seeing-little	sjónlítill
		seek	leita, leitaði, leitar, sækja, séir, sekja, skylir
seagulls	máva		
seagull's	mávangs		
sea-kings	neskonungum	seeker	sækitík
seal-fat	seltjöru, seltjörunni	seekers	veiðivitjar
sea-poem	hafgerðingadrápu	seeking	leitað, leitaðir, leitat, leituðu, sökina
search	leita, leitaði, leitar		
searched	leitað, leitaðir, leitat, leituðu	seeks	fiðr, fiður
		seek-to	sækja
searched-for	leita, leitaði, leitar	seem	séð, svipr, svipur, sýn, sýndist, sýnist, sýnst, sýnt, þætti, þótti, þóttumk, þóttusk, þóttust, þykir, þykja, þykkir, þykkisk, þykkist, þykkja, þykkjast, virðist
search-for	leitað, leitaðir, leitat, leituðu		
seas	sæva, sævar		
sea-scatter	sæhafa		
sea-scattered	sæhafa		
sea-scattering	sæhafa		
sea-serpents	ófni		
season	árferð, missari, misseri, röskva	see-me	sé
		seemed	svipr, svipur, sýn, sýndist, sýnist, sýnst, sýnt, þætti, þótti, þóttumk, þóttusk, þóttust, þykir, þykkir, þykkist, virðist
seasoned	röskva		
seasoning	röskva		
seat	aðsetu, atsetu, leggr, sætis, sat, setu		
seated	leggr		

Word List (English to Norse)

English	Norse	English	Norse
seeming	svipr, svipur, sýn, sýndist, sýnist, sýnst, sýnt, þætti, þótti, þóttumk, þóttusk, þóttust, þykir, þykist, þykkir, þykkist, virðist, virtist	separate	fráskili, herskildi, skilðist, skildu, skilðu, skildum, skilðum, skildust, skilðust, skilist, skilja, skiljast, skiljist, skilnað, skilnaði, skilr, skilur
seems	sýnisk, sýnist, þætti, þykir, þykki, þykkir, þykkisk, virðist	separated	fráskili, herskildi, skilðist, skildu, skilðu, skildum, skilðum, skildust, skilðust, skilja, skilnaði, skilr, skilur
seems-to	þykki		
seem-to	þykkjast		
seen	sá, sæi, sáit, sé, séð, sénar, sér, sét, sjá, sjást, sú, sýn, sýnum	separately	herskildi
		separating	fráskili, herskildi, skilðist, skildu, skilðu, skildum, skilðum, skildust, skilðust, skilja, skilnaði, skilr, skilur
seen-like	sjáligastr, sjáligastur		
see-not	sé-t		
seen-you	sáttu		
seer	spámaðr, spámaður, spámann		
see-this	sjá	separation	skilnaði
seldom	sjaldan	seriously	alvöru
self	sjálfan, sjalfr	serpent	iðrask, linns, lyngölun, naðri, orma, ormi, orminn, orminum, ormr, ormrinn, orms
self-example	sjálfdæmi		
selfish	eigngirni		
self-judgement	sjálfdæmi		
self-sowing	sjálfsáið, sjálfsáit, sjálfsána, sjálfsánir	serpent-days	ormdags
		serpents	ormar, ormarnir, ormr
self-support	sjálfbjargi	serpent's	orminum, ormsins
self-supported	sjálfbjargi	serpent's-b	ormabeð
self-supporting	sjálfbjargi	serpent's-bed	ormabeð
self-will	sjalfráða	serpent's-being	ormabeð
self-willed	sjalfráða	serpent-tongue	ormstunga, ormstungu
self-willing	sjalfráða		
sell	sel, selja, selr	serpent-tongue's	ormstungu
send	gera, senda, sendi	servant	húskarl
sending-men	sendimenn	servant-maids	þjónustukonr, þjónustukonur
sends	sendar, sendi		
sense	vit	servants	húskarla, húskarlar, karlmaðurinn
Sensible (name)	Glóra		
		servants-of	þjónustumenn
sent	fara, senda, sendi, sendir, sendr, sendur, sent	serve	gegnir, þjóna, þjónuðu
		served	gegnir, þjóna, þjónuðu
		serve-you-right	maklegleika

Word List (English to Norse)

English	Norse	English	Norse
service	þjónustu	shaking	hristir, skelfr, skelfur
serving	gegnir, þjóna, þjónuðu	shall	mun, muni, munt, muntu, munu, munuð, munum, skal, skalk, skalt, skaltu, skuli, skulir, skulu, skulum, skum, skyli
set	seti, setja, setr, sett, setti, settist, settr, settu, settumk, settur, sitja		
set-about	sóttu	shall-be	munu, skal, vera
set-out	setja	shall-not	skal-a
settle	biðuðu, bjó, bjuggu, bjuggust, boðs, búa, búast, búi, búið, búit, búst, byggði, byggðu, byggja, byggt, byggva, sætt, sætta, sitja	shall-not-you	skal-at-tu
		shallows	grunnsævi, útgrynnis
		shall-you	muntu, skaltu
		shame	klækjum, skammar, skammisk, skömm, svívirða
		shape	telk
settled	biðuðu, bjó, bjuggu, bjuggust, búi, búið, búit, byggði, byggðu, byggt, sætt	shaped	telk
		shaping	telk
		share	deila, hlut
settlement	bú, búða, búi, búið, búit, bús, byggð, byggðinni, byggðum, byggja, óbyggð, sætt, sátt	sharing	deila
		sharp	hvass, hvassir, hvell, hvöss, skörpum
		sharpen	hvatti, snarbrýnir
		sharpened	hvatti, snarbrýnir
settles	bjuggu, byggvir	sharpening	hvatti, snarbrýnir
settling	biðuðu, bjó, bjuggu, bjuggust, búi, búið, búit, byggði, byggðu, byggt, sætt	sharply	ofarla, snarpir, snarplega, snarpliga
		shave	koll
		shaved	koll
settling-people	búandmönnum	shaving	koll
seven	sjau, sjaunda, sjö, sjöunda	she	hana, hann, hennar, henni, hér, hon, honum, hún
seventeenth	sjautjánda		
seventh	sjaunda	shear-lancet	skœrubíldr
sewn-and-stitch	saumaðan	sheath	slíðra
sewn-and-stitched	saumaðan	sheathed-sword	skeið
sewn-and-stitching	saumaðan	sheath-flame	slíðrloga
shabby	vesallátan	shed	felldi
shadow	skugga	sheep	kindar
shaft	flein, skaft, skapt, skaptit, skökuls	sheep-heads	dilkahöfuð
		sheep's-stomach	sauðarvömb
shaftmaker	skeftismiðr, skeftismiður	she-is	hana, hún
shaggy-breeches	loðbrækr, loðbrók	shell-worms	skelmaðkurinn
shaggy-cape	loðkápa	shelter	selja, skyli
shakes	hristar		

Word List (English to Norse)

English	Norse	English	Norse
shepherd	smalamaðr, smalamaður, smalamann, smalamanninn	shirt	serk, serkinum, serknum
		shirts	skyrtum
		shirt-sheet	skyrtublaði
she-was	hana, hún	shiver	hrolla, skelk, spán
she-wolf's	ylgr	shivered	skelk
shield	brynjr, brynjur, randar, rönd, röndum, skildi, skildinum, skjaldarins, skjöld, skjöldinn, skjöldr, skjöldur	shivering	skelk
		shock	bregðr, bregður, lostinn
		shocked	bregðr, bregður, lostinn
		shocking	bregðr, bregður, lostinn
shields	randar, skildi, skildir, skjöld, skjöldu, skjöldum, skjölduna, skjómar, skylmdust, skylmðust	shock-thorn	höggþyrnis
		shoe	skór
		shoes	skóklæðin, skúa
		shoesmith	skósmiðr, skósmiður
shimmering	bliku	shoe-thong	skóþvengr, skóþvengur
shine	skína		
shining-sword	svarðmerðlingar	shone	glóaði, skein
shining-sworded	svarðmerðlingar	shook	hristir, rista, risti, skelfr, þokar
ship	knarrar, knörr, skip, skipa, skipi, skipið, skipinu, skipit, skips, skipsins, skipum, skipunum, þat	shopping-travelling	kaupferðir
		shore	strandar, strönd
		short	skamma, skammar, skammt, skemmr, skömmum, skortir, spöl
ship-preparing	skipabúnað		
ships	herskipum, skip, skipa, skipanna, skipi, skipin, skips, skipuðu, skipum, skipunum	shortage	skorta, skorti, skortir
		shortage-of	skorti
		short-distance	skammt
		shorten	svipta
ship's	skipsins	shortly	skammt, skjótliga, skjótt
ship's-berth	skipborðsins		
ship's-company	förunautr, förunautur, skipverjum	shortly-distance	skammt
		short-stories	sagnaskemmtan
ship's-cook	matsveinar	short-sword	sax, saxi, saxinu
ships-his	skipsins	short-time-of-day	skammdegi
ships-ports	skipshöfnum, skipverjunum	short-way	skammt
		shot	skaut, skotinn, skotit, skutu, skýtr
ship's-prow	stafnana		
ship's-stem	stafni		
ship-worms	maðksjá, maðksjó		
shipwreck	skipbroti, skipflaki		
ship-wreck	skipsbrotum		

252

Word List (English to Norse)

English	Norse	English	Norse
should	knátti, lézt, man, mun, muna, mundi, mundu, muni, munir, munt, muntu, munu, munum, munut, mynda, myndi, skal, skulir, skulu, skuluð, skulum, skylda, skyldi, skyldir, skyldr, skyldu, skyldum, skyldur, skyli, skylt, yrði	sides	hlið, hliðum, hliðunum, síðr, síður
		Sidu-Hall (name)	Síðu-Hallr, Síðu-Hallur
		Sidu-Hallson (name)	Síðu-Hallsson, Síðu-Hallsson
		sight	sjónum
		sight-less	sjónlausum
		Sighvat (name)	Sighvatr, Sighvats, Sighvats
		Siglefjord (place)	Siglufjörð
		sign	merkja, signa, signuð
should-be	mun, skulu, skyldi, skyli, væri, yrði	signed	signa, signuð
shoulder	axlarliðnum, öxl	sign-herself	sig
shoulders	herða	signing	signa, signuð
should-it	skyldi	signs	bendingum
should-it-be	mundi	Sigrid (name)	Sigríðar, Sigríði, Sigríði, Sigríðr, Sigríður
should-not	mun-at		
shouldn't	skyli-t		
should-to	munuat	Sigtrygg (name)	Sigtryggr, Sigtryggur
should-you	muntu	Sigurd (name)	Sigurðar, Sigurði, Sigurðr, Sigurður
shout	æpðu, æptu, kall	Sigurd's (name,-genitive)	Sigurðar
shouted	æpðu, æptu		
shouting	æpðu, æptu, óp	Sigurdson (name)	Sigurðarson
shovel	reku	Sigvalda (name)	Sigvalda
show	lýsa, sýn, sýna, sýndi, sýndu, sýni, sýnir, sýnt	silence	endrþögu, hljóð, þagað, þagnaði, þegði, þegðu, þegi, þegjandi
showed	sýndi, sýndu, sýni, sýnir, sýnt	silenced	þagnaði
showing	sýndi, sýndu, sýni, sýnir, sýnt	silencing	þagnaði
		silent	fámálug, þagalt, þagðak, þagði, þegði, þegi, þegir, þegit, þögðu, þögull, þruma, þrumir
shown	auðsýnir, sýnt		
shriek	æp, æpði, ópit		
shrieked	æpði		
shrieking	æpa, æpði, ópi		
Sibilja (name)	Síbilja, Síbilju	silently	þegjandi
Sibilja's (name,-genitive)	Síbilju	silk	silki
		silk-beard	silkiskegg
sick	sjúkum	silk-shirt	silkiskyrtu
sickness	sótt, sóttarfar, sóttin, sóttina, sóttum	silk-tunic	silkihjúp
		silver	silfd, silfr, silfri, silfrs, silfur, silfurs, slíkar
sickness-death	sóttdauðr, sóttdauður		
side	megin, síðu	silver-inlay	sifurrekna, silfrrekna
sideboards	rekkjustokkinn	simpleton	afglapi

Word List (English to Norse)

English	Norse	English	Norse
since	sem, síðan, síðar, síðir, því	skilful	íþróttamaðr, íþróttamaður, íþróttir, íþróttum
sing	gala		
singe	svíða, svíðið	skilfully	hagliga, næfri
singing	sungu	skill	gervar, reyndir
single	eitt	skilled	gervar, íþróttamaðr, íþróttamaður, íþróttar, íþróttum, reyndir
single-combat	einvígis		
sink	hníga		
sinks-not	hnígr-a		
sins	villuböndum	skilled-in-magic	fjölkunnigr
sister	systir, systr, systur	skilling	gervar, reyndir
sister-of	systr, systur	skin	belg, hörund, húðina, lær, skinndregna
sisters	systr, systur		
sister-sons	systursynir	skin-boats	húðkeipa
sit	sæti, sætis, set, sezt, sit, siti, sitið, sitja, sitji, sitjið, str, stur	skin-cots	húðföt
		skinned	skinndregna
		skinning	skinndregna
		skinny	mögr, mögur
sits	sitr	skin-purse	skjóðupungr, skjóðupungur
sitting	sátu, setu, sitja, sitr		
sitting-next-to	sessunautum	skins	hám, skinn, skinnum, skrám
situated	sitji		
six	sex	skin-sacks	skinnhjúpum
sixteenth	sextánda	skin-wares	skinnavöru, skinnvöru
sixth	sétta, sétti		
sixty	sextigu	skipper	stýrimanni, stýrimanns
Sjoni (place)	Sjóna		
Skafti (name)	Skafta, Skafti	Skjalfandi-River (place)	Skjálfandafljót
Skafti's (name,-genitive)	Skafta	Skjoldungs' (name)	Skjöldunga
Skagafjord (place)	Skagafirði, Skagafjarðar, Skagafjörð	Skogul's (name)	Sköglar
		Skraeling (name)	Skrælingi, Skrælingr
		Skraelings (name)	Skrælinga, Skrælingar, Skrælingaskipa, Skrælingja, Skrælingjar, Skrælingjarnir, Skrælingjum, Skrælingum
skald	skáld		
Skane (place)	Skáni		
Skaney (place)	Skáney		
Skarar (place)	Skörum		
Skarpa-Skerries (place)	Skarpa-skerjum		
Skegg-Broddi (name)	Skegg-Broddi, Skegg-Broddi	Skraelings (place)	Skrælingjalandi
Skeidsbrekkur (place)	Skeiðsbrekkum	Skraumuhlaupsa (place)	Skraumuhlaupsár
		Skuli (name)	Skúii, Skúli
Skeljavik (place)	Skeljavík	skulls	hausa
		sky	loft, lofti

Word List (English to Norse)

English	Norse	English	Norse
slabs	hellr, hellur	Smaland (place)	Smálönd
slab-stone	hellusteinn	small	lítið, lítill, smá, smáir, smár, smátt
slain	svelta, valr, vals	small-blame	klengisök
slain-blood	valblóði	smaller	smæri, smærra
slain-fall	valfalli	small-intestine	smáþarma
slain-offering	valtafn	smear	ríða
slander	háðvörum, róg, rógi	smell	lykt
slap	slettir	smiths	smiða, smiði
slapped	slettir	smooth	glatt, slétt, sléttir
slapping	slettir	smoothed	glatt, slétt
slaughter	fjörlagi, morði, snerru	smoothing	glatt, slétt
slavery	þrældómi	smoothly	greiðleg, greiðlig
slay	vegr, vegur	Snaefell (place)	Snæfells
slayed	vegr, vegur	Snaefellsjokli (place)	Snæfellsjökli
Slayer-of-Fafnir (name)	Fáfnisbana	Snaefellstrond (place)	Snæfellsnesi, Snæfellströnd
slayers	viggs	snake	orm, orminum, ormr, orms
slayers-of-the-dead	vígsdöglinga	snake-in-eyes	ormr-í-auga
slaying	fell, vegr, vegur, vígi	snake-pit	ormgarð
sleep	sofa, sofi, svefn, svefni, svefninum, svefns	snakes	ormarnir, ormr, snákar
sleeping	sefr, sofa, sofandi, sofin, sofnaða, sofnaðir, soföndum, sofundum	snare	snaraði
		snared	snaraði
		snaring	snaraði
sleeping-house	svefnhúss	snatching	snapir
sleeping-quarters	svefnskemmu	snoring	hrytr
sleeping-room	skemmuna, skemmunni	Snorrason (name)	Snorrason
sleepy	syfjaðan, syfjaðr, syfjaður	Snorri (name)	Snorra, Snorra, Snorri
sleeves	ermar	Snorri's (name,-genitive)	Snorra
slender	mjó	snorting	gjalla
slept	sefr, sofa, sofið, sofit, sofna, sofnaði, sofnar, svæfik, svaf, sváfu	snow	snjár, snjór
		so	á, í, sá, samir, sé, sem, sér, séu, Sjá, slíka, slíkt, sú, svá, svát, svo, þat
Slettu (place)	Sléttu		
slew	vá, vó		
slighting	sleitum	so-as	svá
slip	runnið, smó	sob	snökta
slipped	runnið, smó	so-did	svá
slipperiness	hálum	soften	bleyta
slipping	runnið, smó	softened	bleyta

Word List (English to Norse)

English	Norse	English	Norse
softening	bleyta	somewhat	nakkvað, nakkvat, nokkr, nokkur, nokkuru, nokkut, nökkut
so-great	mikla		
so-is	sás		
sold	keyptu, seldi, seldu, selr, selur	some-what	nokkuð, nökkut
sole-ruling-king	einvaldskonungr	so-much	svá
soles-of-the-feet	iljarnar	son	niðr, niður, son, sona, sonar, sonr, sonum, sonur, syni
solitary	einþykkr, einþykkur		
solution	bragð		
Solvadal (place)	Sölvadal	son-death	sonardauðinn
solve	leysa	song	syngja
Sölvi (name)	Sölvi	songs	ljóð, ljóða
some	einhverju, eitthvert, nakkvar, nokkr, nökkr, nokkuð, nokkur, nökkur, nokkura, nökkura, nokkurar, nökkurar, nokkurir, nökkurir, nokkurn, nökkurn, nökkurr, nokkurra, nökkurra, nokkurrar, nokkurt, nokkurum, nökkurum, nökkut, sum, suma, sumar, sumir, sumr, sumra, sumt, sumu, sumum	son-in-law	mági
		Son-of	son, sonr, sonur, syni
		Son-of (name)	Son, Sonr, Sonur, Syni
		Son-of-Asgeir (name)	Ásgeirssonar
		Son-of-Aslak (name)	Áslákssonar
		Son-of-Audun (name)	Auðunarsonar
		Son-of-Bard (name)	Bárðarson
		Son-of-Bjorn (name)	Bjarnarsonar, Bjarnason
		Son-of-Canute (name)	Knútsson
somebody-else's	einhverjum	Son-of-Edgar (name)	Játgeirsson
somebody's	einhverjum		
somehow	nokkurn, nökkut	Son-of-Egil (name)	Egilsson, Egilssonar, Egilssyni
some-kind	eitthvert		
some-of	sumt	Son-of-Erik (name)	Eiríksson, Eiríkssonar
someone	nokkurn, nokkurr, nokkurs		
		Son-of-Eyjolf (name)	Eyjólfsson
something	nakkvað, nokkr, nökkr, nokkuð, nokkur, nökkur, nokkurra, nökkurra, nokkut, nökkut, nokkvern	Son-of-Eyvind (name)	Eyvindarson
		Son-of-Geiti (name)	Geitisson
		Son-of-Gudrod (name)	Guðröðarsonar
something-else	annat	Son-of-Hafur-Bjarni (name)	Hafr-bjarnarson, Hafur-bjarnarson
something-of	nökkurr		
sometime	nokkuru, nökkuru	Son-of-Hakon (name)	Hákonarson
some-time	eitthvert		
sometimes	lotum, stundum	Son-of-Halfdan (name)	Hálfdanarsonar

Word List (English to Norse)

English	Norse	English	Norse
Son-of-Hall (name)	Hallsson	Son-of-Oxna-Thori (name)	Öxna-Þórissonar
Son-of-Hallkel (name)	Hallkelsson	Son-of-Ox-Thorir (name)	Öxna-Þórissonar, Yxna-Þórissonar
Son-of-Hardar's (name,-genitive)	Harðarsonar	Son-of-Ragnar (name)	Ragnarssonar
Son-of-Helga (name)	Helgasonar	Son-of-Rauda-Bjarn (name)	Rauða-bjarnarson
Son-of-Herjolf (name)	Herjólfsson, Herjólfssonar, Herjúlfsson, Herjúlfssonar	Son-of-Roald (name) (name)	Hróaldssonar
Son-of-Herjolf's (name)	Herjólfssonar	Son-of-Runolf (name)	Runólfssonar
Son-of-Hlíf (name)	Hlífarsonar	Son-of-Sel-Thori (name)	Sel-þórisson
Son-of-Hlodvi (name)	Hlöðvisson	Son-of-Sidu-Hall (name)	Síðu-hallssonar
Son-of-Hoskuld (name)	Höskuldssonar	Son-of-Sigmund (name)	Sigmundarsonar
Son-of-Hring (name)	Hringssonar	Son-of-Sigurd (name)	Sigurðarsonar
Son-of-Hrosskel (name)	Hrosskelssonar	Son-of-Skalla-Grim (name)	Skalla-grímssonar
Son-of-Illugi (name)	Illugason	Son-of-Skula (name)	Skúlason
Son-of-Ingi (name)	Ingasonar	Son-of-Snorri (name)	Snorrasonar, Snorrasyni
Son-of-Ingimundur (name)	Ingimundarson	Son-of-Sturlu (name)	Sturluson
Son-of-Ingjald (name)	Ingjaldssonar	Son-of-Svein (name)	Sveinsson
Son-of-Kallak (name)	Kallaksson, Kjallaksson	Son-of-Thorbrand (name)	Þorbrandsson
Son-of-Karlesfni (name)	Karlsefnissonar	Son-of-Thord (name)	Þórðarsonar
Son-of-Karlsefni (name)	Karlsefnissonar	Son-of-Thorgrim (name)	Þorgrímsson
Son-of-Ketil (name)	Ketilssonar	Son-of-Thorkell (name)	Þorkelsson
Son-of-Kodran (name)	Koðránsson	Son-of-Thorstein (name)	Þorsteinsson
Son-of-Kolbein (name)	Kolbeinsson	Son-of-Ulf (name)	Úlfssonar
Son-of-Kveld-Ulf (name)	Kveld-úlfssonar	Son-of-Valbrand (name)	Valbrandssonar
Son-of-Molda-Gnup (name)	Molda-gnúpssonar	Son-of-Vifil (name)	Vífilsson
Son-of-Olaf (name)	Ólafsson, Ólafssonar, Óláfssonar	sons	burir, mögr, mögum, sona, sonu, sonum, syni, synir
Son-of-Onund (name)	Önundarson, Önundarsonar	son's	sonar

Word List (English to Norse)

English	Norse	English	Norse
sons-of	*synir*	South-Islander	*suðreyskr, suðureyskur*
Sons-of-Haekling (name)	*Hæklings*	south-islands	*suðureyjar*
son's-property	*sonareignin*	South-Islands (place)	*Suðreyjar, Suðreyjum*
soon	*bráðlega, bráðliga, brátt, fljótlega, fljótliga, snart, snemma*	South-West (place)	*Útsynnings*
		south-west-wind	*útsynningsbyr*
		sow	*gyltan*
sooner	*bráðara*	sown	*sáð*
sooner-than	*bráðara*	space	*bil, bilstyggir, bilstyggvir, rúms*
soonest	*skjótast, snemmst*		
soothing	*sefa*	Spangarheid (place)	*Spangareiði, Spangarheiði*
sorcery	*blótskap, tröllskapnum*		
		spanning-long	*spannarlangt*
sorely	*óðgjarn*	spar	*unnit*
sorrow	*harms, sorg, sorgum, sút*	spare	*spara, spari*
		spared	*unnit*
sorrowful	*sorgafullr*	spares	*eirir, sparir*
sorrow-losing	*sorgalausastr, sorgalausastur*	sparing	*unnit*
		speak	*kveða, mæla, mælast, mæli, mælir, mælum, máli, máls, tala, þylja*
sorrows	*sútum*		
so-that	*svát*		
sought	*beið, leita, leitaði, leitar, sækja, sóta, sótt, sótta, sóttan, sóttu, sóttust*	speaking	*mælti, mæltu, tilkvæði*
		speaks	*mæli, mælir*
sought-for	*leitað, leitaðir, leitat, leituðu*	spear	*frák, geira, geiri, geirs, spjót, spjóta, spjóti, spjótinu, spjótit*
soul	*sál*		
sound	*gjalla, hljóð, sundi, yminn*	speared	*frák*
		spear-head	*spjótit*
sounded	*gjalla*	spearing	*frák*
sounding	*gjalla*	spear-man	*vígr, vígur*
south	*suðr, suðrætt, suðri, suður, suðurátt, sunnan*	spear-nail	*geirnagla*
		spear-point	*odd, odda, spjótit*
south-east	*landsuðr, landsuðrs, landsuður*	spear-points	*odda, spjótsoddum, spjótsoddunum*
southern	*suðræn, syðra*	spears	*geira, geirar, geirr, oddr, spjót, spjótin, spjótunum*
southern-kingdom	*suðrríki*		
southern-lands	*suðrríki, sunnanverðri*	spear-shaft	*lag, skaptinu, spjótskapt, spjótskaptinu, spjótskepti*
southern-man	*suðrmaðr, suðurmaður*		
southern-winds	*sunnanveðr, sunnanveður*	spear-sister	*oddfeimu*
south-going	*suðrgöngu*	spear-tip	*spjóti, spjótinu, spjótit*

Word List (English to Norse)

English	Norse	English	Norse
spear-tree	geirtré	spurt	stökk
speck	flekk	spurted	stökk
spectacular	þvílíka	spurting	stökk
speech	mál, máli, máls, ræðu, tölu	spying	njósn
		stab	slíta
speed	skjótleiks	staff	staf
speedily	snarlegra	staffs	velir
speeding	skjótleiks	Staff-Struck (name)	Stangarhögg, Stangarhögg
spell	galdrs		
spell-platform	seiðhjallinum	stain	flekk
spend	verkkaupi	stallion	stóðhest
spendthrift	veifiskati	stallions	hestar
spine	hrygg, hrygginum	stand	stað, staðar, standa, standir, stoða, stöndum
spirit	geð, hug, mun		
spirit-mother	hugmóðr, hugmóður		
spirits	dísir, náttúrr, náttúrur	standing	staddir, staddr, standa, stendr, stendur, stóðu
spit-of-land	eyri		
splendid	skrautligri		
split	klýfr, renna, stökk	stands	stað, stendr
spoke	er, kvað, kvaðst, kveðr, kveður, mæla, mælir, mælt, mælta, mælti, mæltu, mætli, segir, tala, töluðu	stand-up	uppi
		stand-you	standast
		star	starði
		starboard	stjórnborða
		stare	kaga
		stared	starði
spoken	kveðit, mælt	staring	starði
spoke-of	mæltu, talíðr, talíður	Starkad (name)	Starkaði, Starkaðr, Starkaður
sport	leik		
sported	leik	Starri (name)	Starri
sporting	leik	start	hafinn
sports	hagleik, íþróttir, leikar	started	hafinn
sports-man	íþróttamaðr, íþróttamaður	starting	hafinn
		startle	bilt, brá, brást
sprang	spratt	startled	bilt, brá, brást
spread	bræddr, bræddur, brætt, breiða, rakti, spyrjast	startling	bilt, brá, brást
		state	hagi
		stave	stafat, stafir, stef, stefið, stefit
spread-in	víða		
spring	sprettr, vár, vára, várar, vári, várit, vor, vora, vorar, vori, vorið	staved	stafat, stefit
		staves	stafi
		staving	stafat, stefit
		stay	búast, haldið, haldit, stað, standa, stóð, var, vistar
sprinkle	ausinn		
sprinkled	ausinn		
sprinkling	ausinn		
sprung	vár, vor		

259

Word List (English to Norse)

English	Norse	English	Norse
stayed	haldið, haldit, stóð, var	stiff	stinna, stirð, stirðar
staying	haldið, haldit, stóð, var, vist	stiff-spoken	stirðkveðið, stirðkveðit
staying-with	vist	stifling	mollu
steadfast	staðfesti, staðist	still	en, enn, kyrr, kyrrir, kyrrt, stilla
steady	stæði	stingy	glöggvan, sínkr, sínkur
stealing	stalst		
steals	stelr	stir	hrærðist
steed	mars	stirred	hrærðist
steel	stála, stáli	stirring	hrærðist
steep-looking	brattleitr, brattleitur	stitch	stikað
steep-slope	Brattahlíð, Brattahlíðar	stitched	stikað
		stitching	stikað
steer	stefndu, styr, stýra, stýrði, stýrðu, stýrir, styrkr, styrkur	stock	grindr, stokka
		stocked	grindr
		stocking	grindr
steered	stefndu, styr, stýrði, stýrðu, styrkr, styrkur	Stokkanes (place)	Stokkanesi
		stole	ræntan, stolið, stolit, svikinn
steerer	sveif		
steering	stefndu, stjórn, styr, stýrði, stýrðu, stýri, styrkr, styrkur	stomach	maga, magi, mögum
		stomachs	mögum
		stone	stein
steer-less	stjórnlausu	stones	grjótinu, grjótit, steinum
steers	stýrir		
steersman	stýrimaðr, stýrimaður, stýrimanni, stýrimanninum	stone-slab	hella
		stood	stað, staðið, staðit, stæði, standa, stendr, stenst, stóð, stóðst, stóðu, stóðumk, stótt, studdi, studdist
steersmen	stýrimenn		
stein	steins		
Stein (name)	Steins		
Steinar (name)	Steinari	stool	stóli, stólinn, stólinum
Steingrim (name)	Steingrímr, Steingrímur	stoop	bograð, lýtr, lýtur
Steingrimsfjord (place)	Steingrímsfirði	stooped	lýtr, lýtur
		stooping	lýtr, lýtur
Steinthor (name)	Steinþór	stop	hætti, hefta, stöðva, stopir
step	sté, stigu		
step-mother	stjúpmóðir	stop-not	stöðvig-a-k
stepped	sté, stigu	stopped	stopir
stepping	sté, stigu	stopping	stopir
stepsons	stjúpsona, stjúpsonu	storehouse	skemmu
stern	skaut, stafn, stjórn	stories	frásagnir, sögr, sögur
steward	ármaðrinn, ármanni, ármanns, bryti	storm	andviðri, dyn, hríðar, veðrit
sticks	stafi	stormy	hvasst

Word List (English to Norse)

English	Norse	English	Norse
story	saga, sögn, sögu	striking-down	hugreifum
straight	drjúgt, gegnt	string	streng, strengr
straightaway	þegar	string-laid	strenglágar
straight-away	þegar	strings	strengina
strain	stofni	strip	fletta, flettr, hroðinn
strait	sund	stripped	fletta, flettr, hroðinn
strange	endemlig, undarlega, undarlegi, undarlegum, undarliga, undarligi, undarligum, undarn, undr	stripping	fletta, flettr, hroðinn
		strong	líknfastan, rammlegan, rammligan, rammt, sköruleg, skörulig, sterk, sterka, sterki, sterkr, sterkum, sterkur, stinn
stranger	undarlegri		
strangers	ókunnugum, ókunnum	stronger	ríkara, sterkari
strategy	brögðum	strongest	hraustasti, sterkasta, sterkastr, sterkastur
Straumey (place)	Straumey		
Straumfjord (place)	Straumfirði, Straumfjörð, Straumsfirði, Straumsfjörð	stronghold	fastgarðr, fastgarður
		strongly	sterklega
		strongly-built	harðger
		struck	hjó, hjoggum, hneit, hoggið, höggur, höggvit, lostinn, lustu, lýstr, lýstur, sló, slógu, stangað
Straumsey (place)	Straumsey		
Straumsfjord (place)	Straumsfjörð		
straw-staves	hálmþúst, hálmþústum		
stream	lækjar, lækjarins, lækr, lækur, straumar, straumr, straumur	struck-off	höggvins
		struggle	þraut
		Strutharald (name)	Strútharalds
		Strutharald's (name,-genitive)	strút-haralds
streams	straumar	stubborn	einrænir
street	stræti	stud-horses	stóðhross, stóðhrossa
strength	afl, afli, afls, hagleik, kraptr, magni, styrkr, styrkur, þrek	stump	stúf, stúfinum
		stupid	heimskr, heimskur
stretch	seildist, teygði, þenja	Sturlusons (name)	Sturlusona
stretched	seildist, þenja	Styrr (name)	Styr, Styrr
stretches	þokar	subject	lögðu, mál
stretching	seildist, þenja	subjected	lögðu
strike	höggs, höggva, slá	subjecting	lögðu
strike-with	lýstr, lýstur	submerge	kaf
striking	hjör, högg, höggva, skörulegastr, skörulegastur, sköruligastr, sköruligastur	submit	undir
		submitted	undir
		submitting	undir
		substantial	drjúgir, drjúgr

Word List (English to Norse)

English	Norse	English	Norse
success	sigr	sup	sylg
successful	sigr	supper	náttverð
such	háttar, sem, sjá, slík, slíka, slíkan, slíkar, slíkir, slíkr, slíkra, slíkrar, slíkri, slíks, slikt, slíkt, slíku, slíkum, slíkur, svá, svo, því, þvílíkr, þvílíkur	supplied	veita, veittir
		supplies	birgðir, föng, varðveita, vistir
		supply	veita, veittir
		supplying	veita, veittir
		support	stoðar, veitti, veittu
		supported	veitti, veittu
such-as	sem	supporting	veitti, veittu
sucked-at	sogit	supportive	liðveilsunni
Sudrey (place)	Suðrey, Suðurey	supports	stoðar
Sudreyar (place)	Suðreyja, Suðreyjar, Suðreyjum, Suðureyja, Suðureyjar, Suðureyjum	suppose	ætla, ætlaða, ætlaði, ætlar, ætluðu, ætlum
		supposed	ætla, ætlaða, ætlaði, ætlar, ætluðu
		supposing	ætla, ætlaða, ætlaði, ætlan, ætlar, ætluðu
suffer	þyldi	surely	víst, vistar
suffered	þyldi	surf	brim
suffering	þyldi	surpass	bar, yfirstigna
suggest	tillaga	surpassed	bar, yfirstigna
suggested	tillaga	surpassing	bar, yfirstigna
suggesting	tillaga	surplus	aflat
suits	hentar	surprised	kynlegt
summer	sumar, sumarið, sumarit, sumars, sumra, sumri, sumrum	surprisingly	furðu
		suspect	grunar
		suspicion	grun, grunr
summer-long	sumarlangt	Sutherland (place)	Suðrland, Suðurland
summon	heimti, safnar, stefni, stefnir	Sutri (place)	Vateri, Vateri
		Suttung (name)	Suttung, Suttungr
summoned	heimti, safnar, stefni, stefnir	Suttung's (name,-genitive)	Suttungs
summoning	heimti, safnar, stefni, stefnir	Svein (name)	Svein, Sveini, Sveinn, Sveins
summons	kvatt, stefndi, stefnu, stefnuför	Svein's (name,-genitive)	Sveins
summonsed	stefndi	Sverting (name)	Svertingr, Svertingur
summonsing	stefndi	Svidning (place)	Sviðningi
sun	sól, sólar, sólu	Svinafellings (name)	Svínfellings, Svínfellings
sung	kveðið, kveðit	Sviney (place)	Svíney
Sunnudal (place)	Sunnudal, Sunnudal	Svolnir's (name,-genitive)	Svölnis
sunrise	sólarroð		
sun-white	sólhvíta		
sun-wise-motion	sólarsinnis	swan	álft, álftin, álftinni

Word List (English to Norse)

English	Norse	English	Norse
swan-mares	svanmærrar	table-games	töfl
swear	sverja	tables	borð, borða
swears	sváru	tail	hali, sporð, sporðr, sporður
sweat	sveita, sveiti, sveittr, sveittur	tail-wagging	halanum
Swede	sænski	take	færa, fari, nem, nema, nemir, nemr, tæki, tak, taka, takast, takið, tek, tekist, tekizt, tekr, tekur, tökum
Sweden (place)	Svía, Svíaríki, Svípjóð, Svípjóðar, Svípjóðu		
Swedes	svía, svíar		
sweet	sýtandi		
sweet-swallower	ljúfsvelgs	take-advantage	nýta
swell	svella	take-care-of	annast
swept	ræstr, ræstur	taken	drepit, færð, fært, höfð, nema, nemr, nemst, numið, numit, taka, tekið, tekin, tekinn, tekit, tók, tóku, tókust, viðtaka
swift	alskjótum, hvati		
swiftly	skjótt, tíðast		
swine	svíni		
swine-worth	svívirðing		
swollen	sollinn, þrútinn, þrútnaði	taken-care-of	annast
		takes	tækist, tækjust, tekr, tekur
sword	bröndum, hjörva, hjörvi, mæki, sverð, sverða, sverði, sverðið, sverðinu, sverðit	taking	nema, tekr, tókum, tókust
		talented-people	atgervismenn
		tales	órunum
sword-hart	brandahjört	talk	hjala, hjalar, mælti, ráði, ræddi, segja, senna, tal, tala, talaði, talar, taldi, talði, tals, telr, töluðu, tölum, umræða
sword-point	blóðrefilinn		
sword-redden	sverð-rögnir		
sword-reddened	sverð-rögnir		
sword-reddening	sverð-rögnir		
swords	bröndum, hjörum, hjörvi, sverð, sverða, sverði, sverðs, sverðum	talkative	málugr
		talked	hjalar, mælti, ræddi, tal, talaði, taldi, talði, telr, töluðu
swore	sverr	talking	hjalar, mælir, mælti, málug, ræddi, tal, talað, talaði, taldi, talði, tali, telr, töluðu
sworn	svarit		
symptoms	sóttar		
Syrlaekjaros (place)	Sýrlækjarósi		
		talking-known	málkunnigr, málkunnigur

T, t

English	Norse	English	Norse
		talking-loudly	vorra
		talks	þylsk
table	borð, borða, borðinu, borðum	tam	tamr
		tamed	tamr
table-game	tafl	taming	tamr

263

Word List (English to Norse)

English	Norse	English	Norse
tar	*biki, tjöru*	testing	*freista, reyna, reynt*
tarnish	*saurgan*	than	*að, at, en, er, heldum, sem, þá, það, þann, þat, þau*
tarnished	*saurgan*		
tarnishing	*saurgan*		
taste	*bergja, bragði*	thane	*þegn, þegni*
taught	*kenndi, kenndu, kennt*	thank	*þakkaði, þakkar, þakki, þökkuðu*
taunt	*frýjuorð, kallsi*	thanked	*þakkaði, þakkar, þökkuðu*
taunted	*kallsi*	thankfully	*þakksamlega*
taunting	*kallsi*	thanking	*þakkaði, þakkar, þökkuðu*
tax	*skatta*		
teach	*kennik*	thanks	*þökk*
team	*lið, liði, liðs, lit*	that	*á, að, af, ák, at, att, en, er, ér, hana, hin, hvað, hvat, í, inn, sá, sem, sér, sinn, sú, svá, þá, það, þangat, þann, þar, þat, þats, þau, þeim, þeima, þenna, þess, þetta, því, til, við*
teams	*liðin*		
tear	*slíta*		
tears	*gráti, tár*		
tell	*seg, segir, segja, spjöll, telja*		
telling	*segið*		
temper	*skaplyndi*		
temperament	*skapferði, skaplyndi, skapsmuni*	thatch	*taugreftan*
temperamental	*skapfelligr, skapfelligur, skapstór, skapstórr*	thatched	*taugreftan*
		thatching	*taugreftan*
		that-had	*hafði*
tempt	*teygða, teygðu*	that-is	*þat*
tempted	*teygða*	that-it-is	*þat*
tempting	*teygða*	that-kind-of	*þessarar*
ten	*tigir, tigu, tíu*	that-may	*má*
tenant	*landseti*	that-might	*mátti*
tenants	*landseta*	that-one	*þann*
tender	*mildri*	that-she	*hún*
tens	*tigi, tigir, tigu, tøgum*	that-to	*það*
tent	*tjald, tjaldi, tjaldinu*	that-was	*er, váru*
tenth	*tíunda*	that-way	*þanninn*
tents	*tjöld, tjöldum*	that-which	*er, sem*
terribly	*foraðs, hræðiliga, öskurliga*	that-which-is	*þat*
		that-you	*þáttu*
terror	*ófriðr, ófriður*	thawed-fell	*þáfjalli*
test	*freista, freistaðim, freistuðum, reyna, reyndi, reynt*		
tested	*freista, reyna, reynt*		
tester	*reyni*		
testimony	*vátta, votta*		

Word List (English to Norse)

English	Norse	English	Norse
the	á, að, at, en, er, hið, hin, hina, hinar, hinn, hinnar, hinni, hins, hinu, hinum, í, in, ina, inir, inn, inna, innar, inni, ins, inu, inum, it, né, sá, sem, sér, sinn, sitt, sú, þá, það, þann, þat, þau, þeim, þeir, þeira, þeirra, þetta, því, til	the-boat	bátinn, bátum, báturinn
		the-bodies	líkinu, líkunum
		The-boneless (name)	Beinlausi
		the-bottom-of	botn
		the-box	eskinu, eskit
		the-boy	sveininn, sveininum, sveinn, sveinninn
		the-boy's	sveininum
		the-brave	fræknum
the-air	lofti	the-braver	fræknligast
the-alternative	liggja	the-bread	brauðit
the-arrow	örina	the-breast	brjóstið
the-assembly	þing, þingi, þingit, þings, þingsins, þingstefnu	the-brothers	bræðr, bræðra, bræðrum, bræður
the-axe	öxin, öxina	the-bullocks	kvígendin
the-battle	bardaga, bardagi, bardaginn, orrostunni	the-bulls	naut
		the-business	ráð
the-bay	víkinni	the-cabin	skemmuna, skemmunnar, skemmunni
the-bear	bjarndýr, bjarndýri, bjarndýrit		
the-beast	dýrit, dýrsins	the-chief	höfðingi
the-bed	sæng, sængr	the-chieftain	goða, höfðinginn
the-before	fyrr	the-church	kirkju
the-beggar's	stafkarls	the-city	borg, borgarinnar, borgin, borgina, borginni
the-beginning	upphafi		
the-being	sæng, sængr	the-city-walls	borgarveggi, borgarveggina, borginni
the-belly	ístruna		
the-berserker	berserkrinn, berserkurinn	the-clock	klukkan
the-best	best, besta, besti, bestr, bestu, bestum, bestur, bezt, bezta, bezti, bezr, beztu, beztum	the-clock-sound	klukkuhljóðit
		the-company	liðit
		the-company-of	lið
		the-conversion	siðaskiptið
the-birds	fuglarnir	the-cooks	matsveinar
the-bishop	biskups, byskup, byskups	the-courtiers	hirðin, hirðmenninir
		the-cow	kúna, kúnni, kýr, kýrin
the-black	svarta, svarti		
The-Black (name)	Svarta, Svarti, Svartr, Svartur	the-crew	lið
		the-crowd	fjölmennis
the-blind	blinda	the-Danes	dana, danir, dönum
the-blow	höggvið	the-danger	hætta
the-blows	höggunum	the-daughter	dóttir

Word List (English to Norse)

English	Norse	English	Norse
the-daughter-of	dóttir	the-feast	veisla, veislan, veislu, veislunni, veizla, veizlan, veizlunni
the-day	dag, daginn		
the-days-of	dögum		
the-dead	dauða	the-fence	garð, garðinn, skíðgarðinn
the-death-of	dauða		
the-deck	lypting	the-field	akri, túninu, völl, völlinn
The-Deep-Minded (name)	Djúpúðgu		
		the-fields	völlunum
the-demon	dólgrinn, draugr, draugrinn, púkanum, púki, púkinn, skelmirinn	the-fire	bál, eldinn
		the-flames	eldinum
		the-fleshy-side	holdrosu
		the-floor	gólfinu, gólfit
the-devil	fjöndunum	the-forces	her, herinum, liðinu
the-din	gnýinn	the-foreman	verkstjórinn
the-dog	hundinn, hundrinn	the-foremost	öndvegi
the-door	durunum, dyrunum	the-forest	skóg, skóginn, skóginum
the-doors	dyrr		
the-dragon's-neck	drekahálsinum	the-fort	vígi
the-dream	drauminum	the-Foul	saurs
the-drinks	drykkinum	The-Foul (name)	Sar, Saur, Saurr
the-dwellings	bæinn, bæjar, bæjarins, bænum, bær, bær	the-garden	garð, garðinn
		the-gathering-of	safnaðar
		the-gift	gjöfina, gjöfinni
the-eagle	örn, örninn	the-girl	mærin, meyjunni, meyna
the-eagles	ernirnir		
the-earl	jarl, jarli, jarlinn, jarls	the-gods	ásum, goðum
the-earl's	jarls, jarlsins	the-gold	gullit
the-earth	jörð, jörðina	the-good	goða
the-earth's	jarðar	the-greatest	ágæst, mestr, mestur
The-Easterner (name)	Austmanns	the-great-Thyle (name)	fimbulþulr
The-Eastern-Man (name)	Austmanns	the-Grims	grímar, grímum
		the-Grims'	grímar
the-estate	bæinn, bæjar, bæjarins, bænum, bær, bær, býjar	the-guardsmen	hirðmenn
		the-guests	gestir
		the-hairy-side	háram, hárham
the-evening	aptanninn, kveldit	the-hall	höllina, höllu, höllunni
the-eye	auga	the-hall-floor	hallargólfinu
the-eyes	auga	the-harp	hörpuna, hörpunnar, hörpunni
the-farm	bæinn, bæjar, bæjarins, bænum, bær, bær		
		the-hart	hjörtr
the-Farmer	bónda	the-headland	nesið, nesin, nesinu
The-Farmer (name)	Bóndi	the-heart	hjarta, hjartat
		the-heavier	þunglegar

Word List (English to Norse)

English	Norse	English	Norse
The-High-One (Odin) (name)	Háva	the-king's	konunganna, konungi, konungr, konungs
the-high-seat	hásætit	the-knife	knífrinn
the-hill	hólinn	the-lady-of-the-house	húsfreyja
the-home	væri		
the-hopes	vonir	the-land	land, landi, landið, landinu, landit, lands, landsins
the-horns	hornin, hornunum		
the-horses	hestarnir, hrossa		
the-house	heim, húsin, húsinu, húsit, húss, húsunum	the-lands	landa, lönd, löndum
		the-lap-of-cloak	skikkjuskaut
the-hunter	veiðimaðr, veiðimaður, veiðimanns	the-last-time	næstunni
		the-lineage	ætt
the-hut	skálann	them	sér, sik, sín, sinni, þá, þau, þeim, þeima, þeir, þeira, þeirra
the-Icelander	íslendingr, íslendingur		
the-inlet	mynni	the-maiden	meyjunni
the-innermost	innstu	the-man	karl, karls, maður, maðurinn
their	sér, sína, sinn, sinna, sinnar, sinni, sins, síns, sínu, sínum, sitt, sú, þar, þeim, þeir, þeira, þeirar, þeiri, þeirra, þeirrar, þeirri	the-matter	efni, mæla, mál, máli, málið, málum
		the-meadow	garð, garðinn
		the-men	liðinu, liðit, manna, menn, mönnum
		the-messengers	sendimenn
The-Irish-Sea (place)	Írlandshaf	the-middle	miðri
		the-moors	mýrunum
theirs	sér, sín, sína, sínar, sinn, sinna, sinnar, sinni, síns, sínu, sínum, sitt, þeim, þeir, þeira, þeirra	the-morning	morgin
		the-most	hinn, mest, mesta, mesti
		the-most-beautiful	fríust
the-island	eyjar, eyna	the-mountains	fjöllunum
the-keen	hvassi	the-mouth-of	mynni
the-killing	vígið	themselves	sér, sig, sik, sín, sínu, sjálfala, sjálfir, sjálfra, sjalfum
the-kindling	kyndarinn		
the-king	fylkingum, konung, konungi, konunginn, konunginum, konungr, konungrinn, konungs, konungur	then	á, at, en, enn, er, hið, hina, hinn, inn, sá, sem, síðan, sinn, sinnum, skip, þá, þann, þar, þás, þat, þau, þegar, þeim, þeir, þenna, þér, þó, því, var
The-King (name)	Konungr, Konungs, Konungur		
the-kingdom	ríki, ríkin, ríkinu		
the-kingdom-of	ríki	the-name	heitit, nafni
		the-nature	náttúra, náttúru

Word List (English to Norse)

English	Norse	English	Norse
the-news	*tíðenda, tíðendin, tíðindi*	there	*eru, hingað, hingat, sitt, staðinn, þá, þaðan, þær, þangað, þangat, þar, þars, þat, þau, þegar, þeir, þeira, þeirar, þeiri, þeirra, þeirrar, þeirri, til, voru*
the-night	*nátt, náttina, njóta, nótt, nóttina*		
the-noise	*gnýr*		
then-one	*þann*		
The-Norns (name)	*Norna*		
the-northern-lands	*norðrlönd, norðrlöndum*		
the-north-lands	*norðrlöndum*	thereafter	*síðan*
the-ocean	*ægir*	there-are	*eru*
the-oldest	*ellstr, ellstur*	the-Red	*rauða, rauði*
the-old-man	*karl, karli, karls*	The-Red (name)	*Rauða, Rauði, Rauðr, Rauður*
the-old-woman	*kerling, kerlingar, kerlingu*	The-Red's (name)	*Rauða, Rauðs*
		therefore	*at, fyrir, þær, þar, þau, því, við*
the-one	*þeirri*		
the-one-footer	*einfætingr*	therefore-like	*þvílíkan, þvílíkr*
the-only	*einna*	there-was	*var, varð*
the-other	*öðru*	the-ring	*hringinn, hringinum, rauða, rauði*
the-other's	*annars*		
the-out-door	*útidurum, útidurunum*	the-river	*á, ánni*
the-outermost	*yztu*	the-rollers	*hlunni*
the-outhouse	*heimilishúss*	the-room	*stofunni*
the-oven	*ofn*	the-sad	*hryggs*
the-pass	*skarðið*	the-saga	*sagan, sögu, söguna, sögunni*
the-people	*alþýðu, mann, manna, menn*	the-saga-of	*sögu*
the-piglets	*grísir*	the-sagas	*sögur*
the-pillars	*súlr, súlur*	the-salt	*salta*
the-place	*staðnum*	the-same	*sama, saman, samt*
the-plains	*sléttu, sléttunni*	the-same-time	*jafnlengd*
the-platform	*hjallinn*	the-sand	*sandinum*
the-pole	*stöngin*	The-Saxons (name)	*Saxa*
the-priest	*prests*	these	*ina, it, sér, sitt, þær, þau, þeim, þeir, þenna, þess, þessa, þessar, þessara, þessi, þessir, þessu, þessum*
the-pupil	*sjáldrit*		
the-pyre	*bálinu*		
the-queen	*drottning*		
the-R	*rauða, rauði*		
the-ranks	*fylking, fylkingar, fylkingu*	the-sea	*haf, hafinu, sjó, sjónum*
		the-Seer	*spámaðr, spámaður, spámann*
		The-Sensible (name)	*Glóra*

268

Word List (English to Norse)

English	Norse	English	Norse
the-serpent	orminn, orminum, ormrinn	the-team	lit
		the-torment	píslir
the-serpent's	orminum	the-town	bæinn, bæjar, bæjarins, bænum, bær, bær
the-shaft	skaptit		
the-shepherd	smalamanninn		
the-shield	skildinum	the-townspeople	borgarinnar, borgarmenn
the-ship	skip, skipa, skipi, skipið, skipinu, skipit, skipum, skipunum	the-tree	trénu
		the-trees	mörkina, viðinn
the-ships	skipa, skipum	the-truth	sanns
the-ship's-cook	matsveinar	the-walls	veggirnir
the-shirt	serknum	the-wary	vörum
the-sides	hlið	the-way	háttað, háttat, háttr, háttur, leið, leiðar
the-skin	húðina		
The-Skraelings (name)	Skrælingjar	the-wedding	brúðkaup, brúðkaupið, brúðlaup, brúðlaupi, brúðlaupinu
the-sky	lofti		
the-slain	vals		
the-sleeping-room	skemmuna, skemmunni	the-wedding-feast	brúðkaup, brúðkaupið, brúðlaup, brúðlaupi, brúðlaupinu
the-snake	orminum		
the-sound	sundi, yminn		
the-south	suðrætt, suðurátt	the-west	vestri
the-southern-kingdom	suðrríki	The-White (name)	Hvíti
		the-will-of	vilja
the-spear-head	spjótit	the-wise	horskum, snotrum
the-spear-point	spjótit	the-wisest	vitrastr, vitrastur
the-spears	spjótin	the-woman	kona, konan, konunni
the-spear-shaft	skaptinu	the-women	konurnar
the-spear-tip	spjótit	the-wood	skóg, skóga, skóginn, skógr, skógur
the-spine	hrygg, hrygginum		
the-steward	ármanni	the-wood-pile	viðköstinn
the-storm	andviðri	the-woods	skógana, skógar, skóginn
the-story	saga		
the-strength	hagleik	the-woods-burning	skógabrennuna
the-Sturlusons (name)	Sturlusona, Sturlusona	the-work	verkið, verkit
		the-world	veröldin, veröldu
the-sun	sól, sólar	the-worm-sea	maðksjónum
the-swan	álftin, álftinni	The-Worm-Sea (place)	Maðkahafinu
the-Swedes	svía		
the-swift	hvati	the-worst	verr, verst
the-sword	sverðið	the-wound	sárinu
the-table	borð, borða, borði, borðum		
the-tables	borða		

Word List (English to Norse)

English	Norse	English	Norse
they	af, eru, fyrir, hafa, hitt, peir, sem, senn, sér, sín, sinn, sinni, síns, sínu, sitt, þá, það, þær, þann, þar, þat, þau, þegar, þeim, þeir, þeír, þeira, þeiri, þeirra, þeirs, þenna, þér, þetta	this	að, at, er, hins, í, inn, sá, sáu, sé, sig, sinnar, sinni, sitt, sjá, sú, þá, það, þann, þat, þeir, þeira, þenna, þess, þessa, þessar, þessarar, þessi, þessu, þessum, þetta, þette, því
they-are	eru, erum	this-case	málinu
they-came	komust	this-is	þess
they-had-part	skilnaði	this-land	landinu
they-had-parted	skilnaði	this-man	manninum
they-had-parting	skilnaði	this-one	hinn
they-open	opnast	this-sight	sýnina
they-saw	sjá	Thistilsfjord (place)	Þistilsfjörð
they-were	eru, þau, þeir	this-time	tíðar
thick	gildir, þykkvan	Thistle (name)	Þistils
Thidrand (name)	Þiðranda, Þiðrandi	this-way	leið
thieves	þjófar	this-who	sás
thin	magran, mjóst, þunni	this-woman	konuna
thing	hlutrinn	Thjodhild (name)	Þjóðhildar, Þjóðhildi, Þjóðhildr, Þjóðhildur
things	hluti, hlutir, hlutum, þykkju	Thjodhildakirkja (place)	Þjóðhildarkirkja
think	hug, hygg, hyggja, hyggjum, hyggr, þótti, þyki, þykir, þykist, þykja, þykki, þykkir, þykkist, þykkja, þykkjast, þykkjumst	Thjodhildkirkja (place)	Þjóðhildarkirkja
		Thjodrerir (place)	Þjóðrerir
		thong	þvengr
		Thor (name)	Þór
thinking	þykir	Thora (name)	Þóra, Þóru, Þóru
thinks	hyggr, hyggsk, þótti, þykkisk	Thorarin (name)	Þórarinn, Þórarinn, Þórarni, Þórarni
think-us	þykkjumst	Thora's (name,-genitive)	Þóru
third	þriði, þriðja, þriðji, þrimr	Thorbjarnardottur (name)	Þorbjarnardóttr, Þorbjarnardóttur
third-of	þriðjung, þriðjungr	Thorbjorg (name)	Þorbjargar, Þorbjörg, Þorbjörgu
thirsty	þyrstir		
thirteenth	þrettánda	Thorbjorg's (name, genitive)	Þorbjargar
thirty	þriði, þrjátigu		
thirty-and	þriði	Thorbjorn (name)	Þorbirni, Þorbjarnar, Þorbjörn
		Thorbjornadottir (name)	Þorbjarnardóttr, Þorbjarnardóttur

Word List (English to Norse)

English	Norse	English	Norse
Thorbjorn's (name, genitive)	Þorbjarnar	Thorhall's (name,- genitive)	Þórhalls
Thorbrand (name)	Þorbrand, Þorbrandr, Þorbrands	Thorhallsstead (place)	Þórhallsstöðum
Thorbrand's (name, genitive)	Þorbrands	Thorhild (name)	Þórhildi
		Thori (name)	Þóri, Þóris
Thorbrandson (name)	Þorbrandsson	Thorid (name)	Þuríðar, Þuríðar
Thord (name)	Þórð, Þórð, Þórðar, Þórði, Þórðr, Þórður, Þórður	Thorir (name)	Þóri, Þórir, Þóris
		Thori's (name, genitive)	Þóris
Thordarson (name)	Þórðarson	Thorjborn's (name, genitive)	Þorbjargar, Þorbjarnar
Thordis (name)	Þórdísar, Þórdísar	Thorkatla (name)	Þorkatla, Þorkatla
Thord's (name, genitive)	Þórðar	Thorkell (name)	Þorkatli, Þorkel, Þorkeli, Þorkell, Þorkels
Thorfin (name)	Þorfinnr, Þorfinns, Þorfinnur		
		Thorkel's (name,- genitive)	Þorkatli
Thorfin's (name, genitive)	Þorfinns	Thorlak (name)	Þorláks
Thorgeir (name)	Þorgeir, Þorgeirr, Þorgeirs, Þorgeirs	Thorlak's (name, genitive)	Þorláks
		thorn	þorn, þorna
Thorgeirsfell (place)	Þorgeirsfelli	thorns	þyrni
Thorgerd (name)	Þorgerði, Þorgerðr, Þorgerður	Thorod (name)	Þóroddr
		Thorodd (name)	Þórodda, Þóroddr, Þóroddur
Thorgest (name)	Þorgesti, Þorgestr, Þorgestur		
		Thororm (name)	Þórorm, Þórormr, Þórormur
Thorgest's (name, genitive)	Þorgests		
Thorgest's-Sons (name, genitive)	Þorgestlingum	Thorsnes-assembly	þórnessþingi
		Thorsnes-Assembly (name)	Þórsnessþingi
Thorgils (name)	Þorgils		
Thorgilson (name)	Þorgilsson	Thorsnes-Thing (name)	Þórsnessþingi
Thorglisstadir (place)	Þorgilsstöðum		
		Thorsnes-Thing (place)	Þórsnessþingi
Thorgrim (name)	Þorgrím, Þorgrímr, Þorgrímur	Thorstein (name)	Þorstein, Þorstein, Þorsteini, Þorsteini, Þorstein'i, Þorsteinn, Þorsteinn, Þorsteins, Þorsteins, Þorsteirm
Thorgrim's (name, genitive)	Þorgríms		
Thorgrim's (name,- genitive)	Þorgrím, Þorgríms	Thorstein's (name, genitive)	Þorsteins, Þorsteins
Thorgun (name)	Þórgunna	Thorstein's (name,- genitive)	þorsteins
Thorhall (name)	Þórhall, Þórhall, Þórhalldr, Þórhalldur, Þórhalli, Þórhallr, Þórhalls, Þórhallur, Þórhallur	Thorun (name)	Þórunn, Þórunnar

271

Word List (English to Norse)

English	Norse	English	Norse
Thorvald (name)	Þorvald, Þorvald, Þorvaldi, Þorvaldr, Þorvaldur, Þorvaldur	thriving	þrifligir, þrifum
		through	á, at, gegnum, ór
		throw	verpa
Thorvald's (name, genitive)	Þorvalds	thrown-not	fýgr-a
		thrust	stakk
Thorvard (name)	Þorvarði, Þorvarðr, Þorvarður	thunder	þundi
		Thundr (name)	Þundr
those	inir, it, þá, þær, þann, þat, þau, þeim, þeir, þeira, þeirra, þenna	Thurid (name)	Þuríðr, Þuríður
		thus	þetta
		Thvatta (place)	Þvottá, Þvottár
though	en, þó, þót, þótt, þóttú	Thverriver (place)	Þverár
		Thyra (name)	Þyri
thought	álits, börðust, hug, hugar, hugat, hugðak, hugði, hugðist, hugðu, hugðum, hugðumk, hugðumst, hugi, hugr, hyggi, hyggja, hyggjandi, hyggju, hyggr, íhuga, íhugar, sýndist, sýnist, sýnum, þættist, þó, þótt, þótti, þóttist, þóttu, þóttumk, þóttumst, þóttust, þykir, þykki, þykkir, þykkist, þykkjast	Tidal-pool (place)	Hópi
		tide	fjöru, flóðið, flóðit
		tidings	tíðenda, tíðendi, tíðindi
		tie	bind, binda, bindr, bindur, þvengi
		tied	bindr, bindur, þvengi
		tightly	fast
		till-came	tilkoma, tilkváma
		tilt	höllu
		tilted	höllu
		tilting	höllu
		timber	mörk
		time	frá, hríð, skipti, stund, stundir, stundr, stundu, stundum, tíðir, tíma, tóm
thought-cowardly	hugblauðum		
thought-fit	sýndist		
thoughtful	hugalt, hugkvæmr, hugkvæmur		
thoughts	alendu, hug, hyggja, þokka	times	tíma
		tin-buttons	tinknappar
thousand	þúshundraða	tip	oddrinn, oddurinn
thrall	þræli	tire	leiðr, leiður, mæddan, móðr, móður, þreyta
thralls	þræla, þrælana, þrælar		
		tired	leiðr, leiður, mæddan, móðr, móður, þreyta
thrall's-son	þrælssyni		
threat	hót, ógn		
three	þrem, þremr, þremur, þrenna, þrigga, þriggja, þrimr, þrír, þrjá, þrjár, þrjú	tiring	leiðr, leiður, mæddan, móðr, móður, þreyta
		Tiundaland (place)	Tíundaland
three-times	þrisvar		
three-winters	þrévetr, þrívetr, þrívetur		
threw	köstuðu, slógu, varp		

Word List (English to Norse)

English	Norse	English	Norse
to	á, að, af, at, att, er, fyrir, i, í, innan, it, mér, of, sér, signa, það, þat, þeim, þvít, til, undir, við, vit	to-grant	veit, veita, veitti
		to-guard	gæti
		to-hand	hendi
		to-have	hafa, höfði, lét
to-all	allra	to-have-known	veita, veitti
to-all-who	allir	to-help	hjálpa
to-another	annars	to-her	hana, hennar, henni, hún
to-ask	boð		
toasts	fagnaðaröl	to-him	hann, hans, honum, sér
to-attach	þýðast		
to-away	brott	to-him-of	honum
to-b	rekkju	toil	vás, vos
to-battle	bardaga	toilet	salerni
to-be	að, at, er, vera, verða	to-injure	granda
to-bear	berja	to-invite	bjóða
to-bear-to	berja	tokens	jarteinir
to-beasts	gjalti	to-know	kunna, veit, veita, veitti, vita
to-become	verða		
to-bed	beðjum, rekkju	to-known	veit
to-be-help	hólpinn	to-lay	leggja, liggja
to-be-helped	hólpinn	told	færðir, sagði, sagt, segir, segja, sögð, sögðu, talað, talaði, talat, taldi, talði, taldist, talðist, telgja, töluðu
to-be-helping	hólpinn		
to-being	beðjum, rekkju		
to-be-sick	sóttar		
to-break	boði		
to-cast	kasta		
to-come	ganga	told-of	getið, getit
to-death	bana	told-to	sögð
to-die	deyja	tolerate	þoli
to-do	færa, gera, gerst	to-lie	leggjast
to-each	hverr	to-look-at	yfirlits
to-escape	flóttann	to-me	mér, mik
to-fight	berjast	to-meet	finna, hitta, móti
to-find	finna	tongue	tunga, tungr, tungu, tungunni, tungur
to-follow	fylgja		
together	sama, saman, samfarir, samflota, samt	too	of, til
		too-early	ofsnemma
togetherness	samför	took	færði, heldr, leiðir, nam, námu, nema, nemr, sótti, tæki, tækist, taka, takast, tekr, tekst, tekur, þekkðist, þekktist, tók, tókk, tókst, tóku, tókust
together-staying	samvistum		
to-give	gefa, veit, veita, veitti		
to-go	fara, ganga, gengr		
to-going	atgöngu		
		took-care-of	annast

273

Word List (English to Norse)

English	Norse	English	Norse
took-land	nam	touch	spyrnast, tók
took-to	lagði, tóku	touched	tók
too-late	ofseinað	touching	tók
to-one	einum	tough	harðfengt
to-open	upp	toughness	harðfengi
to-out	útan	to-us	oss
too-wary	ofvaran	to-wait-for	bíða
to-preach	boða	towards	á, að, at, fram, mót, móti, til, ýta
to-propose	festa, festi		
tore	slíta	towel	þerru
to-receive	þiggja	town	bæ, bæinn, bæjar, bæjarins, bænum, bær, bær
to-return	snúa		
tore-up	sleit		
Torfi's (name,- genitive)	Torfa	townspeople	borgarinnar, borgarmanna, borgarmenn, borgarmönnum
torment	pína, pínu, písl, píslir		
torso	bolinn	toy	leiki
torture	píndi, píndr, pínuðu	toyed	leiki
tortured	píndi, píndr, pínuðu	toying	leiki
torturing	píndi, píndr, pínuðu	to-you	að, sér, þér, þú, yðr, yður, ykkr
to-rule	ráða		
to-running	atgangi	to-your	þér
to-save	bjarga	trade	iðnar, kaupferð, kaups
to-say	segja		
to-sea	hafa	trading	keipana
to-seat	atsetu	trading-journeys	kaupferðum
to-see	sér, sjá	trading-men	kaupmenn, kaupmennina, kaupmönnum
to-sell	selja		
to-settle	búið, búit		
to-sign	signa	trading-men's	kaupmannanna
to-sit	sitja	trading-posts	kaupstefna, kaupstefnu
to-speak	mæla, tala, þylja		
to-take	taka	trading-station	kaupstað
to-talk	hjala	trading-voyage	kaupferð
to-tell	spjöll	Tradir (place)	Tröðum
to-that	hvað	tradition	sið
to-the	til	traditions	sið
to-the-king	konungi	trail	slóð
to-the-land	landinu	trailing-behind	slauðraði
to-them	þá, þeim	trammel	þramma
to-the-other	öðru	transfer	fluttr, fluttur
to-the-wary	vörum	transferred	fluttr, fluttur
to-travel	fara, ferðinni	transferring	fluttr, fluttur
		transform	brást

Word List (English to Norse)

English	Norse	English	Norse
transformed	*brást*	tree	*runnr, þorpi, tré, trénu, viðar, viði*
transforming	*brást*	trees	*mörkina, tré, viðinn*
translate	*þýddan*	Trefill (name)	*Trefill*
translated	*þýddan*	trenches	*grafar, grafir, gröfunum*
translating	*þýddan*	tri	*freistat, reyndr, reynt, reytti*
travel	*færa, færðu, færi, færir, færu, færum, far, fara, farar, fari, farið, farim, farinn, farir, farit, farnir, fer, ferð, ferðar, ferðinni, ferr, ferst, fór, fórst, fórtu, fóru, fóruð, fórum, förum, reiðfari*	trial	*mannraun*
		tribute	*skatt*
		tribute-paying-land	*skattlönd*
		trick	*bregðr, bregður, brigð, brögð, prettum, sveikstu, sveiktu, svikið, svikit*
travel-away	*brottferðar*	tricked	*bregðr, bregður, brigð, sveikstu, sveiktu, svikið, svikit*
travel-goods	*fararefna, fararefni*		
travelled	*færa, færðu, færum, fara, farið, farinn, farit, farnir, fer, ferð, ferr, ferst, fór, fórst, fórtu, fóru, fóruð, fórum, reiðfari*	trickery	*brögnum*
		tricking	*bregðr, bregður, brigð, sveikstu, sveiktu, svikið, svikit*
traveller-generous	*fardreng*	tricks	*brögð, brögðum*
travelling	*færa, færðu, færum, fara, fari, farið, farinn, farit, farnir, fer, ferð, ferðarinnar, ferðina, ferðinni, ferr, ferst, fór, fórst, fórtu, fóru, fóruð, fórum, förum, reiðfari*	tried	*freistat, reynd, reyndr, reynt, reytti*
		triumphs	*sigreynir*
		trod	*stíga, tróðu*
		trodden	*treðr, treður*
		troll-like	*tröllskap*
		trolls	*tröll*
		Trondheim (place)	*Þrándheim, Þrándheimi, Þrándheims*
travelling-companion	*fardrengr, fardrengur*		
travelling-man	*farmaðr, farmaður*	trouble	*óhæfan, tregar, víl*
travelling-men	*förunautum*	troubled	*tregar*
travel-we	*förum*	troublesome-poet	*vandræðaskáld, vandræðaskáldi*
travel-weary	*farmóðr, farmóður*		
treacherous	*ótrúligt*	troubling	*tregar*
treads	*troði*	trout-net	*aurriðanet*
treasure	*féið, féit, gersemi, gersimar, gersimi, grepp, gripi, lausafé*	true	
		true	
		true	
		true	
treasured	*gersemi, gersimi*	true	
treasures	*gripir*	true	
treasuring	*gersemi, gersimi*	true-knowledge	*sannfróðr, sannfróður*

Word List (English to Norse)

English	Norse	English	Norse
true-like	sannligt, trúleiki	turning	horfit, hverfa, hverfanda, hverfr, hverfur, settu, sneri, snerist, sneru, snerust, snúa, snýr, snýrð, stýrir, undum
true-man	trúmaðr, trúmaður		
truly	sannliga, trúlega		
trumpets	lúðr, lúður		
trunk	bol		
trust	trausti, treystist, treystust, trúa, trúða, trúði, trúi, trúir	tusk-belt	tannbelti
		twelfth	tolfta
		twelve	tólf, tólfta
trusted	treystist, treystust, trúða, trúði	twenty	tög, tögr, tug, tugr, tugur, tuttugu, tvítøgir
trusting	treystist, treystust, trúða, trúði, tryggr	twenty-age	tvítugsaldri
		twenty-aged	tvítugsaldri
trustworthy	trúnaði	twenty-aging	tvítugsaldri
truth	sanna, sannendum, sannindum, sanns, satt, trútt	twice	tvau
		twin	tvíbura
		two	tvá, tvær, tvau, tveggja, tveim, tveimr, tveir, tvennar, tvennum, tvo, tvö
try	freista, reynd		
Tryggvason (name)	Tryggvason, Tryggvasyni		
Tryggvason's (name,-genitive)	Tryggvasonar	two-ring	tvíhólkaðan
		two-ringed	tvíhólkaðan
trying	freistat, reynd, reyndr, reynt, reytti	two-ringing	tvíhólkaðan
		two-year-old	tvévetrum
tune	þunnu	tying	bindr, bindur, þvengi
tuned	þunnu	Tyrkir (name)	Tyrkir
Tunga-odd's (name,-genitive)	Tungu-odds		

U, u

English	Norse
tunic	kyrtil, kyrtli, namk
tuning	þunnu
turn	horfa, horfit, hverfa, hverfi, hverfr, hverfur, settu, sneri, snerist, sneru, snerust, snúa, snúast, snýr, snýrð, stýrir, undum, vísað, vísat

English	Norse
ugliest	ljótastir
ugly	allóvæn, ljótr, ljótur, ófagrt, ófagurt
ugly-nose	nefljótr, nefljótur
Ulf (name)	Ulfr
Ulf's (name,-genitive)	Úlfs
turn-back	hverfa	Ulfson (name)	Úlfssonar
turned	horfit, hverfa, hverfr, hverfur, settu, sneri, snerist, sneru, snerust, snúa, snýr, snýrð, stýrir, undum	Ullr (name)	Ullr
		Ullr-Acres (place)	Ullarakri
		ultra-strong-men	ofureflismenn
		unafraid	ógndjarfr
turned-his	snýr	unbelievable	bregða
turned-out	orðit, reyndist	unborn	óbornir
turned-to	veik	unbroken-sea	ósæbratt

276

Word List (English to Norse)

English	Norse	English	Norse
un-careful	óvarlig	un-fellow-like	ódrengilega, ódrengiliga
uncertain	óvíst	unfold	rakði, rekði, rekti
unclothe	óklædd	unfolded	rakði, rekði, rekti
unclothed	óklædd	unfolding	rakði, rekði, rekti
unclothing	óklædd	un-friend	óvinr
uncomfortable	ómaklegr, ómaklegur	unfriendly	óvingjarnlega, óvingjarnliga
unconquerable	óvígan	un-friends	óvinum
unconscious	óvit	un-gift	ógifta
unconsecrate	óvígðri	un-giving	ógæfu
un-consecrate	óvígða	un-glad	óglaðari, ógleðr, ógleður
unconsecrated	óvígðri		
un-consecrated	óvígða	un-gladness	ógleðjast
un-consecrating	óvígða	un-good	ógótt
uncover	bert	unhappy	ósælligr, þungt
uncovered	bert	unhealthily	óþínslega, óþínsliga
uncovering	bert	unheard-of	endemi
un-cowardly	óblauðan	un-hearten	örhjarta
un-decay	ófúinn	un-heartened	örhjarta
un-decayed	ófúinn	un-heartening	örhjarta
un-decaying	ófúinn	unhurt	klaklaust
undecide	óráðinn	uninjured	óskatt
undecided	óráðinn	un-injuring	óskatt
un-deciding	óráðinn	un-invade	óherskátt
under	und, unda, undan, undir, undu	un-invaded	óherskátt
		un-invading	óherskátt
under-speech	undirmál	uninviting	ógagnvænlegt, ógagnvænligt
understand	skil, skiljum		
understanding	skyn	union	samlags
understood	skildi, skilði, skildu, skilið, skilist, skilizt, skilja	unknowing	eyvitu
		unknown	ókunnu, ókunnum, ókynnis, óvit
undone	ógert		
uneasiness	óró	unlaid	ólagat
uneasy	ódælla	unless	nema
un-equal-man	ójafnaðarmaðr, ójafnaðarmaður	unlike	ólíkar, ólíklegt
		unlikely	óvænlig
uneven-in	misjafnt	un-likely	allólíkligt
unexpected	óvænt	unliving	ólifðum
un-expecting	óvænt	unload	bera
unfailing	óbrigðra	unlock	upploki
unfairly-behave	óþokkuliga	un-lucky	óhöpp
unfairly-behaved	óþokkuliga	un-marked-like	ómerkilegr, ómerkilegur, ómerkiligr
unfairly-behaving	óþokkuliga		

Word List (English to Norse)

English	Norse	English	Norse
unmarried	kvonlausir, ókvæntir	upholstery	breiðabólstað
un-marrying	kvonlausir, ókvæntir	upon	á
un-mighty	ómegin	upped	upp
un-need	óþörf, óþurft	upper	efsta
un-needed	óþörf, óþurft	uppermost	efstr, efstur
un-needing	óþörf, óþurft	upper-Sweden	uppsvíaveldi
un-peace	ófrið, ófriðar	upping	upp
unreliable	brigðum	Uppland (place)	Upplöndum
unremarkable	ómerkir	Uppsala (place)	Uppsala, Uppsölum
unrest	ólæti, ölteiti	up-to	at, undir
un-right	óráðligt	up-to-the-mountains	upp
unruly	ódæll		
unseeing	ósýnna	urge	eggjaði, fýstu, hváta
un-settle	óráðinn	urged	eggjaði, fýstu
un-settled	óráðinn	urgent	brýn
unsettled-land	óbyggðum	urging	eggjaði, fýstu
un-settling	óráðinn	us	nytak, nýtti, okkr, okkur, oss, várt
un-shelter	þöll		
unsheltered	þöll	use	gögnum, kostar, nyt, nýt, nýta, nytja, nytjar, nytjum, nýtti, sóa
un-sheltering	þöll		
un-smart	ósnjallr		
unstable	staðlausu, valtastr, valtastur		
		used	nytak, nýtti
unsurely	ógörla	useful	njóta, nytjumaðr, nytjumaður
un-talkative	óðamálug		
un-thrown	ósvipt	useful-like	nytsamligt
until	áðr, áður, er, fyrr, til, tll, uns, unz	users	nýtinjótar
		using	nytak, nýtti
un-warn	óvart	usual	jafnan
un-warned	óvart	usually	jafnan, vani
un-warning	óvart		
un-wealthy	óauðigr	## V, v	
unwise	óráðinn, ósnotr, ósnotrs, ósviðr, ósviður, ósvinna, óvisku, óvitr, óvitrlig	vacation	orlof, orlofs
		Valdidida (name)	Avaldidida
		Valfell (place)	Valfell
un-wise	ósnotr	valiant	vaskasti
unwisely	óhyggilega, óvarliga, óviturleg	valid	gildir
		Valkyrie	valmeyjar
unworthy	óvirðuligar	valley	dal
un-worthy-men	auvirðismönnum	valleys	dalnum
up	upp, uppi, yfir, yppa	Vallthjof (place)	Valþjófr, Valþjófs
up-going	uppgöngr, uppgöngu, uppgöngur	valour	hreysti

Word List (English to Norse)

English	Norse	English	Norse
value	meta, þykja, þykkja, virða, virðast, virði, virðir, virti	Viga-Bardi (name)	Víga-barði
		vigorous	hvatastr, hvatastur
		vigorous-man	þroskamaðr, þroskamaður
valued	þykja, þykkja, virði, virðir, virti	Vik (place)	Vík, Víkina
		Vikaskeid (place)	Víkaskeiði
values	virði	Viken (place)	Víkin, Víkina
valuing	þykja, þykkja, virði, virðir, virti	viking	víkingr, víkingrinn, víkingur, víkingurinn
vanity	hégóma, hégómi	vikings	víkingar
various	ýmissa, ýmsa, ýmsi, ýmsum	village	þorps
		villages	þorp
Vathjolfsstadr (place)	Valþjófsstöðum	villains	fári
Vatnahverfi (place)	Vatnahverfi	Vimund (place)	Vímund
Vatnsdal (place)	Vatnsdal	vines	vínvið, vínviði, vínviðr, vínviður
Vatnshorn (place)	Vatnshorni		
vehemence	ofsi, þjósti	vine-trees	vínviðr, vínviður
venom	eitri	Vinland (place)	Vínland, Vínlandi, Vínlands
venomous-sting	naðrstunga		
Veradal (place)	Veradal	Vinland-voyage	vínlandsferð, vínlandsför
verse	kviðling, vísu, vísuna		
very	ákafliga, allmjök, einkar, harðla, mikið, mikill, mikit, mjög, mjök	visit	fund, tíðar, vitja, vitjaði
		visited	vitjaði
		visiting	vitjaði
very-little	alllítils, alllitlu	Vog (place)	Vágs
very-much	mjök	Vogs (place)	Vogs
vessel	farkost, keri	voice	raust, rödd
vessels	ker	Volnir (name)	Völnir
Vestfold (place)	Vestfold	Vopnafjord (place)	Vopnafjörð
vestments	váðir, váðum, væddr	voyage	ferð, ferðar, ferðum, för, förinni, reiðfara
Vestribyggd (place)	Vestribyggð, Vestribyggðar		
		voyages	farar, ferðum
Vethild (name)	Vethildi		
vice	löst		
victorious	sigrast, sigrsæla, sigursæla		
victory	sígr, sigrast, sigrs, sigurs		
Vidrir's (name,-genitive)	Viðris		
Vifil (name)	Vífill		
Vifilsborg (place)	Vífilsborg, Vífilsborgar		
Vifilsdal (place)	Vífilsdal		
Vifilson (name)	Vífilsson		

W, w

English	Norse
wad	óð
waded	óð
wading	óð
wage-war	herja
wagon	vagn
wait	beið, bíða, biðim, vænti, væztak
waited	beið, væztak

Word List (English to Norse)

English	Norse	English	Norse
waited-end	*beiðendum, beiðöndum*	warlock-songs	*varðlokr, varðlokur*
wait-for	*bíða, biði*	warm	*bakaðist, bakast, hlýra, hlýrra, varmar*
waiting	*beið, vættak*	warmed	*bakaðist, bakast*
wake	*vaki, vekja*	warmed-not	*hlýr-at*
Wales (place)	*Valland*	war-men	*hermenn*
walk	*ganga, gekk, gekkst, gengið*	warming	*bakaðist, bakast*
walked	*gekk, gekkst, gengið*	warn	*varaðist, varat, varnaði*
walking	*ganga, gekk, gekkst, geng, gengið*	warned	*varaðist, varat*
		warning	*varaðist, varat*
wall	*þili*	warrant	*varða*
walls	*veggina, veggirnir*	warrior	*gramr, grams, gunnar, hermaðr, hermaður, kappi*
walrus-tusk	*tannskeftan*		
wand	*gand, vöndr*		
want	*nennti, vant, vildi, vildu*	warrior-king	*herkonungr, herkonungur*
wanted	*nennti, vildi, vildu*	warrior-man	*hermaðr, hermaður*
wanted-to	*vill*	warriors	*drengir, drengs, fyrðar, gram, kappi, rekkar, vígdrótt*
wanting	*nennti, vant, vildi, vildu*		
war	*her, hers*	war-shields	*herskildi*
warband	*her, herr*	warship	*herskipa*
war-band	*her, herliðs, herr*	war-slings	*valslöngr, valslöngur*
war-booths	*herbúðir*	war-swift	*gunnbráðs*
war-camp	*herbúðir*	war-taken	*harðfengnir, hertekinn, herteknir*
war-clothes	*herklæði*		
war-cry	*herópi*	war-takings	*herfangs*
war-declaration	*hersögu*	War-tooth (name)	*Hilditönn*
war-descendents	*hildings*	war-twig	*gunnsproti*
wares	*kaupeyri, vara, varit, varnað, varnaðr, varnaður, varning, varningi, varninginn, varninginum, varningr, varningurinn, váru, vegnest, voru*	war-voyage	*herferð*
		wary	*gætinn, hafna, hafnar, varan, vari, varr*
		was	*á, að, at, en, enn, er, eru, es, gerði, gerist, gert, hét, 's, sá, sé, stóð, sú, væri, var, varð, varði, vark, varstu, váru, vas, vasat, vask, vera, verða, verðr, verður, verit, voru*
ware-sacks	*vörusekkar, vörusekkunum*		
warfare	*herför*		
war-going	*herför*		
wariest	*varastr, varastur*	was-bitten-by	*bitu*
warily	*varlega*	was-call	*heitaðist, hét*
warlike	*ófriði*	was-called	*heitaðist, hét*

Word List (English to Norse)

English	Norse	English	Norse
was-calling	heitaðist, hét	wav	veift
was-carried	bar	wave	alda, vági
was-carry	bar	waved	veift
was-carrying	bar	wavering	váfir
was-conclude	lýkr	waves	bára, bárr, bárur, hrannir
was-concluded	lýkr		
was-concluding	lýkr	waving	váfa, veift
was-displease	líkar	waxing	vaxanda
was-displeased	líkar	way	brautu, hætti, hátt, háttað, háttat, háttr, háttur, leið, leiðar, veg, vegir, vegr, vegum, vegur
was-displeasing	líkar		
was-done	gert		
was-given	gaf		
wash	þvá, þvær, þveginn, þvo	wayfarer	ganganda
was-heard	spyrjast, spyrst	ways	hætti, megin, vega, vegir, vegna
washed	þvær, þveginn		
washing	laugar, þvær, þveginn	way-to	til
		we	eru, erum, okkr, okkur, oss, várum, vér, við, vit
was-married	kvángast		
was-marry	kvángast		
was-marrying	kvángast	weak	seint, veikan
was-name	heita, hét, héti	weaklings	argan
was-named	heita, hét, héti	weakly	seint
was-naming	heita, hét, héti	weakness	lasi
was-not	eigi	wealth	auðr, auðs, auður, fé, féar, féið, féit, fénu, fjár, fjáreign, lausafé, ófafé
was-riding	reið		
was-said	mæltu		
was-seen	sá		
was-surprise	undraðist	wealthiness	fátæki
was-surprised	undraðist	wealth-provides	auðveitir
was-surprising	undraðist	wealthy	auðgum, auðig, auðigr, auðigs, auðigur, stórauðigr, stórauðigur, vellauðigr, vellauðigur
was-this	þetta		
was-thought	þótti		
was-with	var		
watch	hverr, varðhöld	weapon	alvápnaðir, alvápnaðra, alvopnaðir, vápn, vopn, vopnið
watch-holders	varðhöld		
water	vatn, vatni, vatns		
waterfalls	vatnföllum		
Waterford (place)	Veðrafirði	weapon-capable	vápnhæft
water-ice	vatnsísinum	weapon-clothes	vápnföt
waters	báru, vatnanna, vatnið, vötn	weaponed	alvápnaðir, alvápnaðra, alvopnaðir
water's-edge	vatnsbakkanum		
water-taken	vatnað, vatnat	weapon-handy	vápnhæft

Word List (English to Norse)

English	Norse	English	Norse
weapons	vápn, vápnin, vápnum, vopn, vopna, vopnin, vopnum	well-educating	menntr
		well-enough	bjargvel, sæmiliga
		well-manner	kurteisust
		well-mannered	kurteisust
weapons-exchange	vopnaskipti	Well-of-Urd (place)	Urðarbrunni
weapons-prepare	vápnabúnað	wellspring	keldu
weapons-prepared	vápnabúnað	well-temper	skapgott
weapons-preparing	vápnabúnað	well-tempered	skapgott
we-are	eru, erum, vér	well-tempering	skapgott
wearied	mæddir	Wendland (place)	Vindland, Vindlandi
wearing	hirðik	went	færðu, færi, fara, fari, farið, farit, fékk, fer, ferr, fór, fórst, fóru, ganga, gangi, gekk, gengi, gengit, gengr, gengu, gengur, gengust, gerði, gerðu, kom, kómust, réðst, varð
wear-out	slíta		
weary	mæddir		
wearying	mæddir		
weather	veðr, veðrátta, veðri, veðrið, veðrit, veðrs, veður, viðrir		
weathered	veðrs		
weathering	veðrs		
weather's	viðris	went-they	fáðir
wedding	brúðhlaup, brúðkaup, brúðkaupið, brúðlaup, brúðlaupi, brúðlaupinu, brullaup	wept	grætta, grét
		were	að, at, er, ér, eru, es, hvar, væri, væru, var, vár, varð, varst, varstu, varu, váru, ver, vera, verða, verðr, verður, vígr, vooru, voru, voruð
wedding-feast	brúðkaup, brúðkaupið, brúðlaup, brúðlaupi, brúðlaupinu, brullaup		
		were-afraid	óttaðist
we-drink	drekkum	were-found	fundust
week	vika, viku	were-given	gaf, gefr
weeks	vikna, vikr, vikur	were-they	eru, þeim
weep	grætr, gráta	were-you	varðstu
weeping-for-joy	grátfeginn	we-see	sjám, sjáum
weigh	vegni	we-shall	skulum
we-know	vitum	we-slice	skífðum
welcome	fagna, fagnað, fagnat, velkominn	we-sliced	skífðum
welcomed	fagna, fagnað, fagnat	we-slicing	skífðum
welcoming	fagna, fagnað, fagnat	west	vestan, vestr, vestra, vestri, vestur
well	allvel, heil, heilastr, heilastur, hress, með, vel	western	vestan, vestri
		Westfjords (place)	Vestfirzkr
well-built	vexti	West-Gautland (place)	Vestra-gautland, Vestra-gautlandi
well-educate	menntr		
well-educated	menntr	west-raiding	vestrvíking, vesturvíking

Word List (English to Norse)

English	Norse	English	Norse
westward	vestarlega, vestarliga	whined	umði
westwards	vestrætt, vesturátt	whining	umði
west-wind	vestanveðr, vestanveður	whip	svipu
		whistling	þjóta
wet	vát, vot	white	hvít, hvítan, hvítar, hvíti, hvítir, hvítr, hvítt, hvítum, hvítur
we-told	tölðumk		
whale	hval, hvala, hvalinn, hvalr, hvalur		
		White (name)	Hvíti
whales	hvalnum	white-arm	hvítarmri
what	að, at, er, hvað, hvar, hvat, hver, hverja, hverninn, hverr, hverra, hvers, hversu, hvert, hví, því, þvílíkan	white-armed	hvítarmri
		white-arming	hvítarmri
		White-Leg (name)	Hvítbeins
		White-Man-Land (place)	Hvítramannaland
		who	er, es, hveim, hver, hverir, hverjum, hvern, hverr, sem, var
whatever	hvat, hverigir, hvetvetna		
what-was	vár, vor		
wheat	hveiti, hveitiax	whole	heil, heila, heill, heilu, öllum
wheat-acres	hveitiakra, hveitiakrar		
wheel	hvéli	wholly	heilt
when	at, en, er, es, hvars, hvenær, nær, ok, sem, þá, þegar, var, vark, váru	whom	hvern, sem
		whose	er, hver, hverrar, hvers
		who-was	er
where	en, er, es, hvaðan, hvaðarr, hvar, hvárr, hvars, hvert, hvor, sem, þar, var, varr	why	hver, hví
		wick	illa
		wicked	glæp, illa
		wickedly	illa
wherever	hvar, hvert, sem	wicking	illa
whether	hvart, Hvárt, hverjum, hvort	wide	breiðu, víðar, vítt
which	að, at, en, er, es, hverjum, hvern, hvernig, hverr, hvers, hvert, hvor, sé, sem, vilkat	widely	breiða, víða
		widely-made-much	viðgerðarmikið
		wider	víðara
		wide-travel	viðfarar
		wide-travelled	viðfarar
whichever	hváriga	wide-travelling	viðfarar
which-is	sem	widow	ekkja, ekkju
while	en, er, hríð, með, meðan, sem, stund, stundu	wield	valda, veldr
		wielded	veldr
		wielding	allvaldr, allvaldur, veldr
while-form	hríðmundaðar		
while-formed	hríðmundaðar		
while-forming	hríðmundaðar	wife	heitkonu, kona, konu, konuna, kvánar, kvonar, vífs
whine	umði		

283

Word List (English to Norse)

English	Norse	English	Norse
wild	dýra, óðum, ólmir, öræfi, villr	wine-given	vín-gefn
		wine-leek	vínlauk
wild-animal	dýr	winning	unnit
wild-animals	dýr, dýrin, dýrum	wins	dugir
wild-birds	fugl	winter	vetr, vetra, vetrar, vetri, vetrinn, vetrnætr, vetrum, vetrvist, vetur, veturinn, veturnætur, veturvist, veturvistar
wilderness	öræfi		
wildest	ólmasti		
will	mun, mundi, mundu, munu, valdi, vár, veiti, velja, vifja, vil, vilda, vildi, víldi, vildir, vildu, vilduð, vili, vilið, vilir, vilja, viljað, viljat, vilji, viljið, viljir, viljum, vill, villtu, vilnað, vilt, vor		
		wintered	vetr, vetur
		wintering	vetr, vetur
		winter-night	veturnóttum
		winter-nights	vetrnáttum, vetrnóttum, veturnáttum, veturnóttum
will-be	hallist, verði, verðir		
willed	vifja, vilda, vildi, víldi, vildir, vildu, vilduð, vili, vilja, viljað, viljat, vill, vilnað	winters	vetr, vetra, vetrum, vetur
		wisdom	fræði, fróðr, fróður, horska, speki
willed-it	vildi	wise	alsnotr, alsnotur, fróða, fróðir, fróðr, fróðra, fróðum, fróður, horska, horskan, horskr, horskum, skilin, snotr, snotrs, snotrum, spaka, spaki, spekingr, sviðr, sviður, svinna, víst, vitr, vitrir, vitrust, vitur
willed-to	vill		
William (name)	Vilhjálmr, Vilhjálmur		
willing	fús, fúss, gerr, gjarn, hvötum, vifja, vilda, vildi, víldi, vildir, vildu, vilduð, vili, vilja, viljað, viljat, vilji, vill, vilnað		
		wise-like	vitrliga
will-not	vill-at	wise-man's	þular
will-of	vilja	wise-men	fróðra
willow	viði, vill	wiser	fróðari, spakari
wills	vildi, vill	wisest	vitrastir, vitrastr, vitrastur, vitrustu
will-you	vilir, villtu, viltu		
win	unnit, vinn, vinna, vinnk	wise-woman	vísendakonunni, vísindakonunni
wind	byr, byri, veðr, veðrið, veðrit, veður, vind, vinda, vindi, vindr, vindur	wish	annt, skyldi, væntum, vil, vilda, vildi, vildir, vildu, vili, vilið, vilja, vilji, viljið, viljum, vill, vilt, von
window	gluggr, gluggur		
winds	veðr, veðrum, veður		
windy	vindga		
wine	vín		
wine-beaker	vínkers		

Word List (English to Norse)

English	Norse	English	Norse
wished	skyldi, vilda, vildi, vildu, vili, vilja, vilji, vill, von	woke	vakði, vakir, vaknaða, vaknaði, vakti, vöktu
wished-to	vill	woken	vakna
wishes	vill	woke-up	vaknaða
wishing	annt, skyldi, vilda, vildi, vildu, vili, vilja, vilji, vill, von	wolf	ulfi, ulfr, vargi, vargr
		wolves	ulfa, vargi, vörgum
		woman	fljóð, kona, konan, konr, konu, konum, konunni, konur, kvenna, rýgr
wish-to	viljum		
wit	vit		
witch	völu	woman-rule	kvánríki
witchcraft	fjölkynngi	woman-ruled	kvánríki
with	á, af, er, í, með, sá, sinni, það, því, við, vit	woman-ruling	kvánríki
		woman's	fljóðs, konu
withdrawn	fálátari	woman-same-like	kvensamliga
wither	hrörnar	women	konr, konum, konur, konurnar, kvenna
withered	hrörnar		
withering	hrörnar	won	fingum, gagn, unðu, unnar, unnið, unnit, unnu, vann, vinnast, vinnr, vinst, ynni
with-him	honum		
with-his	sínum		
withhold	spara		
within	innan, við	wonder	furða, hyggr, kynlegt, kyns, undrast, undrumst
with-laughs	viðhlæjendr		
without	án, laust, nema, ómegð, vanr		
		wondered	hyggr
without-cause	saklausa	wonderful	ágætum, kynlegr, kynligr
without-gladness	óglaðari		
without-mountains	ófjöllótt	wondering	hyggr
without-peace	ófriðr, ófriður	wonder-like	undarligt
without-quality	gæðalaust	wondrous	kyns
without-reproach	ámælislaust	won-we	unnum
without-revenge	óhefnt	wood	skóg, skóga, skóginn, skógr, skógur, storðar, tré, við, viðar, viði, viðu
without-supplies	óbirgir		
without-vengeance	óhefnt		
withstand	standa, standast	wood-burning	skógabrennuna
withstood	staðist, stóð, stóðst	wooden-man	trémaðrinn, trémann
withstood-us	frýðu	wooden-men	trémönnum
with-them	þeim	wood-pile	viðköstinn
wit-less	veit-a	woods	skógana, skógar, skógi, skóginn, viði
witness	votta		
witnesses	vottar, vottnefna	woods-burning	skógabrennuna
wits	vits	word	orð, orðið, orðit, ort, orta, ortir, ortr, ortur
woeful-path	vílstígr		
		worded	orðið, ort, orta, ortir, ortr, ortur

Word List (English to Norse)

English	Norse	English	Norse
wording	orðið, ort, orta, ortir, ortr, ortur	would	áverkann, mun, mundi, mundið, mundim, mundir, mundu, mundum, muni, munt, munu, mynda, myndi, myndu, skal, skyldi, skyldu, væri, vildi, vildu, vilja, vill, yrði
word-of-honour	drengskapr, drengskapur		
words	mælir, orð, orða, orði, orðið, orðit, orðs, orðum		
word-sending	orðsending		
wore	bar		
work	orka, starfa, starfaði, starfi, starfs, sýslar, sýslir, sýslu, unnit, verk, verka, verki, verkið, verkit, verks, vinnask, vinni, vinnir, vinnk, vinnst	would-be	mun, mundi, mundu, munu, væri, værir, væru, vara
		would-have-been	hefði
		wouldn't	væri-t
		wound	ben, benja, særðan, særimsk, særumst, sár, sára, sári, sárinu, sárir, sárr, sárt, sárum, sárunum, stungist, undaðr, undaður
worked	starfaði, vann, vinnst		
workers	yrkjendr		
working	forverks, starfaði, unnið, vinnst		
work-on	vinna	wound-eager	sárfíkinn
works	verka, verks, verkum	wounded	særðan, sár, sárir, sárr, sárt, sárum, stungist, undaðr, undaður
world	heimsala, veröldin, veröldu		
worm-eaten	maðksmogið		
worm-sea	maðksjónum	wound-flame	undleygs
Worm-Sea (place)	Maðkahafinu	wounding	særðan, sár, sárir, sárr, sárt, sárum, stungist, undaðr, undaður
worn	slitnaðan, væstir		
worries	hyggr		
worse	verr, verra, verri, verstr, verstur	woundingly	sárlega, sárliga
worsen	verri	wounds	særir, sár, sára, sárir, sárum
worsens	versnar		
worst	verr, verra, verst	wound-sickles	bensigðum
worth	verð, verðak, verði, verðr, verður, vert, virða, virðast, virði, virðing, virðr, virður	wound-vulture	sárgammr
		woven	ofnu
		wrangle	þræta
		wrap	vafði, vafiðr, vafiður, vefja
worth-givers	viðrgefendr		
worthily	virðulega, virðuliga	wrapped	vafði, vafiðr, vafiður
worthiness	mannvirðingar, virðingar, virðingarráð, virðingu	wrapping	vafði, vafiðr, vafiður
		wreck	brjótir, brýtr
		wrecked	brjótir, brýtr
worth-of	verði	wrecking	brjótir, brýtr
worth-price	verðkaupit	wrestling	glímr, glímu, glímur
worthy	vert, virðing, virðingu	wretch	ælig, vesæll, vesall

Word List (English to Norse)

English	Norse	English	Norse
wretched	ælig, vesæll, vesall	your	ert, þér, þik, þín, þína, þinna, þinnar, þínum, þitt, þú, yðarra, yðr, yðrar, yðru, yðrum, yður, yðvar, yðvarn, yðvarr, ykkr, ykkur
wretching	ælig, vesæll, vesall		
written	rítr		
wrong	rangt, skarðan		
wrong-doing	rangendum		
wronged	skarðan		
wronging	skarðan	yours	okkrir, sitt, sú, þér, þik, þín, þína, þínar, þínir, þinn, þinna, þinnar, þinni, þíns, þínu, þínum, þitt, yðar, yðarn, yðarra, yðarrar, yðarri, yðr, yðra, yðrar, yðru, yðrum, yður, yðvar, yðvarn, yðvarr
wrote	orta, orti		

Y, y

English	Norse	English	Norse
yards	ráar		
yawn	gein		
yawning	gínanda		
year	ár		
yes	já		
yesterday	gær	yourself	sé, sér, sjalfr, sjalfum, sjálfum, þér
yet	á, auk, enn, þó	you-should	muntu
yet-not	þeygi	youth	æsku
Yngvarr (name)	Yngvarr	youthful	manunga
Yngvild (name)	Yngveldar, Yngvildar, Yngvildr, Yngvildur, Yngvildur	you-to	þér
		you-two	þið, þit
Yngvild's (name, genitive)	Yngvildar	Yule	Jól, Jóla, jólanna, Jólin, Jólum, Jólunum
		Yule-day	jóladag
York (place)	Jórvík, Jórvíkr	Yule-Feast (name)	Jólaveislu, Jólaveizlu
you	að, ertu, sér, þeir, þér, þið, þig, þik, þín, þína, þinn, þínu, þínum, þit, þitt, þú, yðar, yðarn, yðr, yður, yðvar, ykkar, ykkr, ykkrar, ykkur	Yule-invitation	jólaboð

Z, z

English	Norse
zeal	happ
Zealand (place)	Selund, Selundi

English	Norse
you-are	ert, ertu
young	ung, unga, ungan, ungi, ungr, ungu, ungum, ungur, yngstr, yngstur
younger	ungr, ungur, yngri, yngrum
young-men	sveina, sveinana, sveinanna

www.ingramcontent.com/pod-product-compliance
Lightning Source LLC
Chambersburg PA
CBHW051401070526
44584CB00023B/3246